U0133495

辛尚奎 著

内蒙古西部

汉语方言常用词辨析

内蒙古教育出版社

图书在版编目(CIP)数据

内蒙古西部汉语方言常用词辨析/辛尚奎编著．－－呼和浩特：内蒙古教育出版社，2023.12
ISBN 978－7－5569－1588－0

Ⅰ.①内… Ⅱ.①辛… Ⅲ.①汉语方言－方言研究－内蒙古 Ⅳ.①H172.1

中国国家版本馆 CIP 数据核字(2023)第 234578 号

内蒙古西部汉语方言常用词辨析

NEIMENGGU XIBU HANYU FANGYAN CHANGYONGCI BIANXI

责任编辑	乌兰　王雯爽
封面设计	佟青海
责任印制	苏米亚
出版发行	内蒙古教育出版社
社　　址	呼和浩特市新城区新华东街 89 号出版集团大厦
邮政编码	010010
电　　话	0471－6607901　0471－6607695
网　　址	http://www.im-eph.com
邮　　箱	E-mail:xxzx@im-eph.com.cn
印　　制	内蒙古爱信达教育印务有限责任公司
开　　本	710mm×960mm　1/16
字　　数	345 千
印　　张	24.75
印　　数	1－2 500
版　　次	2023 年 12 月第 1 版
印　　次	2024 年 2 月第 1 次
标准书号	ISBN 978－7－5569－1588－0
定　　价	29.00 元

目　录

C

D

H

J

O

P

W

X

Y

A

挨个　āigè　挨,西部方言读[ŋai]。

◎**释义**

依次,一个接一个。

如:"老师叫同学挨个儿上台做自我介绍。"

◎**《汉语大词典》解释**

逐个;顺次序。

如:①华山《山中海路》:"彦继学和分队的同志们在草场上默默地走着,踏着残雪,心事重重地,忽然停下来,挨个指着山头问。"

②郭小川《木瓜树的风波》:"战士们发现了,立刻挨个儿到他面前数落。"

挨擦　āicā　挨,西部方言读[ŋai]。

◎**释义**

人或物体挨得过紧。

如:"这屋东西太多,挨擦得人都走不开。"

◎**《汉语大词典》解释**

用感觉器官摩擦或推。

如:"他用嘴唇挨擦她的头发。"

"挨擦",常组成叠音词"挨挨擦擦"。

挨挨擦擦　āiāi cācā　挨,西部方言读[ŋai]。

◎**释义**

人或物体挨得过紧。

◎**《汉语大词典》解释**

谓以肌体挤擦。

如：①《醒世恒言·勘皮靴单证二郎神》："却说养娘先去，以服事为名，挨挨擦擦，渐近神道身边。"

②清·李渔《比目鱼·耳热》："离开些走，不要挨挨擦擦，讨人的便宜。"

挨肩儿　āijiānr　挨，西部方言读[ŋai]。

◎**释义**

同胞兄弟姐妹的年岁一个紧挨一个，相差很小。

如："他们家挨肩儿弟兄五个。"

◎**《现代汉语词典》解释**

同胞兄弟姐妹排行相连，年岁相差很小。

如："这哥俩是挨肩的，只差一岁。"

挨排　āipāi　挨，西部方言读[ŋai]。

◎**释义**

一个挨一个，紧密排列。

如："窗台上挨排（排）坐着五个孩子。"

◎**《现代汉语词典》解释**

紧密排列；依次排列。

唐·姚合《恶神行雨》诗："凶神扇簸恶神行，汹涌挨排白雾生。"

熬磨　áomó　熬，西部方言读[ŋao]。

◎**释义**

(1)艰难地度过。

如：①"他最小的孩子找到工作啦，苦日子总算熬磨出来啦。"

②"在单位几十年，临退休熬磨了个副科长。"

(2)没完没了地纠缠。

如："这孩子很听话，从不熬磨人。"

◎**《汉语大词典》解释**

磨炼;锻炼。

如:孔厥、袁静《新儿女英雄传》第二回:"大水看着有些人哗哗哗的记笔记,心里想:'多会儿熬磨到能记个录,可就好了!'"

◎《**重编国语辞典**》解释

(1)痛苦地度过时间。

如:"昨晚咖啡喝多了,整夜熬磨不成眠。"

(2)纠缠不放。

如:"有些小孩整日熬磨父母,说也不听。"

拗门 àomén

◎**释义**

把门撬开。

拗

◎《**新华字典**》解释

本义:折断,撬;扳。

◎《**康熙字典**》解释

《唐韵》《集韵》《韵会》于绞切《正韵》于巧切,并坳上声。《说文》手拉也。《增韵》折也。《尉缭子》拗矢折矛。《王令诗》低树狂貌曰摧拗。

◎《**汉语大字典**》解释

《古今韵会举要》于教切,去效。

(1)不顺。

(2)违反。

(3)撬;扳。

B

扒拉 bālā　pála　扒,在西部方言中读作入声[bʌ²][pʻʌ²]。

◎**释义**

bālā

（1）拨动。

如："扒拉算盘。"

（2）去掉，撤掉。

如："人太多了，得扒拉掉几个。"

（3）分拨开。

如："就这么几个人，你扒拉开三个小组就行。"

◎《**重编国语辞典**》解释

（1）bālā

拨动、拨开。

如："扒拉算盘""把土扒拉开"。亦作"拨剌"。

（2）pála

用筷子把碗里的饭菜往嘴里送。

如："由于赶时间，他随便扒拉两口饭，就出门上班去了。"或作"扒搂"。

◎《**汉语大词典**》解释

（1）bālā

挖。

孙来奎《五千一》："来到他俩种的这块试验田，扒拉开敷土看了看。"

（2）pála

①搂取。

杨朔《秘密列车》："老范司机和司炉去扒拉好煤烧。煤好，就省水。"

②用筷子把饭连续地划到嘴里。

冰心《空巢》："小文惊奇地看看这个，看看那个，赶紧扒拉完一碗饭，就溜回她们屋子里去了。"

③移动。

蒋子龙《机电局长的一天》："眼看要坐蜡，他扒拉屁股躲进医院图清静。"

注:见词条"扑拉"。

拔　bá
◎释义
把东西放在凉水里使变凉。
如:"把啤酒放在冰水里拔一拔。"
◎**《汉语大字典》解释**
吸出(毒气等)。如:拔火罐;拔毒。
又方言。把东西放在冰(凉)水里,吸出热,使它变凉。如:"把西瓜放在冰(凉)水里拔一拔。"
◎**《汉语大词典》解释**
吸出。
①《农谚选》:"种豆肥田底,棉花拔田力。"
②《花城》1981 年第 6 期:"按规矩,冻伤了的腿脚,只能用凉水慢慢'拔',或者用酒来擦,才能逐渐提高温度,疏通血脉,使筋骨复苏。"
如:"拔毒""拔火罐"。

屉　bǎ　pā
◎释义
(1)bǎ　屉屉,屎,粪便,幼儿用语。
(2)pā　量词。堆,次(用于指粪便)。
◎**《汉语大词典》解释**
(1)bǎ　屉屉,屎,粪便,多用于幼儿用语。
(2)pā　方言,量词。《中国谚语资料·陕西谚语》:"跟条牛,也得捡一屉牛粪。"

把脚不住　bǎjiǎobùzhù　脚,西部方言读作入声[tɕyɛ²][tɕiʌ²]。
◎释义
(1)站不稳。

(2)对自己把控不住。

如:"他一喝酒就把脚不住自己。"

◎《重编国语辞典》解释

脚站不稳。

《儒林外史》第二九回:"三人也醉了,站起来,把脚不住,告辞要去。"

注:西部方言更多地说"把捉不住"。另见"把拦"词条的解释。

把拦 bǎlán

◎**释义**

阻拦,看管好。

如:①"你家媳妇会过日子,东西把拦住,谁也用不上。"

②"那小子把拦不住自己,一喝酒就闹事。"

◎**《汉语大词典》解释**

拦阻。

①《金瓶梅词话》第九七回:"自从春梅这边被敬济把拦,两家都不相往。"

②《醒世姻缘传》第六九回:"人家的汉子,你要不给他个利害,致的他怕了咱,只针鼻子点事儿,他就里头把拦住不叫咱做。"

把揽 bǎlǎn

◎**释义**

把持;尽量占有。

如:"他把生产队的事都把揽啦。"

◎**《汉语大词典》解释**

把持包揽。

①《禅林宝训》卷三引《与山堂书》:"嗟乎! 苟以一身之资,把揽一院之事,使小人不蒙蔽,纪纲不紊乱,而合至公之论,不亦难乎!"

②《金瓶梅词话》第一回:"所以专在县里管些公事,与人把揽,说

事过钱。"

◎《**重编国语辞典**》解释

把持包揽。

如：①"公司的大小事务,都被他一人把揽。"

②《金瓶梅》第二回："专在县里管些公事,与人把揽说事过钱,交通官吏。"

亦作"把持"。

把捉不住　bǎzhuóbùzhù

◎**释义**

对自己把控不住。

如："他一喝酒就把捉不住自己。"

把捉

◎《**汉语大词典**》解释

执持;掌握。

①唐僧璨《信心铭》："梦幻空花,何劳把捉!"

②《朱子语类》卷十六："今人在静处,非是此心要驰骛,但把捉他不住。"

③《醒世姻缘传》第三十回："船过了宿迁,入了黄河,卒然大风刮将出来,船家把捉不住,顷刻间把那船帮做了船底。"

④郭沫若《文艺论集·生活的艺术化》："艺术的生命究竟怎样才可以把捉?这是一件很难说明的事。"

白花花　báihuāhuā

◎**释义**

白,非常白。

如："露出白花花的屁股。"

◎《**汉语大词典**》解释

亦作"白晔晔""白华华"。

形容很白;雪白。

①《红楼梦》第九九回:"眼见得白花花的银子,只是不能到手。"

②杜鹏程《在和平的日子里》第四章:"他两股白花花的眉毛往下一低,两个眼窝显得很深。"

③管桦《魏家女人》:"瓢老爷派人在后老婆面前,扔下白哗哗十块大洋,说:'瓢老爷要个使唤丫头,看上你们金花啦! 每月工钱五块。'"

④李鲤《神仙山》诗:"一轮明月已经东升,白华华照得满谷里明。"

白话 báihuà bǎihua

◎**释义**

(1)báihuà

空话,假话。

如:"那孩子满口白话,信不得。"

(2)bǎihua

瞎谝,闲聊。

如:"你下班不回家,又白话甚了?"

◎《**汉语大词典**》**解释**

(1)空话;没有根据或不能实现的话。

①明·李贽《初潭集》卷十七《刘伶纵酒放达》评:"不是大话,亦不是白话。"

②《红楼梦》第五七回:"紫鹃道:'你妹妹回苏州家去。'宝玉笑道:'你又说白话。苏州虽是原籍,因没了姑父姑母,无人照管,才就了来的。明年回去找谁? 可见是扯谎。'"

③曹禺《北京人》第一幕:"你别以为我在跟你说白话,我早已看好了尼姑庵,都跟老尼姑说好了。"

(2)说话;闲聊。

①《醒世恒言·陈多寿生死夫妻》:"王三老正在门首,同几个老人家闲坐白话。"

②《醒世姻缘传》第四回:"如今他正合一个什么周公在那里白话。"

白泠泠　bái líng líng

◎**释义**

颜色白得漂亮。

如："这张纸白泠泠的。"

◎**《汉语大词典》解释**

清冽貌；澄澈貌。

①金·董解元《西厢记诸宫调》卷六："满斟离杯长出口儿气，比及道得个我儿将息，一盏酒里白泠泠的滴够半盏儿泪。"

②明·屠隆《彩毫记·湘娥访道》："喜来到清都别院，早不觉白泠泠，凡骨顿仙，凡骨顿仙。"

③《二十年目睹之怪现状》第六回："那一碗泡茶的水，莫说没有红色，连黄也不曾黄一黄，竟是一碗白泠泠的开水。"

泠泠

◎**《汉语大词典》解释**

(1)清凉貌；泠清貌。

《文选·宋玉〈风赋〉》："清清泠泠，愈病析酲。"

李善注："清清泠泠，清凉之貌也。"

汉·徐干《情诗》："高殿郁崇崇，广厦凄泠泠。"

(2)清白、洁白貌。

①《楚辞·东方朔〈七谏·怨世〉》："清泠泠而歼灭兮，溷湛湛而日多。"

王逸注："清泠泠，以喻洁白。"

②汉·刘向《新序·节士》："吾独闻之，新浴者必振衣，新沐者必弹冠，又恶能以其泠泠更事之嘿嘿者哉！"

(3)形容声音清越、悠扬。

①晋·陆机《招隐诗》之二："山溜何泠泠，飞泉漱鸣玉。"

②宋·朱熹《次秀野韵题卧龙庵》："更把枯桐写奇趣，鸥弦寒夜独泠泠。"

③曹禺《北京人》第一幕："主人蓄养的白鸽成群地在云霄里盘旋，时而随着散开一片泠泠的鸽哨响，异常嘹亮悦耳。"

白莹莹 báiyíngyíng

◎释义

晶莹洁白。

◎《重编国语辞典》解释

洁白光亮的样子。

如："她撩起乌溜溜的秀发，露出一对白莹莹的耳环。"

莹莹

◎《汉语大词典》解释

明亮，亮晶晶。

①明·无名氏《赠书记·订盟闻难》："清宵杳，看月光莹莹，归路非遥。"

②龚尔位《情诗次钝庵韵》："依依堂前柳，莹莹窗下雪。"

③冰心《庄鸿的姊姊》："这时我抬起头来，只见秋鸿的眼里，射出莹莹的泪光。"

摆调 bǎidiào

◎释义

捉弄。

如："他一会儿说让上午过来，一会儿又说上午没时间，来回摆调人。"

◎《汉语大词典》解释

方言。调弄，捉弄。

《新华文摘》1981年第11期："你渴了，我给你盐吃；你热了，我给你火烤，活活摆调你。"

摆划 bǎihuà

◎释义

(1)说空话，假话。

如："他在台上摆划了一上午啦,没听见一句实在话。"

(2)连说带比画。

如："他摆划了半天,客人也没听懂他说的甚意思。"

◎《汉语大词典》解释

(1)比画着讲述。

梁斌《红旗谱》九:"他指手划脚,摆划鲁智深拳打镇关西,讲说景阳岗上武松打虎或是林冲被逼上梁山。"

(2)指吹嘘。

梁斌《红旗谱》二六:"伍老拔听得不耐烦了,故意刁难他几句:'张飞,甭瞎摆划,你家十亩园子百亩地……成天价跟穷人念这个闲杂儿!'"

摆拉　bǎilā

◎释义

(1)摆放。

如："懒老婆不收拾家,柜子上东西摆拉得满满的。"

(2)来回摆动。

如："小狗不停地摆拉尾巴。"

◎《汉语大词典》解释

摆动。

唐·李阳冰《上李大夫论古篆书》:"于虫鱼禽兽得屈伸飞动之理,于骨角齿牙得摆拉咀嚼之势。"

注:同词条"摆列"。

摆列　bǎiliè

◎释义

(1)排列。

如："桌子上书本等摆列得满满的。"

(2)陈述。

如:"把你知道的都摆列出来,让大家评评。"

◎《汉语大词典》解释

(1)排列;陈设。

①元·张子坚《得胜令》曲:"宴罢恰初更,摆列着玉娉婷。"

②《平山冷燕》第一回:"天子驾御端门,端门阶下摆列着许多御宴。"

③老舍《二马》第三段二:"(他)觉得那家古玩铺的东西和摆列的方法都俗气!"

(2)犹陈述。

孔厥、袁静《新儿女英雄传》第十八回:"大娘回来,就把兰女说的什么话,一句一句的摆列给小梅听。"

摆洒 bǎisǎ

◎**释义**

来回走动。

如:"你快坐下哇,别在人面前摆洒啦。"

◎**《汉语大词典》解释**

随便走动。

《朱子全书》卷二引《答李孝述》:"如欲睡底人,须自家打起精神,不可放倒,间或精神倦时,不觉坐睡,又自家摆洒起来,不容睡着。每每如此,自是睡不得。"

鞴杆 bàigǎn

◎**释义**

木制风箱上的拉柄。

鞴

◎**《汉语大字典》解释**

《广韵》蒲拜切,去怪,并。

古代鼓风吹火的皮囊。俗称风箱。

◎**《汉语大词典》解释**

古代鼓风吹火的皮囊。俗称风箱。

①《周书·韦孝宽传》："又于堑外积柴贮火,敌人有伏地道内者,便下柴火,以皮鞴吹之。"

②宋·沈括《梦溪笔谈·药议》："五脏之含气呼吸,正如冶家之鼓鞴。"

③清·归庄《冬日大风撼我屋忧怖感伤成五百字》诗："飞廉威正赫,大块气方噫,着物鸣笙竽,翔空响皮鞴。"

注:"风箱",又称"风匣"。

风匣

◎**《汉语大词典》解释**

"风匣"即"风箱"。

①《吉林日报》1977 年 1 月 7 日："一看原来是邓颖超同志正和妇女们在厨房里谈笑着,学着拉烧火的风匣呢!"

②《人民文学》1980 年第 6 期："李芳蹲在灶前点火做饭,轻轻地拉着风匣。"

班辈　bānbèi

◎**释义**

行辈。

如:"古稀之年的人,班辈儿不会小的。"

◎**《汉语大词典》解释**

(1)行辈。

①元·无名氏《举案齐眉》第三折："咱与你甚班辈? 自来不相会,走将来磕牙料嘴。"

②《醒世姻缘传》第十八回："(媒婆)俱来与晁大舍提亲,也不管男女的八字合得来合不来……也不论班辈差与不差。"

③张恨水《夜深沉》第二二回："再说你要到丁家去,那更好了。他是你的平班辈的人,还能把你怎么样吗?"

(2)指同辈。

《古今小说·滕大尹鬼断家私》:"(滕爷)又问嫁的甚人,刘氏道:'是班辈的裁缝叫沈八汉。'"

注:常误写为"般辈"。

班辈不清 bānbèi bùqīng
◎**释义**
弄不清上下辈关系。

板正 bǎnzhèng
◎**释义**
也说成"板板正正"。
(1)(形式)端正;整齐。
如:"本子装订得板板正正的。"
(2)(态度、神情等)庄重认真。
如:"刚才还嬉皮笑脸,一见领导进来,他马上板板正正坐好。"
板板正正
◎**《汉语大词典》解释**
(1)犹言平平正正。
白峰溪《明月初照人》第二幕:"她从炕柜里取出一个板板正正的布包。"
(2)形容表情严肃。如:"李老师的面孔突然变得板板正正,顽皮的孩子顿时给镇住了。"

半吊子 bàndiàozi
◎**释义**
肤浅,办事不着调。
◎**《汉语大词典》解释**
(1)旧时钱串一千叫一吊,半吊为五百,不能满串。用以形容知识不丰富或技艺不熟练的人。

陈国凯《代价》八："丘建中一直想法和刘总工程师接近,但刘士逸对这半吊子技术员的殷勤并不怎么欣赏。"

(2)形容不通情理、说话随便、举止不沉稳的人。

①段荃法《杨老固事略》四："我那半吊子男人又打我,你不管,我可要吃农药哩!"

②郭澄清《大刀记》十五："在她看来,别看这个半吊子狗仗人势不知好歹,见到表哥准不能这样。"

(3)形容不完全或有始无终的事物。

①瞿秋白《文艺论辑·再论翻译》："自然,这所谓白话,还只是半吊子的白话,这是文言本位的搀杂一些白话。"

②谌容《赞歌》："从七一一年开始,这个工程已经花了不知多少投资,动用了不知多少劳力,仍然是个半吊子。"

鐾刀　bèidāo　鐾,在西部方言读 bì。

◎**释义**

在布、皮、石头等物上把刀反复摩擦几下,使刀锋利。

如:把刀鐾一鐾。鐾鐾刀。

◎**《康熙字典》解释**

《字汇补》音避。治刀使利也。

蹦跶　bèngda

◎**《汉语大词典》解释**

亦作"蹦搭""蹦达"。

(1)跳跃。

①梁斌《红旗谱》十："他看见一只鸟,两只小爪一蹦跶一蹦跶的,顺着棉垄往前跳跃。"

②权宽浮《牧场雪莲花》："她这时在地上蹦跶了几下,把身子捶打了一阵。"

③康濯《春种秋收》："'对！我赞成你这话！'天成说。真像一根筋那样蹦搭了两下，向他周围的群众嚷道：'同志们！这事儿是风吹云散，往后谁也不许提啦！'"

④《人民文学》1977年第10期："不到点儿你傻坐着，看冻坏了，还不出来蹦达蹦达！"

（2）比喻挣扎。

①高玉宝《高玉宝》第十三章："玉宝又悄声问刘长德：'刘叔叔，看样子，日本鬼子快完蛋了吧？''哼，蹦跶不了几天了！'"

②刘波泳《秦川儿女》第二部第十九章："好吧，叫他们蹦跶吧，总有他们不蹦跶的时候哩。"

（3）比喻奔走出力。

刘亚舟《男婚女嫁》第十七章："他暗想：我这把身子骨、力气头满足嘛！正儿巴经还能蹦达一阵子好的呢！"

蹦子　bèngzi

◎释义

小型硬币的俗称："钢蹦子。"

◎《汉语大词典》解释

方言。小型硬币的俗称。旧时铜元称黄蹦子，镍币称钢蹦子。

煏一煏　bìyībì　煏，西部方言读作入声［piəʔ］。

◎释义

①用火将潮湿的东西（物体）烘干。

方言中"煏"不同于"烤""烘"，东西（物体）不能直接烤，靠热辐射烘。

如："家太冷，连个火炉子也没有，几天没点火了，快生灶火，放上个锅，把家的冷气先煏一煏。"

②饭菜在火上多煮，以收汤汁。

如："锅里的水太多，再煏一会儿。"

◎**《康熙字典》解释**

《集韵》弼力切,音愎。《玉篇》火干也。《集韵》本作㷍。

煏泼凉　bìfāliang　**泼,西部方言读** bá。

◎**释义**

水冰凉,刺骨。

如:"将从井里打上的水,煏泼凉。"

煏

◎**《康熙字典》解释**

《唐韵》吉切《集韵》《韵会》《正韵》壁吉切,并音必。《说文》风寒也。互详五画泼字注。

◎**《说文》解释**

煏,风寒也。从仌毕声。卑吉切。

◎**《说文解字注》**

(煏)煏泼、二字今补。风寒也。豳风七月。一之日觱发。传曰:觱发、风寒也。按觱发皆叚借字。煏泼乃本字。犹水部毕沸、今诗作觱沸。或许所据毛诗不同今本。或许采三家诗。皆未可定也。诗曰:一之日煏泼。七字今补。从仌,毕声。

◎**《中华字海》解释**

煏泼

风大而非常寒冷。

泼　fā　**西部方言读** bā。

◎**释义**

凉,冰冷。

如:"水太泼,我给加点儿热水,掺和掺和再洗。"

◎**《新华字典》解释**

寒冰。风寒。

◎**《康熙字典》解释**

《唐韵》《集韵》《韵会》并分物切,音弗。寒也。《说文》诗一之日煏泼。《六书正讹》潑泼,俗用鬢发,非。《集韵》风寒。又《玉篇》寒冰貌。又《唐韵》《集韵》《韵会》《正韵》并方伐切,音发。义同。

包弹　bāotán
◎释义
指责。
◎《汉语大词典》解释
批评;指责。
①唐·李商隐《杂纂·不达时宜》:"筵上包弹品味。"
②宋·罗大经《鹤林玉露》卷五:"夫松石无知之物,一为二朝名宠所点染,犹不免万世之包弹,矧士大夫其于进退辞受之际,可苟乎哉?"
③明·高明《琵琶记·牛氏规奴》:"看他仪容娇媚,一个没包弹的俊脸,似一片美玉无瑕。"
④赵树理《登记》:"不论说人,不论说家,都没有什么包弹的。"
◎《重编国语词典》解释
(1)批评、指责。
唐·李商隐《杂纂·卷上·不达时宜》:"筵上包弹品味。"《西湖二集·卷二十》:"如今你素无文名,若骤然中了一个进士,毕竟有人议论、包弹着你。"亦作"团剥"。
(2)缺点、差错。
《董西厢·卷一》:"德行文章没包弹,绰有赋名诗价。"
元·乔吉《金钱记·第一折》:"这娇娃是谁家!寻包弹、觅破绽,敢则无纤掐。"亦作"褒弹""褒谈""弹剥""弹包"。
注:方言中常说"驳弹"。见"驳弹"的解释。

逼仄　bīzè　仄,西部方言读入声[tsʌʔ]。
◎《汉语大词典》解释
地方狭小。
如:"这房子逼仄的,来人没站处。"

◎《汉语大词典》解释

狭窄。

①《东观汉记·廉范传》："为蜀郡太守。成都邑宇逼侧。"

②唐·陆龟蒙《田舍》诗："檐卑欹而立伛偻,户逼侧而行趑趄。"

③宋·范成大《吴船录》卷下："缘江负山,逼仄无平地。"

④清·纪昀《阅微草堂笔记·如是我闻一》："或有室庐逼仄,无地避煞者。"

煸 biān

◎**释义**

把菜肴放在热油里炒到半熟,以备再加作料烹熟。

如："把葱花、姜丝先煸一煸。"

◎《汉语大字典》解释

方言。把菜、肉等放在热油里炒到半熟。

扁掖 biǎnyè　掖,西部方言读作入声[jʌʔ]。

◎**释义**

把东西掖在身上(有暗藏之意)。

如："屁股扁个死耗子,假装打牲(打猎)的。"

◎《汉语大字典》解释

方言。把东西掖在腰间。

①《醒世姻缘传》第四八回："把些粮食俱赶集卖了,腰里扁着银子……一溜烟走了。"

②《醒世姻缘传》第八九回："(龙氏)叫他扁着吊数钱,寻到城内陪他姐姐。"

注:注意与"别"字的区别。

别 bié

用别针等把一样东西附着或固定在纸、布等上。

如:"把玫瑰花别在衣服上";"把表格别在一起"。

病恹恹　bìngyānyān
◎**释义**
常年得病,身体虚弱,没精神。
如:"看他一天病恹恹的,啥都干不了。"
◎《**汉语大词典**》**解释**
亦作"病厌厌"。病弱,精神不振貌。
①宋·欧阳修《定风波》词:"把酒送春惆怅甚。长恁,年年三月病厌厌。"
②元·贯云石《一枝花·离闷》套曲:"病恹恹损容颜,闷昏昏多少愁烦。"
③沙汀《酒后》:"老太婆忽然病恹恹走过来。"
注:"病恹恹"的同义词有"病病恙恙""病病殃殃""病病歪歪"。

病病恙恙　bìngbìng yàngyàng
◎《**汉语大词典**》**解释**
形容多病衰弱的样子。
杨朔《三千里江山》第五段:"他没有肺病,也有旁的病,一路病病恙恙的,自比做《独木关》的薛礼,带病出征。"

病病殃殃　bìngbìng yāngyāng
◎《**新华字典**》**解释**
形容病了很久,身体虚弱、委靡不振的样子。
也说"病殃殃""病病歪歪"。

病病歪歪　bìng bìng wāiwāi
◎《**汉语大词典**》**解释**
形容多病,衰弱无力。

老舍《龙须沟》第一幕:"你教大爷歇歇吧,他病病歪歪的!"

老舍《四世同堂》一:"儿媳妇的身体又老那么病病歪歪的。"

鄙訾 bǐzǐ

◎**释义**

说闲话,中伤,诋毁。与"諀訾"通用。

如:"那个女人不是个东西,一有事,可能鄙訾了。"

◎**《汉语大词典》解释**

鄙视诋毁。

《新唐书·郑仁表传》:"刘邺未仕,往谒泊(郑泊),而仁表(泊子)等鄙訾其文。"

訾 zǐ

◎**释义**

古同"訾"。

訾 zǐ

◎**《汉语大词典》解释**

(1)亦作"訿"。

不思使上司满意;不称职。参见"訾訾"。

(2)诋毁;指责。

①《礼记·曲礼上》:"不登高,不临深,不苟訾,不苟笑。"

孔颖达疏:"相毁曰訾。"

②南朝梁·刘勰《文心雕龙·征圣》:"虽欲訾圣,弗可得已。"

《新唐书·崔弘礼传》:"弘礼短于治民,少爱利,晚颇务多积,素议訾之。"

③清·蒲松龄《聊斋志异·司文郎》:"宋便诵其文,如夙读者,且诵且訾。生局蹐汗流,不言而去。"

④鲁迅《集外集拾遗·〈游仙窟〉序言》:"《唐书》虽称其文下笔立成,大行一时,后进莫不传记,日本、新罗使至,必出金宝购之,而又訾为浮艳少理致。"

(3)指诋毁、非议的话。

《新唐书·后妃传上·则天武皇后》:"由是昭仪得入其訾,后无以自解。"

(4)厌恨。

《逸周书·太子晋》:"四荒至,莫有怨訾,乃登为帝。"

孔晁注:"訾,叹恨也。"

諀 pǐ bēi 西部方言读 bī。

◎**释义**

(1)pǐ,诽谤。

(2)bēi,諀訾,好说人是非。

◎**《康熙字典》解释**

《广韵》匹婢切。《集韵》《韵会》《正韵》普弭切,并音仳。《广雅》訾也,諙也。《广韵》恶言也。《集韵》或作吡。又《集韵》宾弥切,音卑。諀訾,好毁誉也。

◎**《汉语大字典》解释**

①pǐ

《广韵》匹婢切,上纸,滂。

诽谤。《广雅·释诂二》:"諀,諙也。"又《释言》:"諀,訾也。"《广韵·纸韵》:"諀,恶言也。"

②bēi

《集韵》宾弥切,平支,帮。

諀訾,好说人是非。《集韵·支韵》:"諀,諀訾,好毁誉也。"

◎**《汉语大词典》解释**

諀訑,诽谤。

《阿难分别经》:"谀谄諀訑圣,邪媚相毁坏。"

《瑜伽师地论》卷八九:"为性恼他故名抵突,性好讥嫌故名諀訑。"

拨撩 bōliáo　拨,西部方言读作入声[pʌʔ]。

◎**释义**

(1)拨动。

如:"你可不能用棍子拨撩笼子里下蛋的鸡。"

(2)修理。

如:"柴油机坏啦,王师傅拨撩两下,又转开啦。"

◎**《重编国语辞典》解释**

拨弄、撩动。

如:"他竟敢用棍子去拨撩那条蛇,真是危险!"

注:"拨撩"也说成"撩拨",词义有所不同。见"撩拨"的解释。

驳弹 bótán　驳,西部方言读作入声[bʌʔ]。

◎**释义**

指责人,挑毛病。

如:"老王工作上的事甚也不懂,就会瞎驳弹。"

◎**《汉语大词典》解释**

纠弹黜退。

唐·张鷟《朝野佥载》卷四:"奈何尸禄素餐,滥处上官,黜陟失所,选补伤残,小人在位,君子驳弹。"

原注参见"包弹"。

脖颈 bójǐng　bógěng　脖,西部方言读入声[bʌʔ]。

◎**释义**

颈项。口语"脖子"。

1.颈　jǐng

◎**《新华字典》解释**

头和躯干相连接的部分(亦称"脖子"),亦指事物像颈的部分,即"颈项、头颈"。

2.颈　gěng

脖颈子；口语指"脖子"。亦称"脖颈儿"。

脖梗　bógěng

◎《**汉语大词典**》解释

颈项。

①《儿女英雄传》第十六回："（邓九公）及至听到后来，渐渐儿的把个脖颈低了下去，默默无言，只瞧着那杯残酒发怔。"

②《儿女英雄传》第三一回："这样冷天，依我说，你莫如搁下这把剑，倒带上条领子儿，也省得风吹了脖颈儿。"

③杨沫《永不凋谢的玫瑰花环》："刚一见面，突然间，一串串美丽的花环被珍重地戴到我们每个代表团成员的脖颈上了！"

④柯蓝《火车上的少校》："他一边喊，一边用手抱着少校的脖颈，比什么都亲热。"

注："脖颈"，口语中多读 bógěng。

"脖颈"，也写作"脖梗"。

脖梗　bógěng

◎《**汉语大词典**》解释

亦称"脖儿梗""脖梗子"。颈项。

①《老残游记》第六回："俺们这里人人都耽着三分惊险，大意一点儿，站笼就会飞到脖儿梗上来的。"

②毕方、钟涛《千重浪》第十二章三："徐国河干活挺卖力，下面掏得挺深，不料哗啦一声塌下好大一块来，把他埋了个齐脖梗。"

③叶文玲《篱下》："有次小鹃咬着嘴皮挑明了问，这可把他问慌了，当下就扭过了红涨涨的脖梗子结结巴巴答：'我……我这两挑是给三叔婆挑的哩！'"

薄怯怯　bóqièqiè

◎**释义**

单薄。

如："孩子从小没吃过几顿饱饭,发育得慢,身子骨薄怯怯的。"

◎《**汉语大词典**》解释

单薄的样子。

元·李行道《灰阑记》第三折:"湿浸浸棒疮疼痛,哽噎噎千啼万哭,空荡荡那讨一餐,薄怯怯衣裳蓝缕。"

◎《**国语词典**》解释

单薄的样子。元·李行道《灰阑记》第三折:"空荡荡那讨一餐,薄怯怯衣裳蓝缕。"或作"薄设设"。

注:"薄怯怯"也说成"薄怯",词义相同。

薄怯　bóqiè

◎《**汉语大词典**》解释

单薄虚弱。

元·杨文奎《儿女团圆》第三折:"我常记的旧年时节,你身子儿薄怯,发着潮热。"

薄设设　bóshèshè　**设,西部方言读入声**[sʌʔ]。

◎《**汉语大词典**》解释

形容单薄。

①元·关汉卿《一半儿·题情》曲:"乍孤眠好教人情兴懒,薄设设被儿单,一半儿温和一半儿寒。"

②元·无名氏《云窗梦》第三折:"薄设设衾寒枕冷,愁易感好梦难成。"

③明·朱有燉《花酒曲江池》第一折:"我将这骨刺刺小车儿碾得苍苔碎,薄设设汗衫儿惹得游丝细。"

钵碗　bówǎn　**钵。西部方言读作入声**[pʌʔ]。

◎**释义**

吃饭用的大碗。

如:"小伙子好饭量,一顿饭能吃两钵碗烩菜。"

钵　bó

◎《**新华字典**》解释

(1)形声。从金,本声。僧人的食器。

(2)僧侣所用的餐具,像碗,底平,口略小。

清·彭端淑《为学一首示子侄》:"吾一瓶一钵足矣。"

(3)又如:钵盂(佛家语,是僧侣的覆钟状饮食器皿);钵多罗(佛家语,僧侣的食器)。

(4)形状像盆而较小的一种陶制器具,用来盛饭、菜、茶水等。如:瓦钵;饭钵;粥钵。

注:常误写为"博碗"。

拤拉　būlā　pūla　拤,西部方言读作入声[Puə²]。

◎释义

būlā

(1)用手拨动,收拾。

如:①"那孩子,算盘拤拉得又快又好。"

②"你把这些豆子拤拉到盘子里。"

(2)挑逗。

如:"你不要拤拉那只猫,小心咬你。"

(3)分拨。

如:"分组学习,把刘二拤拉到二组。"

(4)分开,拉开。

如:"孩子们打架,快拤拉开。"

pūla [P'uə²]

(1)弄平展。如:"床单压皱啦,快拿手拤拉拤拉。"

◎《**新华字典**》解释

铺展。

《汉书·中山靖王胜传》:"尘埃拤覆。"

注:"亦布散也。"

(2)又如:拵编(分布遍及);拵覆(散布覆盖)。

拵

◎《康熙字典》解释

《唐韵》普胡切《集韵》滂模切,并音铺。《说文》扪持也。一曰舒也,布散也。《前汉·中山靖王传》尘埃拵覆。又《王莽传》诗国十五,拵徧九州。又击也。又《唐韵》《集韵》《韵会》《正韵》并博故切,音布。义同。又《唐韵》博孤切《集韵》奔模切,并音通。亦展舒也。又《集韵》蓬逋切,音蒲。亦持也。

◎《汉语大词典》解释

bū,《广韵》博故切,去暮,帮。

①扪持。

②击。

卜楞 bǔléng 卜,西部方言读作入声［Puəˀ］。

◎释义

不服气地晃动脑袋。

如:"你脑袋卜楞啥? 你还说不得了?"

◎《汉语大词典》解释

(1)极快地晃动。

梁斌《播火记》八:"李德才把脑袋一卜楞。"

(2)象声词。时常迭用,形容不紧不慢、连续不断的钝响。

端木蕻良《三月夜曲》:"卖布的拨浪鼓卜楞卜楞响着。"

不登登 bùdēngdēng

◎释义

忿怒貌。

◎《重编国语辞典》解释

形容冲动。

元·萧德祥《杀狗劝夫》第三折:"动不动和人争,不登登按不住杀人性。"亦作"勃腾腾"。

◎**《汉语大词典》解释**

忿怒貌。

元·杨梓《敬德不伏老》第一折："这厮们走将来上首头坐,全无些谦逊。恼得咱便不登登按不住心头忿。"

不忿　bùfèn

◎**释义**

不平;不服。

如:①"实在气不忿。"

②"心中有些不忿。"

◎**《汉语大词典》解释**

(1)不怨,不恼恨。

①《礼记·坊记》:"从命不忿,微谏不倦,劳而不怨。"

②唐·郑谷《游蜀》诗:"不忿黄鹂惊晓梦,唯应杜宇信春愁。"

③清·徐士銮《宋艳·驳辨》:"吟得官梅托兴新,不忿开迟怨风笛。"

(2)不平;不服气。

①元尚仲贤《柳毅传书》第二折:"那火龙大施勇烈,俺小龙不忿争强。"

②《红楼梦》第五回:"便是那些小丫头子们,亦多喜与宝钗顽笑。因此,黛玉心中便有些悒郁不忿之意。"

③孙犁《白洋淀纪事·光荣》:"别人听了都不忿,说:'碍着人家了吗?你不叫人家寻婆家,你有汉子好等着,叫人等着谁呀!'"

◎**《重编国语词典》解释**

(1)不料。

唐·李端《闺情》诗:"皮衣更向门前望,不忿朝来鹊喜声。"亦作"不分""不愤"。

(2)不甘心、不服气。

①元·无名氏《连环计》第四折:"连李肃也不忿其事,因此拔刀相助。"

②明·刘兑《金童玉女娇红记》:"他不肯入来,就着飞红寄将我一首词儿去叫他,他不肯来,我和飞红也心里不忿他。"

看不忿 kànbùfèn

◎释义

不服,觉得不公。

如:①"为什么好多北京人和天津人都互相看不忿儿?"

②"我是一个对不公平的事看不忿的人。"

不拾闲 bùshíxián

◎释义

闲不住,不住气。

如:①"那孩子一天不拾闲地做营生。"

②"那孩子害得(淘气)一天手脚不拾闲。"

◎**《汉语大词典》解释**

方言。不得闲。

①《长城》1979 年第 2 期:"娘,现在我忙得两腿整天价不拾闲,睡觉还得睁着一眼,哪有工夫说这些事呀。"

②冯骥才《阴阳八卦》第十七章:"桂花过惯穷日子。穷勤富懒。她眼里有活。手不拾闲,只是侍候二婶不甘心。"

不沾 bùzhān

◎释义

(1)不是对手,赢不了。

如:"中国队想赢德国队? 根本不沾!"

(2)得不到,办不成。

如:"你这次作弊想让老师放过你? 不沾。"

◎**《汉语大词典》解释**

（1）得不到。

（2）方言。不行。

贺敬之《秦洛正》第三场："再听你的就逼着我跳井啦！不沾！不沾！"

C

擦黑儿　cāhēir

◎**释义**

天快黑的时候,黄昏。

擦,表示贴近："擦黑（傍晚）；擦边。"

◎**《新华字典》解释**

方言。接近天黑之时；黄昏。

◎**《现代汉语词典》解释**

天色开始黑下来。

如："赶到家时,天已经擦黑儿了。"

礤　cǎ　西部方言读入声[ts'ʌ²]。

◎**释义**

（1）名词,礤床、礤子。

如："山药礤子。"

（2）动词,礤萝卜丝。同"擦"。现在常写成"擦"。

◎**《康熙字典》解释**

《广韵》《集韵》并七曷切,音擦。《玉篇》粗石也。又《集韵》子末切,音噆。义同。又同擦,摩也。

◎**《汉语大字典》解释**

①cā

《广韵》七曷切,入曷,清。

亦作礤。粗石。

摸,轻轻地摸。

◎《新华字典》解释

[名]粗石。礤,粗石也。——《玉篇》

[动]同擦。磨。把瓜、萝卜等擦成丝的器具。

注:礤,作名词时,组成词语:"礤床、礤子。"

礤,作动词时,常写为"擦"。

如今人们多将"礤"写成"擦"。

擦　cā　西部方言读入声[ts'ʌ?]。

◎释义

用擦子把水果蔬菜擦成丝儿。

如:"擦土豆丝儿。"

◎《新华字典》解释

刨擦。

把瓜果等放在礤床儿上来回磨擦,使成细丝儿。

如:"把胡萝卜擦成丝儿。"

◎《汉语大词典》解释

刨擦瓜果,使成为细丝状。

如:"把萝卜擦成丝儿。"

擦子　cāzi,西部方言读入声[ts'ʌ?]。

◎释义

也称作"擦床"。

◎《汉语大词典》解释

亦称"擦子"。嵌镶斜孔金属片,用以擦削瓜果等成丝的长方形小木板或竹板。

磨擦擦 mócācā 擦,西部方言读入声[tsʻʌʔ]。

◎**释义**

一种面食。

把土豆擦碎,和莜面掺在一起做成的面食。

柴禾 cháihé 禾,西部方言读 huó。

◎**释义**

烧火的柴草。

如:①"抓一把柴禾。"

②"到地里搂柴禾。"

◎《**汉语大词典**》**解释**

做燃料用的柴木、杂草等。

①《金瓶梅词话》第二四回:"把那猪首蹄子,剃刷干净,只用的一根长柴禾,安在灶内……那消一个时辰,把个猪头烧的皮脱肉化,香喷喷五味俱全。"

②《中国歌谣资料·黄花苗》:"白天给人家拾柴禾,夜里给人家磨豆腐。"

③谭尚维《回顾长征·甘孜会师》:"四方面军的同志还准备了许多柴禾,两只水缸也盛得满满的。"

注:"柴禾"也写作"柴火"。

柴火 cháihuǒ

◎**释义**

烧火的柴草。

◎《**汉语大词典**》**解释**

(1)柴禾,柴草。

①《北史·齐纪中·文宣帝》:"太后尝在北宫,坐一小榻,帝时已醉,手自举床,后便坠落,颇有伤损,醒悟之后,大怀惭恨,遂令多聚柴火,将入其中。太后惊惧,亲自持挽。"

②《红楼梦》第三九回:"必定是过路的客人们冷了,见现成的柴火,抽些烤火,也是有的。"

③杨沫《青春之歌》第一部第二章:"孙女呢,养种的地是地主的,交了租子只剩一把柴火。"

(2)木柴燃烧产生的火。

《隋书·王劭传》:"今温酒及炙肉,用石炭、柴火、竹火、草火、麻荄火,气味各不相同。"

黪色 cǎnsè "色",西部方言读入声[sʌˀ]。

◎**释义**

雀斑。

如:"那孩子,一脸黪色。"

注:常误写成"蚕沙""惭色"。

黪 cǎn

◎**《康熙字典》解释**

《唐韵》《集韵》《韵会》《正韵》并七感切,音惨。《说文》浅青黑也。《广韵》暗色。《广雅》败也。《玉篇》今谓物将败时,颜色黪黪也。《文选·汉功臣表》茫茫宇宙,上黪下黩。又《广韵》仓敢切,骖上声。日暗色。

◎**《汉语大字典》解释**

《广韵》七感切,上感,清。

《广韵》仓敢切,上敢,清。

①浅青黑色。

②暗色。

③特指日暗色。

槽子糕 cáozigāo

◎**释义**

一种糕点。普通话叫"槽糕"。

槽糕

◎**《汉语大词典》解释**

方言。用模子制成的一种糕点。也叫槽子糕。

①章诒和《往事并不如烟·最后的贵族——康同璧母女之印象》："第二天,吃早餐。康同璧发现属于她专用的一份槽糕,没了。"

②于学斌《东北老招幌》："槽糕又称槽子糕,是一种发面糕点,是过去看病人或孕妇最好的馈赠品。"

蹭车　cèngchē

◎**释义**

(1)不花钱坐车。

如:"他每天上下班蹭车回家。"

(2)车与车碰撞。

如:"我的车被蹭啦。"

◎**《汉语大字典》解释**

(1)不买票乘车。

①《人民日报》1987年8月23日:"不瞒您说,人称咱哥俩是'百日蹭车无事故'。"

②《北京青年报》2005年10月8日:"当时也没看火车是开到哪里的,自己只想搭火车离开,我身上没钱,蹭车还会被抓住,不如藏在车下。"

(2)指故意与汽车发生碰擦以索取赔偿。

《文汇报》2005年3月31日:"负责此项工作的警官告诉记者将严格区分各方所应承担的事故责任,道路上的'蹭车'现象也将会消失。因为非机动车驾驶人、行人与处于静止状态的机动车发生交通事故,机动车将不承担赔偿责任。"

蹭戏　cèngxì

◎**释义**

刚开场演唱的短小的戏。

◎《汉语大字典》解释

方言。谓白听的戏。

张恨水《夜深沉》第十一回:"再向廊子后面看看,二和是不是在那儿听蹭戏。"

注:常误写为"衬戏",如"看衬戏"。

蹭

◎《新华字典》解释

(1)磨,擦:蹭脱一层皮。

(2)指白占便宜:坐蹭车。

插揽　chālǎn

◎释义

(1)出于某种目的,参与和自己没有直接关系的事情。

如:"他们家的事情,和你没关系,少插揽。"

(2)出于私利,利用职权,插手职责以外的事。

如:"监察局长涉嫌插揽转包工程,涉及贪污违法。"

揽

◎《新华字典》解释

(1)把持:揽持。独揽大权。

(2)拉到自己这方面或自己身上来:包揽。招揽。承揽。揽客。揽活儿。

注:"插揽"近义词是"插身""插手"。

插身　chāshēn

◎《新华字典》解释

参与:"你别想插身在这事里头。"

插手　chāshǒu

◎《新华字典》解释

参与（某事）："插手企业的管理。"

碴儿 chár
◎**释义**
(1)碎屑。
如："骨头碴儿""玻璃碴儿"。
(2)过去因意气之争或失和留下的芥蒂。
如："我和他有碴儿。"
(3)事端。
如："提起那碴儿，众人便争论不休。"
(4)势头。
如："这碴儿来得不善。"
(5)剃后残余或复生的短毛发。
如："胡子碴儿""胡子拉碴"（胡子丛生的样子）。
注："碴儿"在语义上与"茬（儿）"相同，可互用。

茬 chá
◎**释义**
(1)庄稼收割后余留在地里的短茎和根："茬子，麦茬。"
(2)同一块田地上庄稼种植或收割的次数："头茬"。
(3)短而硬的头发、胡子："胡茬子"。

茬（儿） chá
◎**释义**
与"碴儿"同。
◎**《汉语大词典》解释**
(1)指没有剃净或剃后复生的须发的根。
毕方、钟涛《千重浪》第十章四："他还想听郭书记说下去，可是满脸胡茬，头发长得老长的邢连成，跟在罗万山后边进来。"

（2）碴儿。指提到的事或刚说完的话。

①老舍《二马》第三段十三："关于中国瓷器、铜器，书可多了。念几本就行！够咱们能搭得上茬儿的就行！"

②柳青《创业史》第一部第十五章："'你尽想谁呢？'有万又开玩笑，好像不由他自己。生宝还是不搭这个茬。"

③浩然《艳阳天》第一一四章："门口外边，因为来了个马子怀和马斋，又接着茬儿议论起来了。"

（3）犹岔子。事故；错误。

①魏巍《东方》第一部第五章："人家欺负我，我就恨人家；人家低下了头，我就又可怜人家。谁知日久天长，他反倒找起我的茬儿。"

②张书绅《正气歌》："管教员气得没办法，就去清点鞋帮数目，想找个茬治治志新。"

注：方言中常用词"答（搭）茬儿""答岔儿""答碴儿""话茬儿""接茬儿""硬碴儿""找碴儿"等分别解释。

答（搭）茬儿　dāchár
◎**《现代汉语词典》解释**
接着别人的话说话。如："他的话没头没脑，家人没法搭茬儿。"
也作"答岔儿""搭碴儿""答碴儿"。

答岔儿　dāchár
◎**《汉语大词典》解释**
亦作"答碴儿"。

（1）接着别人的话说，搭腔。

①《儿女英雄传》第二二回："姑娘这才晓得自己说的是梦话；听得他在那里答岔儿。"岔，一本作"碴"。

②老舍《骆驼祥子》十三："刘四爷没答碴儿，想了想：'话匣子呢？唱唱！'"

③韦君宜《乘公路汽车旅行记》："我们都没有答碴儿，可是不约而

同也都往墙上看。"

④《收获》1981 年第 6 期:"谁也没有答碴儿,他走到韩有福的床前。"

(2)理睬。

老舍《骆驼祥子》二:"车口上的几辆车没有人答碴儿,大家有的看着那辆车淡而不厌地微笑,有的叼着小烟袋坐着,连头也不抬。"

话茬儿 huàchár
◎《现代汉语词典》解释
①话头:"我刚说到这儿,她就接上了话茬儿。"
②口风;口气:"听他的话茬儿,这件事好办。"

话碴 huàchá
◎《汉语大词典》解释
(1)话头;话题。
①徐光耀《平原烈火》四六:"钱万里又弯下腰去,接着岗楼的话碴往下搭讪。"
②《小说选刊》1981 年第 8 期:"听了这,德祥觉得受了侮辱,正要发火,贤慧在一旁笑着接过话碴儿说:'给多少补差?'"

接茬儿 jiēchár
◎《现代汉语词典》解释
①接着别人的话头说下去;搭腔:"他几次跟我说到老王的事,我都没接茬儿。"
②(一件事完了)紧接着做另外一件事:"随后他们接茬儿商量晚上开会的事。"

接碴 jiēchá
◎《汉语大词典》解释

紧接别人的话头讲下去;搭腔。

老舍《柳屯的》:"他没往下接碴。"

和谷岩《茶花艳》:"小山哼了一声接碴儿说:'那要看什么首长……。'"

急茬儿　jíchár

◎《现代汉语词典》解释

方言。紧急的事情:"这是急茬儿,可不能耽误了。"

硬碴儿　yìngchár

背后有靠山,有势力的。

如:"那是个硬碴儿,他舅舅是警察局长。"

找碴　zhǎochá

◎《汉语大词典》解释

亦作"找茬"。

找岔子。

①鲁迅《书信集·致山上正义》:"假如村民赢了,他们的一伙就来找碴斗殴。"

②马烽《典型事例》:"别故意找茬啦! 那时候到处都在夺权,孩子们跟上旋风撒了把土,有啥了不起!"

察瞜　chálōu

◎**释义**

寻找,打探。

如:①"你给察瞜一下,谁家有空房出租。"

②"你人缘好,快给我姑娘察瞜个对象。"

察

◎《**汉语大字典**》解释

《广韵》初八切,入黠,初。

①仔细察看。

②明辨;详审。

③考察;调查。

④知道;理解。

⑤经考察后予以举荐,选拔。

䁙

◎《**新华字典**》解释

方言。用眼睛迅速地看、注视,一瞥。

如:"䁙他一眼。"

◎《**康熙字典**》解释

《广韵》落侯切《集韵》郎侯切,并音楼。《玉篇》视也。又《类篇》䁙睺,偏盲也。一曰细视。或作䁙。又曤䁙,古明目者。《孟子》作离娄。又《广韵》力朱切《集韵》龙珠切,并音瘻。眗䁙,笑也。又瞜䁙,微视也。《说文》作瞜娄。

◎《**汉语大词典**》解释

看。

唐·张鷟《游仙窟》:"十娘引手向前,眼子盱䁙,手子膃脂,一双臂腕,切我肝肠;十个指头,刺人心髓。"

叉 chá chǎ

◎**释义**

1.chá 挡住,卡住。

如:①"那大师傅就叉着门,不叫我们走。"

②"车辆叉住了路口,过不去了。"

◎《**新华字典**》解释

挡住;堵塞住,互相卡住。

2.chǎ

分开,张开。

如:"叉开两腿。"

"叉叉裤":开裆裤,小孩子穿。

◎《新华字典》解释

分开张开:"叉开两腿。"

注:"蹅"也表示堵塞。两字有区别。

蹅　chá

◎释义

(1)滑倒:"冰太滑,不小心蹅了一跤。"

(2)堵塞:"路又蹅住了。"

◎《康熙字典》解释

《唐韵》昨何切《集韵》才何切,并音醝。《玉篇》踏声。亦作蹔。又《集韵》锄加切,音查。行失序也。

◎《汉语大字典》解释

(1)行失序。

(2)方言。堵塞。

①道路因人马车辆杂乱而堵塞:"大路上赶集的人太多了,蹅住了,过不去。"

②因乱堆杂物而堵住通道或故意封住门道、过道:"先把这儿蹅住,不准走人。"

拉叉　lā chā

◎释义

四脚张开。

如:"那孩子不懂礼数,四脚拉叉睡在当炕,不管有人没人。"

◎《汉语大词典》解释

指肢体伸张开。

《醒世姻缘传》第二九回:"因那晚暴热得异样,叫了徒弟陈鹤将那张醉翁椅子抬到阁下大殿当中檐下,跣剥得精光,四脚拉叉睡在上面。"

桠桠叉叉　yāyāchāchā

◎**释义**

东西摞得高而不齐整。

如:"小房里的东西堆得桠桠叉叉,快掉呀。"

◎**《汉语大词典》解释**

歧出错杂貌。

鲁迅《彷徨·幸福的家庭》:"他觉得头里面很胀满,似乎桠桠叉叉的被木柴填满了,五五二十五,脑皮质上还印着许多散乱的亚剌伯数字。"

拆凑　chāicòu　拆,西部方言读作入声[ts'ʌʔ];凑,读作 cu。

◎**释义**

谓各处(向众人)挪借,勉强凑齐。

如:"孩子出门没盘缠,他妈求爷爷告奶奶,给他拆凑了 50 块。"

拆

◎**《新华字典》解释**

分散,把合在一起的弄开。

如:"拆机器;拆东补西。"

凑

◎**《新华字典》解释**

聚合:"凑钱。凑数。凑合。拼凑。紧凑。"

掺和　chānhuò

◎**释义**

(1)把几种不同的东西混合在一起。

如:"把黄土、石灰、沙土掺和在一起,铺在小路上。"

（2）参与。

如："人家正忙的哩,你少掺和。"

◎《汉语大词典》解释

（1）混杂。

①浩然《艳阳天》第二一章:"他朝院子里的人看一眼,最后,那种掺和着各种复杂感情的目光就停在萧长春的脸上了。"

②权宽浮《牧场雪莲花》:"(梁秉忠)拔了一把野蒜和野韭菜,掺和着羊肉包了顿饺子。"

（2）犹言参与、插手。

杜澎《双窝车》:"这牲口交到我手归我管,我的事儿不用你掺和。"

注:"掺和"也写作"搀和"(见《现代汉语词典》)。

搀和　chānhuò

◎《汉语大词典》解释

搀杂混合。

①明·王守仁《传习录》卷中:"凡就古人论学处说工夫,更不必搀和兼搭而说,自然无不吻合贯通者。"

②清·黄六鸿《福惠全书·莅任·查交代》:"火药定宜点试,恐有盗卖搀和灰土,不堪施用。"

③巴金《随想录·怀念萧珊四》:"等到我永远闭上眼睛,就让我的骨灰同她的搀和在一起。"

铲铲骨　chǎnchǎngǔ

◎**释义**

肩胛骨。因其形像铲子,故称作铲铲骨,也称作铲板子。

注:"铲板子",常误写为"骖板子"。

朝理　cháolǐ

◎**释义**

理睬。

如："那小子不是个东西,谁待要朝理他。"

◎《汉语大词典》解释

方言。理睬,关心。

西戎《纠纷》:"你们再看看这两天,丰产棉花长了半人高,缺人少手的,谁也不朝理二分半,好容易妇女们下地干了,你们还挑三捡四的。"

扯　chě

◎释义

不拘形式不拘内容地谈。

如："扯谎;扯闲篇。"

◎《新华字典》解释

谈话,多指漫无边际的谈话。 如:"闲扯;扯家常;东拉西扯;扯个没完;扯蛋(胡扯)。"

◎《汉语大词典》解释

谈,闲聊。

①周立波《山乡巨变》上二:"你来得正好,同李主席谈完情况,我要跟你扯一扯。"

②柳杞《好年胜景》:"这一天上午,苑春田说是请了假,准备在家里天南地北地和我扯个够。"

参见"扯谈"。

方言常用词:"瞎扯,真扯。"

瞎扯　xiāchě　瞎,西部方言读入声[xiʌˀ]。

◎释义

说闲话,多指所说的话不着边际。

真扯　zhēnchě

◎**释义**

(1)胡扯;捕风捉影。

如:"我和小王刚认识,人们就说我俩搞对象,真扯哩。"

(2)能力水平低。

如:"你让他出去办事? 他那两下真扯哩。"

注:四川方言中,"扯"字解释为"搞笑;匪夷所思;另类"。

撤　chè

◎**释义**

1.chè

(1)躲避,逃避。

如:"家里一有点儿事,他撤得远远的。"

(2)扔掉。

如:"甚破东烂西了,快给他撤了。"

2.chè　西部方言读入声[ts'ʌ²]。

(1)撤掉。

如:"菜吃不了了,快把新上的两道菜撤了哇。"

(2)减轻。

如:①"饭熟了,把火撤了哇。"

②"饭糊了,快把火撤小些。"

◎**《汉语大词典》解释**

(1)除去;消除。

①《论语·乡党》:"不撤姜食。"

何晏集解引孔安国曰:"撤,去也。"

②汉·王粲《公宴诗》:"凉风撤蒸暑,清云却炎晖。"

③《宋史·赵逢龙传》:"每至官,有司例设供张,悉命撤去。"

④清·俞樾《春在堂随笔》卷八:"恩竹樵方伯亦尝书一联见赠……余则欣然受而县之,戊寅以后,始撤不县。"

(2)撤回;撤退。

①《三国志·吴志·吕蒙传》:"羽闻之,必撤备兵。"

②宋·司马光《涑水记闻》卷四:"会其夜雪大作,贼撤城下兵去。"

③柳青《铜墙铁壁》第七章:"榆林竟没打开,野战军撤下来了。"

(3)指回转。参见"撤身"。

(4)减轻气味、分量等。如:"撤味儿;把火撤小些。"

掣子　chèzi　掣,西部方言读入声[ts'ʌ²]。

◎**释义**

度量液体的工具。

如:"酒掣子"(打酒的量具。有一两、二两、半斤和一斤之分)。

酒掣子　jiǔchèzi

◎**《汉语大词典》解释**

汲酒的工具。

《儿女英雄传》第三十回:"这'滑稽'是件东西,就是掣酒的那个酒掣子,俗名叫作'过山龙',又叫'倒流儿'……不一时,叶通拿了酒掣子进来。"

注:(1)打醋、酱油、油等的量具,西部都叫"掣子"。

(2)常误写为"测子"。

嗔谯　chēnjiāo

◎**释义**

①怒,生气:嗔怒;嗔斥。

②责怪,怪罪、埋怨他人。

如:"小明上课迟到了,嗔谯奶奶没叫他。"

注:"嗔谯",常误写成"嗔教"。

嗔　chēn

◎**《新华字典》解释**

(1)本义:发怒;生气。

（2）同本义。也作"謓"。"謓，恚也。"——《说文》

（3）字亦作"嗔"。又如："嗔怒（生气；发怒）；嗔怪（生气怪罪）。"

（4）责怪；埋怨。如："嗔道（怪道；怪不得）；嗔色（不满的脸色）。"

（5）用同"瞋"。睁大眼睛。如："嗔目。"

誰

◎《说文》解释

誰，娆譊也。从言焦声。读若嚼。

［译文］誰，扰弄和呵责。从言焦声，音读像"嚼"字。

注："译文"见《说文解字今译》。

趁搭　chèndā

◎《汉语大词典》解释

搭乘。

①《九尾龟》第四一回："你既然今天要走，料想趁搭轮船是来不及的了。"

②王西彦《在漫长的道路上·尾声》："她已经在发信的当天下午，趁搭夜班火车，动身到省城里去了。"

趁哄　chènhōng

◎释义

鼓动（聚集）起一帮人一起做事。

如：①"那帮孩子趁哄起来又不知干甚圪呀！"

②"他每天趁哄几个孩子在家打麻将。"

◎《汉语大词典》解释

犹言赶热闹。

①宋·范公偁《过庭录》："温公曰：'某适过范淳父门，邀之同去。徐思之，不敢轻言，被他不是个趁哄低人。'"

②明·无名氏《广成子》第三折："贫道无影道人是也，跟着我广成子师父，每日则是趁哄耍子。"

◎《**重编国语辞典**》解释

赶热闹。

宋·范公偁《过庭录》："某适过范淳父门,邀之同去。徐思之,不敢轻言,被他不是个趁哄低人。"

趁摸 chènmō 摸,西部方言读入声［mʌʔ］。

◎**释义**

小心,试探。

如:"你刚到新环境,做事要趁摸住点儿,不能由性子来。"

注:《汉语大词典》收录了"趁趁摸摸",与方言词义相同。

趁趁摸摸 chènchènmōmō

◎《**汉语大词典**》解释

方言。犹试探。

①李准《冰化雪消》:"谈了一阵之后,郑德明把困难情况说了说,最后他才趁趁摸摸地问:'听说有农业生产社,究竟啥样是生产社?'"

②吉学沛《爱仰脑壳的队长》:"可是盛翠花心里不服,趁趁摸摸地问道:'这么说,队长的话不算了?'"

③徐慎《初春时节》:"'老宋!你,你,你能不能……',大虎终于趁趁摸摸地问。"

瞪 chēng

◎**释义**

瞪眼。

如:"把眼睛瞪大了看看。"

◎《**汉语大词典**》解释

方言。瞪。如:"瞪大只眼睛。"

承架不住　chēngjià bùzhù

◎**释义**

承受不了。

如："他挣的钱多,也承架不住5个孩子的花销。"

承

◎**《新华字典》解释**

担当,应允。如:"承担,承当。"

架不住

◎**《汉语大词典》解释**

(1)方言。禁不住;受不住。

①《续儿女英雄传》第十七回:"俗语云,'好汉架不住人多'。还是防备着为是。"

②老舍《四世同堂》二六:"没有人愿意作奴隶,可是,谁也架不住一天一天的,成年论月的,老听别人告诉你:'你不是中国人!'"

(2)方言。抵不上。如:"他们力气大,架不住我们会找窍门。"

赤屎子　chìdùzi　　屎,西部方言读入声[ˌtuəʔ]。

◎**释义**

光屁溜。

赤

裸露:"赤脚(光脚)。"

屎

◎**《汉语大字典》解释**

《集韵》都木切,入屋端。

同"豚"。《集韵·屋韵》:"豚,《博雅》'臀也'或作'臋'。"

注:常误写为"赤肚子"。

冲　chēng　chòng

◎**释义**

1.chōng

(1)旧时星相术数家谓相忌相克。

如:"子午相冲。"

(2)谓破解凶运:"冲喜。"

◎《汉语大词典》解释

星相术士谓相克相忌为"冲"。

①《左传·襄公二十八年》:"周楚恶之。"

晋·杜预注:"岁星所在,其国有福,失次于北,祸冲在南。"

唐·孔颖达疏:"子午之位,南北相冲,淫于玄枵,冲当鹑火。"

②清·吴骞《扶风传信录》:"八月十八之灾虽免,第推星命,官人与老母冲,并恐有一伤也。"

参见"冲克"。

2.chòng

方言中表相忌相克时,读 chòng。常用词:"冲的""冲坏(冲着)啦"。

冲的　chòngdi

◎**释义**

撞了厄运,好事让人搅了。

如:"让他冲的,到手的钱没挣上。"

冲坏　chònghuài

◎**释义**

使人倒霉;使人败兴。

如:"我今天让他冲坏啦,一分钱的买卖没做成。"

抽搭　chōuda

◎**释义**

抽泣。

如:"孩子哭得伤心的,睡着了还抽搭。"

◎《**汉语大词典**》解释

亦作"抽答""抽达"。

一吸一顿地低声哭泣。

①《红楼梦》第三三回:"王夫人哭着贾珠的名字,别人还可,惟有李纨禁不住也抽抽搭搭的哭起来了。"

②舒群《少年 chen 女》四:"不等我问话,便抽搭两声,抑制住喉咙的哽咽先开口了。"

③老舍《月牙儿》十三:"我呢,我连哭都忘了怎么哭了,我只咧着嘴抽达,泪蒙住了我的脸。"

④吕治范《采蘑菇》:"三莲吓得张着嘴,不敢回话,只是又抽抽答答地抹起眼泪来。"

抽架　chōujià

◎**释义**

(1)推脱。

如:"行不行你给个痛快,甭抽架啦。"

(2)刁难:不办事。

如:"这件事办了几次啦闹不成,那管事的老抽架人。"

(3)扭捏。

如:"快走哇,甭抽架啦。"

(4)动作不规范,瞎比画。

如:"他哪会武功,就会瞎抽架。"

凑搭　còuda

◎**释义**

拼凑。

如:"众人凑搭了几个钱,给他做路费。"

◎《**汉语大词典**》解释

拼凑。

《红楼梦》第八二回:"好些的,不过拿些经书凑搭凑搭还罢了;更有一种可笑的,肚子里原没有什么,东拉西扯,弄的牛鬼蛇神,还自以为博奥。"

注:见"拆凑"。

戳搭　chuōda　戳,西部方言读作入声[tsʻuʌʔ]。

◎**释义**

(1)轻轻磕打,触碰。

如:"你过去戳搭戳搭,电扇咋不转啦?"

(2)斥责。

如:"小王知道自己戳下拐了,让领导戳搭了半天,头也不敢抬。"

(3)推搡,打。

如:"小王被推进黑屋子,一帮人上来就戳搭他。"

◎《**汉语大词典**》**解释**

(1)使长条形物体的顶端向前或向下顿动。

如:"他掏出一支烟,在烟盒上戳搭着。"

戳份儿　chuōfènr　戳,西部方言读作入声[tsʻuʌʔ]。

◎**释义**

在地方上耍威风,欺凌他人。

如:"那是个灰圪炮,在咱们这儿戳份儿啦。"

◎《**新华字典**》**解释**

方言。逞能;耍威风(贬义)。

如:"别在这儿戳份儿,谁怕你?"

戳个儿　chuōgèr　戳,西部方言读作入声[tsʻuʌʔ]。

◎**释义**

长个子。

如:①"十六七岁,正是孩子们戳个儿的时候。"

②"小家伙,几天不见,个子戳起来啦。"

◎**《汉语大词典》解释**

方言。身材;身量。

如:"他怎么个戳个儿?"

戳咕 chuōgū 戳,西部方言读作入声[tsʻuʌ²]。

◎**释义**

背后挑唆。

如:"她又戳咕两个媳妇和婆婆闹。"

◎**《汉语大词典》解释**

暗中怂恿:"这个泼妇就爱戳咕事。"

戳拐 chuōguǎi 戳,西部方言读作入声[tsʻuʌ²];拐,读 guǐ。

◎**释义**

(1)犯错误,闯祸。

如:"你敢偷出雷管要,戳拐呀!"

(2)铸成大错。

如:①"今天我可戳下拐了,把那个大客户得罪了。"

②"小王戳下大拐啦,睡觉抽烟把库房点着啦。"

注:《四川方言词典》将"戳拐"等同于"出拐""撮拐",意为出差错;闯祸。

出拐

◎**《汉语方言大词典》解释**

犹言出岔子,出事,出问题,失败。西南官话。

◎**《汉语大词典》解释**

犹言出岔子,出问题。

①沙汀《困兽记》十:"'这点事你放心!'吴楣十分负责地说,'保你不会出拐!'"

②李劼人《天魔舞》第四章:"就叫我亲自开车,也会出拐,何况钱司机又才到成都,路很生。"

③李劼人《天魔舞》第二四章:"霍大夫是有名的戒烟医生,光在成都,听说就戒过好几百人,没一个出拐的。"

戳祸 chuōhuò **戳,西部方言读作入声[tsʻuʌʔ]。**

◎**释义**

闯祸。

◎**《汉语大词典》解释**

方言。闯祸:"你这个死不了的,净戳祸呀!"

出溜 chūliu

◎**释义**

(1)滑行、滑下。

如:"他一不小心,从山坡上出溜下来。"

(2)也指走下坡路。

如:"每天玩游戏,他的成绩出溜下来啦。"

◎**《汉语大词典》解释**

方言。形容迅速滑动。

①老舍《四世同堂》三四:"钱先生看亲家坐好,他猛的由床沿上出溜下来,跪在了地上,还没等亲家想出主意,他已磕了一个头。"

②杨朔《三千里江山》第四段:"武震紧紧鞋带,骑着钢梁出溜过去。"

③孔厥、袁静《新儿女英雄传》第四回:"马胆小、艾和尚几个脸色死白,都抽回枪,出溜到坡底下。"

杵切 chǔqiè **切,西部方言读作入声[tɕʰiʌʔ]。**

◎**释义**

用言语伤人。

如:"我又没说你坏话,你老杵切我干啥?"

杵

◎《汉语大词典》解释

(1)舂捣谷物、药物及筑土、捣衣等用的棒槌。

(2)引申为以语言刺人。

《小说月报》1981 年第 8 期:"'你有个好爸爸么。'玉华用开玩笑的口气杵她一句。"

注:"杵切"的近义词为"杵触"。

杵触　chǔchù

◎《汉语大词典》解释

触犯,冒犯。

唐·沈亚之《上家官书》:"书辞多鄙,又不尽志,杵触清严,罪无可逭。"

啜哄　chuòhǒng　啜,西部方言读作入声[tsʻuʌ²]。

◎释义

哄骗。

如:"他那几句鬼话,也就能啜哄几个愣头青。"

◎《汉语大词典》解释

哄骗。

①元·马致远《青衫泪》第二折:"自从白侍郎别后,尽着老虔婆百般啜哄,我再不肯接客求食。"

②《金瓶梅词话》第十三回:"他要了人家汉子,又来献小殷勤儿,啜哄人家老公。"

③清·杨继盛《昭代经济言·乞诛奸险巧佞贼臣》:"(嵩)恐汝夔招出真情,故将此言啜哄,以安其心。"

呲打　cīda

◎释义

呵责,嘲讽。

如:"上班迟到了,被组长呲打了半天。"

◎《汉语大字典》解释

方言。斥责;挖苦。

①梁斌《红旗谱》十二:"他一听就蹦了,把老套子的话劈头带脸盖过来,呲打得冯贵堂鼻子气儿不得出。"

②铁凝《小黄米的故事》:"她开始呲打老白,老白感觉这口气很像一个大女人面对一个小男人。"

③铁凝《永远有多远》:"在我的记忆里,她指责、呲打白大省的时间也就最长。"

注:"呲打",也说成"叱搭""雌答",词义相同。

叱搭 chìda

◎《汉语大词典》解释

方言。斥责。

苏叔阳《傻二舅》:"'怎么啦?'他瞪起小眼睛叱搭我,'瞧你胆儿,我又没反对集体化。'"

雌答 cídá

◎《汉语大词典》解释

亦作"雌搭"。冲撞,不礼貌。

①《醒世姻缘传》第四四回:"谁家一个没折至的新媳妇就开口骂人,雌答女婿?"

黄肃秋注:"冲撞,不礼貌。"

②《醒世姻缘传》第七四回:"狄大爷说:'黑了,你家去罢。你当不的人呀!'雌搭了一顿,不偢不睬的来了。"

跐溜 cīliū

◎释义

(1)脚下滑动。

如:"他跐溜一下摔倒在地上。"

(2)形容很快。

如:"门一开,大黑猫跐溜地钻到床下去了。"

◎**《汉语大词典》解释**

形容动作很快,很敏捷。

梁斌《红旗谱》七:"他一猫腰,拾起块砖头,那只小狗跐溜地跑了。"

瓷 cí

◎**释义**

眼睛不动地盯着看。

如:"他眼睛瓷珠珠看着她。"

◎**《新华字典》解释**

方言。眼珠不动。

梁斌《红旗谱》:"严志和弯下腰,瓷着眼珠盯着地上老半天。"

◎**《汉语大字典》解释**

方言。瞪眼貌。梁斌《红旗谱》第一卷二:"严志和弯下腰,瓷着眼珠盯着地上老半天。"

撍 cuǐ

◎**释义**

摸。

如:①"孩子有些难受,你拿手撍一撍头,是不是发烧了?"

②"你撍撍我背上咋起了个疙瘩?"

◎**《康熙字典》解释**

《集韵》取猥切。崔上声。摸也。

◎**《汉语大字典》解释**

《集韵》取猥切,上贿,清。

摸。《集韵·贿韵》:"撍,摸也。"

注:方言常用词有"撍摸"。

撍摸 cuǐmō 摸,西部方言读作入声[mʌˀ]。

◎释义

轻轻地、慢慢地摸。

如:"新新的衣服,甭拿你那黑手撍摸,看弄脏了!"

注:记录方言,常把"撍摸"写成"揣摸"。

揣摸 chuǎimo 摸,西部方言读作入声[mʌˀ]。

◎《汉语大词典》解释

(1)估量;推测。

①《朱子语类》卷八四:"若白地将自家所见揣摸他,本来意思不如此,也不济事。"

②明·顿锐《恶峪行》:"岂似人心更险巇? 机穽窈深难揣摸。"

③康濯《东方红》第一章一:"便慢慢揣摸到了一点这闺女刚才那股烈劲儿的底细。"

(2)玩味;研究。

①宋·许颉《彦周诗话》:"赵昌画黄蜀葵,东坡作诗云:'檀心紫成晕,翠叶森有芒。'揣摸刻骨,造语壮丽,后世莫及。"

②杜鹏程《在和平的日子里》第二章:"他时常通过老阎来揣摸新世界。"

(3)摸索。

①《元典章新集·刑部·骗夺》:"(王牙儿等)于王二姐床上揣摸到藤箱一只。"

②束为《好人田木瓜》:"王三宝从裤兜里揣摸了一阵,掏出一叠工票出来,掖到木瓜大叔的怀里。"

注:(一)与普通话比较,"揣"在西部方言中有不同的读音,表达的词义也不同。

(1)揣(cuǐ)摸:摸索。同义词"摸捞"。

如:"停电了,黑灯瞎火的,揣摸了半天,才找见蜡烛。"

也可以说成:"停电了,黑灯瞎火的,摸捞了半天,才找见蜡烛。"

（2）揣（cuī）：藏在穿的衣服里。

如："你肚里（衣服里）揣的甚啦？"

（二）"揣摸"，与普通话一样，也表示估量，推测，玩味，研究。

如：①"那小子可会揣摸领导的心事呢！"

②"刚才他说的甚意思？我揣摸了半天也没弄明白。"

（三）"揣摸"也写成"揣抹""揣摩（揣摹）"，词义有所区别。

揣抹 chuǎimo

◎《**汉语大词典**》解释

拉扯抚摸。

《元典章·户部四·不收继》："四更前，有哇男傅天寿将哇哥揣抹，不曾成奸。"

与方言"撺摸"词义相同。

揣摩 chuǎimó

亦作"揣摹"。

◎《**汉语大词典**》解释

研究，玩味。

①唐·杨炯《〈王勃集〉序》："揣摩三古，开阐八风。"

②《醒世恒言·李道人独步云门》："医者意也，无过要心下明，指下明，把一个意思揣摩将去。怎么靠得死方子，就好疗病？"

③清·陈廷焯《白雨斋词话》卷八："两宋词，精绝者约略不过五百余首，足备揣摹，不必多求也。"

④李劼人《大波》第三部第一章："像王大人这种能收能放，能上能下，能刚能柔，能进能退的本领，倒应该好生揣摹揣摹。"

攒簇 cuáncù

◎**释义**

聚集。

如:"那几个人每天攒簇在一起,不知干甚哩。"

◎《汉语大词典》解释

簇聚;簇拥。

①宋·孟元老《东京梦华录·驾宿太庙奉神主出室》:"驾乘玉辂……顶皆镂金大莲叶攒簇四柱栏槛,镂玉盘花龙凤。"

②元·徐再思《小桃红·花篮甾髻》曲:"东风攒簇一筐春,吹在秋蝉鬓。"

③明·袁宏道《游记·上方》:"上方踞湖上,其观大于虎丘……至于峰峦攒簇,层波叠翠,则虎丘亦自佳。"

④艾芜《意外》:"一路再看不见种植的田野和瓦屋攒簇的村庄。"

攒蛋蛋　cuándàndàn

◎释义

(1)聚集。与"攒簇"同义。多表示不务正业的人聚在一起,不干正事。

如:"那几个小混混每天在一起攒蛋蛋。"

(2)天气冷,抱团取暖。

如:"人们冷得在一起攒蛋蛋哩。"

攒掇　cuánduo　掇,西部方言读作入声[tuʌʔ]。

◎释义

从旁鼓动。

如:"他们老攒掇我找工头把工钱要回来,可他们自己都不去。"

◎《汉语大词典》解释

怂恿。

孙犁《白洋淀纪事·藏》:"'去找他! 他不能推得这么干净……'女同伴们都这样攒掇她。"

注:"攒掇",也写成"窜掇""撺掇",在表示"怂恿"时,词义相同。

窜掇 cuánduo

◎**释义**

怂恿。

◎**《汉语大词典》解释**

劝诱,怂恿。

①明·汤显祖《紫钗记·节镇宣恩》:"那黄衫豪士随有人窜掇言官,将小玉姐这段节义上了,又见得卢府强婚之情。"

②《醒世恒言·陈多寿生死夫妻》:"这都是王三那老乌龟一力窜掇,害了我女儿终身。"

③《何典》第六回:"你既受不得娘妗的气,如何听了串熟鬼窜掇,直跑到恶狗村里来受狗的气?"

撺掇 cuánduo

◎**释义**

(1)怂恿,从旁鼓动人。

如:"他一再撺掇我学抽烟。"

亦称"撺弄""撺怂""撺嗦"("掇""弄""怂""嗦"均读轻声)。

(2)张罗,帮忙。

如:"大伙儿撺掇,把他的婚事办啦。"

(3)纠集,煽动。

如:"他撺掇几个要好的同学,和对方打群架。"

◎**《汉语大词典》解释**

(1)怂恿。

①《朱子语类》卷一二五:"子房为韩报秦,撺掇高祖入关。"

②元·石德玉《秋胡戏妻》第三折:"他那里口口声声,撺掇先生,不如归去。"

③《西游记》第三十回:"他怪我撺掇师父念'紧箍儿咒'。"

④鲁迅《呐喊·社戏》:"十几个别的少年也大悟,立刻撺掇起来,说可以坐了这航船和我一同去。"

攒凑 cuáncòu

◎**释义**

聚，凑集，拼凑。

如："多处积凑，东挪西借，上学的钱攒凑得差不多啦。"

◎**《汉语大词典》解释**

聚集；拼凑。

①明·徐弘祖《徐霞客游记·游武夷山日记》："诸峰上皆峭绝，而下复攒凑，外无磴道，独西通一罅，比天台之明岩更为奇矫也。"

②《儒林外史》第四十回："我的产业，攒凑拢来，大约还有七千金。"

③鲁迅《集外集拾遗·〈铁流〉编校后记》："待到攒凑成功的时候，上海出版界的情形早已大异从前了。"

攒忙 cuánmáng

◎**释义**

干活。无偿帮忙。

如："他舅舅家盖房哩，两个孩子都去攒忙啦。"

◎**《汉语大词典》解释**

帮工干活。

孙犁《白洋淀纪事·村歌上篇》："'组织起来就是叫咱们一块做活，大伙帮着，我给你做，他给我做呗！'双眉说。'那就是插伙着做活呗，咱们这里叫攒忙。'双眉的娘说。"

磋磨 cuōmo 磨，西部方言读入声［mʌˀ］。

◎**释义**

折磨，磨难。

如："苦日子，把老王磋磨的，50 岁的人，看上去像 60 多岁。"

◎**《汉语大词典》解释**

犹折磨。

①明·李贽《三日风》诗:"莫以行人心事恶,故将风色苦磋磨。"

②李劼人《天魔舞》第十七章:"一直等到她昏倒后,才把她赶回到庞兴国身边,交她丈夫严加管束,一直不准她再有男朋友,并虐待她,磋磨她。"

注:"磋磨"同音同义词是"挫磨""搓磨"。

挫磨 cuōmo **磨,西部方言读入声**[mʌ²]。

◎《汉语大词典》解释

折磨;虐待。

①《红楼梦》第七一回:"我想老太太好日子,发狠的还要舍钱舍米,周贫济老,咱们先倒挫磨起老奴才来了?"

②《天雨花》第二十回:"且他昨夜被你那般挫磨而去,难道今夜还要看灯不成?"

搓磨 cuōmo

◎《汉语大词典》解释

(1)琢磨,商量研究。

卢戆功《读〈新大陆游记〉》:"一纸书,当衮衮诸公回盼,非黄金能语,唤当道而起之,未有能径废全约,提议而搓磨者也。"

(2)折磨。

李劼人《天魔舞》第二五章:"只管岁月在搓磨他,尚没有显着的衰老的伤痕。"

凑和 còuhé **和,西部方言读** hū。

◎释义

(1)杂凑;拼凑。

如:"他炒了盘鸡蛋,炸了点儿花生米,凑和了几个菜,招待客人。"

(2)将就,对付。

如:"虽然这儿不是很舒服,但你还是可以凑和着休息一下。"

(3)讨好,溜须。

如:"他一有机会,就往领导跟前凑和。"

◎**《汉语大词典》解释**

(1)杂凑;拼凑。

王统照《春雨之夜·一栏之隔》:"每天都与铁索的锒铛声、守门兵士的皮靴声、法警的佩刀声、进门来的汽车声、马铃声,相搀杂着,和答着,成了一种不调协而凑和的声调。"

(2)将就,凑合。

萧军《羊·职业》:"好好干吧! 大家凑和吃碗饭吧!"

(3)恭维,奉承。

①李劼人《死水微澜》第三部分二:"刘三金举手把她肩头一拍,瞅着蔡大嫂笑道:'得亏你凑和,莫把我羞死了!'"

②艾芜《我的旅伴》六:"人家抬滑杆的朋友,来凑和你,偏要你坐上去,你都不肯赏个脸?"

撮摞　cuōluò　撮,西部方言读作入声[tsʻuʌ²]。

◎**释义**

(1)本义是收拾餐桌、厨房,把杯盘碗碟洗刷后分门别类地"摞"在一起,放置起来,所以叫作"撮摞"。

如:"快把餐桌的碗筷撮摞下去。"

(2)词义扩大,把零乱的东西收拾归置好。

如:"地上太乱啦,连下脚处也没,赶紧撮摞撮摞。"

(3)又引申为"收拾,辞退"。

如:"老王上班耍钱,让老板给撮摞啦。"

撮

◎**《新华字典》解释**

(1)聚起,多指用簸箕状的器具铲起东西:"撮成一堆,撮土;撮合。"

(2)取,摘取:"撮要。"

(3)用手指捏取细碎的东西。

摞

◎《新华字典》解释

(1)通常指整齐地堆积或堆起。

如:"把砖摞起来。"

(2)摆或放置成堆或好像成堆。

如:"把碗摞在一起。"

撮发　cuōfā　撮,西部方言读作入声[ts'uʌʔ]。

◎释义

(1)本义是打发死人,发送死者。

(2)引申为开除,辞退,赶走。与"撮摞""打发"同义。

如:①"老板把闹事的工人撮发啦。"

②"赶紧把上访的人撮发走。"

打发　dǎfā

◎《新华字典》解释

(1)差遣;派出:"这件事他打发秘书去办了。"

(2)支走;使离开:"终于把他打发了。"

(3)度过;消磨(时间):"他整天待在电视机前打发光阴。"

撮哄　cuōhǒng　撮,西部方言读作入声[ts'uʌʔ]。

◎释义

哄骗,起哄。

如:"他又撮哄些孩子到果园偷果子。"

◎《汉语大词典》解释

哄骗;怂恿。

①《西游记》第三十回:"(那怪)遂与他挽了青丝,扶上宝髻,软款温柔,怡颜悦色,撮哄着他进去了。"

②《初刻拍案惊奇》卷二九:"报人的只是乱嚷,牢中人从旁撮哄,把一个牢里闹做了一片。"

撮弄　cuōnòng

◎**释义**

①戏弄。

如："他老爱撮弄人。"

②挑唆。

如："撮弄得两家闹了起来。"

◎《**国语辞典**》**解释**

（1）玩弄戏耍。

《红楼梦》第六十八回："我又是个心慈面软的人，凭人撮弄我，我还一片痴心。"

（2）教唆、唆使。

①《西游记》第七六回："真个行者暗笑道：'也是捉弄呆子一番！'就把绳儿扣在他腰里，撮弄他出战。"

②《儒林外史》第二四回："自然是石老鼠这老奴才把卜家的前头娘子贾氏撮弄的来闹了！"

（3）料理、整理。

《二刻拍案惊奇》卷三八："即时奔往闹热胡同，只拣可口的鱼肉荤肴，榛松细果，买了偌多，撮弄得齐齐整整。"

（4）胡乱撮合。

《儒林外史》第四回："眼见得二姑娘也要许人家了，又不知撮弄与个甚么人！"

◎《**汉语大词典**》**解释**

（1）摆布；戏弄。

①清·王夫之《读四书大全说·中庸第三二章二》："圣德既不易知，而又撮弄字影，横生亿计，其妄更无瘳矣！"

②王统照《游离》："粗重的手指撮弄着短短上胡。"

（2）料理，配合。

《二刻拍案惊奇》卷三八："即时奔往闹热胡同，只拣可口的鱼肉荤肴,榛松细果,买了偌多,撮弄得齐齐整整。"

（3）调唆；教唆。

①《西游记》第七六回："真个行者暗笑道：'也是捉弄呆子一番!'就把绳儿扣在他腰里,撮弄他出战。"

②《儒林外史》第二四回："自然是石老鼠这老奴才把卜家的前头娘子贾氏撮弄的来闹了!"

③欧阳予倩《泼妇》："自己家里有房不住,到撮弄着丈夫住到外头去,不过是怕公公婆婆管她就是了。"

（4）撮合。

《儒林外史》第四回："眼见得二姑娘也要许人家了,又不知撮弄与个甚么人!"

D

搭对　dāduì

◎**释义**

当对手；对付。

如：挑头闹事儿的小子又来了,你去搭对他。

◎**《汉语大词典》解释**

做对手。

翟灏《通俗编·交际》引《五灯会元》："金山颖曰：'山僧意好相扑,只是无人搭对。今日且共首座搭对。'"

搭伙　dāhuǒ

◎**释义**

（1）在别人处解决吃饭问题。

如："他不会做饭,和住校老师们搭伙。"

◎《汉语大词典》解释

搭附在别人处吃饭。

①黄国平《不吃"招待饭"的电影队》："来不及回来吃饭,他们就设法在亲戚朋友家搭伙。"

②贾鸿源、马中骏《路》第一幕："为什么不到我们厂搭伙,我们刚从高级饭店请了一位退休厨师。"

(2)合伙干事。

如:"他俩搭伙开了个小吃摊。"

(3)同居。

如:"她伺候了老王几个月,干脆和老王搭伙啦。"

◎《汉语大词典》解释

①合伙。

a.老舍《骆驼祥子》三："前几天本想和街坊搭伙,把它们送到口外去放青。东也闹兵,西也闹兵,谁敢走啊!"

b.巴金《寒夜》二十："她这两个月还同陈主任搭伙在做囤积生意。"

②方言。谓姘居。

周立波《暴风骤雨》第二部二七："她低着头,想起老孙太太的这些规矩,忍不住笑着,郭全海和她,都不信这些,可是老孙太太说:'不行礼,那不成了搭伙一样了?'"

注:此词条词义(1)写作"搭伙";词义(2)(3)写作"搭夥"。因"夥"字简化为"伙",为说明词义,故分开解释。

打伙　dǎhuǒ

◎释义

(1)合伙。

如:"你们几个咋能打伙欺负一个小姑娘?"

(2)结伴。

如:"天黑啦,我们打伙往回走。"

◎《汉语大词典》解释

结伴;合伙。

①元·无名氏《小尉迟》第一折:"你本是那泼泥鳅打伙相随从,可便干闹起一座水晶宫。"

②《古今小说·杨谦之客舫遇侠僧》:"(杨益)就与和尚说道:'你既与众人打伙不便,就到我舱里权住吧!'"

③茅盾《右第二章》:"你也是打伙儿谋害阿祥的! 你也有份,你不要赖!"

打伙计　dǎhuǒji

◎**释义**

男女间不正常的性关系。

如:"他俩打伙计。"

◎《汉语大词典》解释

方言。谓男女恋爱。

《陕北民歌选·打伙计》:"你看这个打伙计,扯气不扯气。"

原注:"陕北方言称男女恋爱为打伙计。"

注:常误写为"搭伙计"。把"搭伙"与"打伙计"混在一起。

搭剌　dāla

◎**释义**

低下;垂下。同"耷拉"。

如:"搭剌着脑袋。"

◎《汉语大词典》解释

亦作"搭拉""搭落",下垂貌。

①元·乔吉《两世姻缘》第一折:"便似那披荷叶,搭剌着个褐袖肩。"

②《金瓶梅词话》第二回:"通花汗巾儿,袖口儿边搭剌。"

③《醒世姻缘传》第十九回:"说的晁大舍搭拉着头裂着嘴笑。"

④柳青《创业史》第一部第十章:"白占魁好像伤了根的草,蔫溜溜地搭落着脑袋。"

奄拉　dāla

◎**释义**

低垂;垂下。

如:"猪八戒奄拉着耳朵。"

◎《**汉语大词典**》**解释**

方言。下垂。

①孙犁《白洋淀纪事·村歌上篇》:"高粱叶,下边几个已经黄了,上边几个一见太阳,就奄拉下来。"

②杨沫《青春之歌》第一部第二二章:"他的头渐渐奄拉下去,身体一动也不能再动了。"

打怵　dǎchù

◎**释义**

畏缩;害怕。

如:"一让他发言就打怵。"

注:"打怵"也写为"打憷",词义相同。

◎《**汉语大词典**》**解释**

恐惧。

①草明《乘风破浪》九:"吴凌枫深深知道自己好退缩、不敢坚持意见的弱点,因此他和厂长打交道时总是心里打怵。"

②峻青《海啸》第四章:"他听着那满山石头哗啦哗啦向下滚落的响声,心里不禁有些打怵了。"

打憷　dǎchù

◎《**现代汉语词典**》**解释**

方言。害怕;畏缩。如:"他在困难面前从来没打过憷。"

打从　dǎ cóng

◎**释义**

自从。

如:"打从嫁给他,就没过一天好日子。"

◎**《汉语大词典》解释**

(1)从,由。

明·冯梦龙《挂枝儿·戴花》:"这花儿,打从何处来?"

(2)自从。

①《红楼梦》第八九回:"贾母有了年纪的人,打从宝玉病起,日夜不宁。"

②华山《山中海路》:"打从大学毕业开始,彦继学养成了一个习惯,不论室内、野外,晚上七八点钟也能睡着。"

注:"打从"也常说成"从打"。词义相同。

从打　cóngdǎ

◎**《汉语大词典》解释**

打从,自从。

扎拉嘎胡《小白马的故事》:"从打小白马跑回来,依和恩格苦思着怎样送回去,然而想不出好办法。"

搭调　dādiào

◎**释义**

合适,符合某种规则或习惯。

如:"你的衣服很不搭调。"

◎**《重编国语辞典》**

互相搭配协调。

如:"他今天的穿着和出席的场合非常不搭调。"

打　dǎ

◎**释义**

停下。

如:"把车打门口哇。"

◎**《新华字典》解释**

停:"打住。"

注:常误写为"搭"。另见"打住"。

打住　dǎzhù

◎**释义**

(1)停止。

如:"他说到这里突然打住了。"

(2)在前进、行走行动或进程中暂停或停顿。

如:"汽车突然打住了。"

◎**《汉语大词典》解释**

停止;刹住。

①《红楼梦》第七五回:"贾珍道:'且打住,吃了东西再来。'"

②清·褚人获《坚瓠十集·水饭词》:"尊前正欲饮流霞,却被伊来刚打住。"

③闻一多《给臧克家先生》一:"本星期及下星期内共有三个讲演,都是谈诗的,我得准备一下,所以今天就此打住了。"

打典　dǎdiǎn

◎**释义**

送礼,打通关系。

如:"快过年啦,各方面关系都得打典。"

◎**《汉语大词典》解释**

用行贿手段,托请他人疏通照顾。

明·冯惟敏《端正好·吕纯阳三界一览》套曲:"有钱的快送来,无钱的且莫慌,寻条出路翻供状,偷与我金银桥上砖一块,水火炉边油两缸,残柴剩炭中烧炕。若无有这般打典,脱与我一件衣裳。"

注:"打典",现常写成"打点"。

打点 dǎdiǎn

◎**释义**

(1)整理;准备。

如:"打点行李,准备上路。"

(2)为求照顾而送礼。

如:"往衙门打点差役。"

◎**《新华字典》解释**

(1)准备。

(2)送人钱财以疏通关系,托人关照。

《红楼梦》:"(凤姐)又拿了三百银子与他去打点。"

打尖 dǎjiān

◎**释义**

路途中休息下来吃点东西,歇一会儿。

◎**《汉语大词典》解释**

(1)在旅途或劳动中休息进食。

清·福格《听雨丛谈·打尖》:"今人行役于日中投店而饭,谓之打尖。"

①《镜花缘》第六三回:"即如路上每逢打尖住宿,那店小二闻是上等过客,必杀鸡宰鸭。"

②李镆《红旗道班》诗:"累了,来歇脚;饿了,来打尖。"

(2)泛指休息。

阿英《滩亭听书记》:"说至一半,则稍停以间之,曰打尖,亦曰小落回。"

(3)掐去某些作物的尖儿,抑其徒长茎干。

打搁（儿）　dǎkér

◎释义

说话不畅快,吭吭唧唧。

如:"他一见领导就紧张,说话打搁儿。"

◎《新华字典》解释

方言。说话不顺畅而短暂停顿。

如:"他说话从不打搁。"

搁

◎《汉语大词典》解释

1.握,持。

2.卡。如:"抽屉搁住了。""别拿这事来搁我。"

3.引申指语塞。

魏巍《东方》第一部第七章:"谢清斋打了一个搁儿,接着说:'群众分我们家的东西,这是土地还家,物归原主嘛!'"

打踉踉　dǎnéngnéng

◎释义

(1)企足而立。

如:"窗台高,他打踉踉往里看。"

(2)小孩儿学站立:"打踉踉。"

踉踉　néngnéng

◎《汉语大字典》解释

脚立未稳,身体摇晃。俗称"打踉踉"。

《中国地方戏曲集成·河北省卷·花墙对诗》:"花墙上,我把金簪往下递,杨二舍够不着,打个踉踉,接在手中。"

注:常误写为"打能能"。

打平火　dǎpínghuǒ

◎释义

几个人或出钱或出物聚餐。

如:"那几个人偷了老乡的鸡,又打平火去啦。"

◎《汉语大词典》解释

(1)平均出钱聚餐。

①《邯郸县志·风土志·方言》:"醵钱饮酒曰打平火。"

②《二刻拍案惊奇》卷二二:"公子不肯,众人又说不好独难为他一个,我们大家凑些,打个平火。"亦作"打平伙"。

③沙汀《代理县长》:"横竖打饭平伙样,吃一节剥一节。"

(2)引申为两不吃亏。

《古今小说·月明和尚度柳翠》:"你与柳府尹打了平火,该收拾自己本钱回去了。"

打撒手　　dǎsāshǒu

◎释义

不管,不操心。

如:"我对儿子大撒手,甚也不管。"

◎《重编国语词典》解释

放手不管,不帮助。

《金瓶梅·第三五回》:"昨日七月内,玉皇庙打中元醮,连我只三四个人儿到,没个人拿出钱来,都打撒手儿。"

注:也写作"打撒手儿""大撒手",现习惯用"大撒手"。

打撒手儿　　dǎsāshǒur

◎《汉语大词典》解释

放手不管。

①《金瓶梅词话》第三五回:"昨日七月内,玉皇庙打中元醮,连我只三四个人儿到,没个人拿出钱来,都打撒手儿。"

②《红楼梦》第一〇一回:"贾琏一路摔帘子进来,冷笑道:'好啊!这会子都不起来,安心打擂台打撒手儿。'"

③《红楼梦》第一一二回:"王夫人本嫌他,也打撒手儿。"

大撒手　dàsāshǒu

◎《汉语大词典》解释

放任自流,不管。

①老舍《四世同堂》三六:"她自己只有这么个外孙,而程家又只有这么一条根,她绝对不能大撒手儿任着长顺的意儿爱干什么就干什么。"

②《曲艺》1981 年第 3 期:"我管孩子是以打为主;她是大撒手,大松心,溜肩膀不担沉重,满不管。"

打兑　dǎduì

◎释义

(1)得病后认真对付,调理。

如:①"好好打兑,甭再感冒了,病几天就好了。"

②"慢性病得长期打兑。"

③"腰疼,没甚好办法,就得慢慢打兑。"

(2)努力相处好。

如:"他脾气不好,又有病,你好好打兑。"

◎《汉语大词典》解释

方言。照顾;料理。

她打兑着孩子们睡了。

注:常误写为"打对"。

打对　dǎduì

◎《汉语大词典》解释

犹对对子。

《朱子语类辑略》卷八:"问:'诸公能打对否?'人皆不敢对。因云:'天,对甚?'其中一人云:'对地。'"

打生　dǎshēng

◎**释义**

(1)猎杀生物。

(2)打生的:猎人。

如:"屁股扁个死耗子,假装打生的。"

◎**《重编国语辞典》解释**

猎杀生物。

《醒世恒言·卷五·大树坡义虎送亲》:"射猎打生为乐,曾一日射死三虎。"

注:"打生"也写作"打牲",词义相同。

打牲　dǎshēng

◎**《重编国语辞典》解释**

捕杀猎物。

如:"他带了三五个人,到树林里打牲。"

打牙讪嘴　dǎyáshànzuǐ

◎**释义**

(晚辈、小孩)强词夺理、顶撞大人。

如:"这孩子打牙讪嘴的,该敲打了。"

注:常误写为"打牙散嘴"。

讪　shàn

◎**《新华字典》解释**

本义:毁谤。

《说文》:"讪,谤也。"

讪嘴:斗嘴。

讪口:犹斗嘴。伶牙俐齿。

◎**《汉语大词典》解释**

(1)毁谤;讥讽。

①《礼记·少仪》:"为人臣下者,有谏而无讪。"

②孔颖达疏："讪为道说君之过恶及谤毁也。"

③汉·牟融《理惑论》："问曰:'吾子讪神仙,抑奇怪,不信有不死之道,是也。'"

④明·张居正《再乞归葬疏》："加以孤志不明,横遭狂讪,内忧外侮,举集于一身。"

⑤清·孔尚任《桃花扇·侦戏》："不把俺心情剖辩,偏加些恶谑毒讪,这欺侮受应难。"

王季思等注："讪,讥讽之意。"

注:"打牙讪嘴"的近义词释"打牙讪口""打牙配嘴""打牙撂嘴"。

打牙讪口　dǎyáshànkǒu

◎《**重编国语辞典**》**解释**

多嘴多舌。

元·无名氏《点绛唇·淡扫蛾眉套·寄生草》曲:"谁待要陪狂伴醉筵间立。谁待要迎妍卖俏门前倚。谁待要打牙讪口闲淘气。"亦作"嗑牙料嘴"。

打牙配嘴　dǎyápèizuǐ

◎《**汉语大词典**》**解释**

谓相互戏谑,闲扯说笑。

《金瓶梅词话》第二三回:"(这妇人)常和众人打牙配嘴,全无忌惮。"

打牙撂嘴　dǎyáliàozuǐ

◎《**汉语大词典**》**解释**

犹言打牙配嘴。

《红楼梦》第六五回:"这里他女人随着这些丫鬟小厮吃酒,又和那小厮们打牙撂嘴儿的玩笑,讨他们的喜欢,准备在贾珍前讨好儿。"

打眼色 dǎyǎnsè

◎**释义**

用眼神传递意思。

如:"他正要交代昨天做的坏事,小李急忙打眼色制止他。"

◎**《重编国语词典》解释**

以眼神示意。

《警世通言·计押番金鳗产祸》:"莫托大!我见他和周三两个打眼色。"

打照 dǎzhào

◎**释义**

(1)关照,打招呼。

如:"你关系多,孩子的事你得打照一下。"

(2)看管。

如:"我出去一会儿,没锁门,你给打照下孩子。"

◎**《汉语大词典》解释**

(1)打照面。

明·汤显祖《邯郸记·标引》:"乌兔天边才打照,仙翁海上驴儿叫。"

(2)关心。

《绿野仙踪》第六七回:"惟苏氏,他却热闹处冷淡处都有打照。"

注:常误写成"搭照"。

大尽 dàjìn

◎**释义**

农历的大月俗称为"大尽"。

◎**《汉语大词典》解释**

农历有三十天的月份。也叫大建。

①唐·韩鄂《岁华纪丽·晦日》:"大酺小尽。"

原注:"月月小尽、大尽。三十日为大尽,二十九日为小尽。"

②宋·朱敦儒《小尽行》:"藤州三月作小尽,梧州三月作大尽。"

③《水浒传》第六九回:"原来那个三月,却是大尽。"

小尽 xiǎojìn

农历的小月,仅二十九日。

◎《汉语大词典》解释

指夏历小月。亦指小月的末日。

①唐·韩鄂《岁华纪丽·晦日》:"大酺小尽。"

原注:"月有小尽大尽,三十日为大尽,二十九日为小尽。"

②宋·朱敦儒《小尽行》:"藤州三月作小尽,梧州三月作大尽。哀哉官历今不颁,忆昔升平泪成阵。"

③《儿女英雄传》第三四回:"那年七月,又是小尽,转眼之间,便到八月。"

④《负曝闲谈》第二回:"耳边厢忽听见有人打门的声音,想了一想今天二十九是个小尽,大约讨账的来了。"

注:常误写为"大经""小经"。

大约摸 dàyuēmo 约,西部方言读 yāo;摸,西部方言读入声 [mʌʔ]

◎释义

(1)估计。

如:①"他大约摸9点钟过来。"

②"这袋米大约摸有90斤。"

(2)大概。

如:"你俩甚关系?看你们的亲热劲儿,人们也能看出个大约摸。"

◎《汉语大词典》解释

犹大概。

胡可《战线南移》第一幕:"你不说我也看出个大约摸儿。"

约莫　yuēmō

◎**释义**

亦作"约摸"。

◎**《汉语大词典》解释**

大概;估计。

①唐·高适《自淇涉黄河》诗:"约莫三十年,中心无所向。"

②《朱子语类》卷十八:"天下事无他,只是个熟与不熟,若只一时恁地约摸得,都不与自家相干,久后皆忘却。"

③明·韩纯玉《虞美人》词:"挑灯约莫黄昏过,犹自熏香坐。"

④老舍《四世同堂》四一:"即使不到一号去送礼,他也要约摸着在他们快要回来的时候,在槐树下徘徊。"

⑤艾芜《红艳艳的罂粟花》:"背兜后,站一个姑娘,约莫十七八岁光景。"

待搭不理　dàidābùlǐ

◎**释义**

不理睬。不尿。

如:"那小子瞎嘬。和他说话,待理不搭的。"

◎**《汉语大词典》解释**

犹言待理不理。

刘白羽《火光在前》第三章:"王春待搭不理地说了声'六连'。"

待要　dàiyāo

◎**释义**

(1)愿意;打算。

如:"你待要上街不?"

(2)不必。

如:"那人不讲理,你待要和她说呢。"

方言中常说"不待要"。

◎《汉语大词典》解释

打算;想要。

①《京本通俗小说·菩萨蛮》:"待要赏新荷,争知疾愈么?"

②元·郑光祖《倩女离魂》楔子:"可待要隔断巫山窈窕娘,怨女鳏男各自伤。"

③清·李渔《风筝误·请兵》:"俺待要战呵,残兵赢将谁堪斗?"

④周立波《暴风骤雨》第一部五:"他现在光想找贫雇农唠嗑,待要不进屋,又已经来了。"

耽待 dāndài

◎**释义**

(1)原谅;宽恕。

如:"冒昧之处请你耽待。"

(2)负责。如:"耽待不起。"

◎《汉语大词典》解释

(1)原谅。

①元·张国宾《薛仁贵》第二折:"看谁来把孩儿耽待。"

②明·刘若愚《酌中志·内臣职掌纪略》:"佛教慈悲,凡些微简亵,尚或耽待。"

(2)指度量。

《红楼梦》第八四回:"(林黛玉)要赌灵性儿,也和宝丫头不差什么;要赌宽厚待人里头,却不济他宝姐姐有耽待,有尽让的了。"

(3)担当;承担。

华山《碉堡线上》:"日后人家出了啥事,净记在咱便衣队账上,可耽待不起啊!"

担待 dāndài

◎**释义**

原谅;谅解。

如:"孩子小,不懂事,你多担待。"

◎《汉语大词典》解释

(1)原谅。

①《水浒传》第八回:"小人在太尉府里折了些便宜,前日方才吃棒,棒疮举发,这般炎热,上下只得担待一步。"

②《红楼梦》第五十回:"我原不会联句,只好担待我罢。"

周立波《暴风骤雨》第一部九:"她扳住洋炮,苦苦哀求,请他担待这一回。"

(2)承担,担当。

周立波《暴风骤雨》第一部四:"怕是出不起花销吧?我来替你担待一两年。"

单另 dānlìng

◎**释义**

单独另外。

如:"情况特殊可单另处理。"

◎《汉语大词典》解释

单独,另外。

①毛泽东《农业合作化的一场辩论和当前的阶级斗争》:"有些同志对于党的决议或者长期提倡的一些政策,一些纲领,根本不理,自己单另搞一套。"

②柳青《铜墙铁壁》第九章:"区上没单另押犯人的禁闭窑。"

掸 dǎn

◎**释义**

(1)dǎn 西部方言读 dǎi。

①用鸡毛或布条绑成的除尘用具:"掸子。"

②用掸子轻轻拂打或抽:"掸得很干净。"

◎**《新华字典》解释**

dǎn

拂去。如:掸衣裳;掸尘(洗尘);掸笔(担笔,一种用掸尘、掸细粉的羊毫笔)。

(2)dǎn　西部方言读 dàn。

筛。

如:"面里起虫子啦,好好掸一掸。"

◎《汉语大词典》解释

筛。

《中国歌谣资料·孟姜女》:"粗罗掸来细罗儿掸,无皮的罗儿掸三遍。"

捯持　dáochí

◎**释义**

梳洗打扮。

如:"快走哇！让你开会,又不是相亲,还捯持圪没完?"

◎《汉语大词典》解释

方言。打扮。

刘建卿《珊瑚》:"臧姑这俩哥哥,穿一身绸缎,捯持得满像个买卖人。"

注:"捯持",现常写成"捯饬"。

捯饬　dáochì

◎**释义**

(1)整理、收整,梳洗整理自己的仪容。

(2)收拾整理。

如:"看你那乱的,还不赶快自己捯饬捯饬。"

◎《现代汉语词典》解释

方言。修饰。打扮。

84

D

倒换 dǎohuàn

◎**释义**

替换。

如:"几双鞋要倒换着穿。"

◎**《汉语大词典》解释**

(1)掉换。

①元·李行道《灰阑记》第四折:"小的买窝银子,就是这头面衣服倒换的。"

②《西游记》第九三回:"三藏道:'今日贫僧要去见驾倒换关文,不知可得遇朝?'"

③清·严有禧《漱华随笔·五经中额》:"入闱时,另编字号于堂庑,不得混杂号舍中,以杜倒换、凑助等弊云云。"

(2)轮流替换。

如:"两件新衣倒换着穿。"

捣喇 dǎola

◎**释义**

讲述,闲谈。

如:①"他又捣喇起他战场上的故事。"

②"他们几年没见,捣喇了一上午。"

◎**《汉语大词典》解释**

闲谈,扯淡。

①《斩鬼传》第一回:"黄口小儿,争来平地打筋斗;白发老者,闲坐阳坡胡捣喇。"

②《斩鬼传》第三回:"涎脸鬼走上茶庵,见两个闲汉在那里捣喇。"

捣鼓 dǎogǔ

◎**释义**

(1)仔细摆弄。

如:"他又在捣鼓那几件宝贝。"

(2)犹嘀咕。

如:"有话会上说,不要底下捣鼓。"

◎《汉语大词典》解释

(1)摆弄。

《人民文学》1976年第3期:"有人拿着榔头夯实,还有一堆人围着鼓风机,不知在捣鼓啥哩。"

(2)犹嘀咕。小声说;猜测。

峻青《海啸》第四章:"有些人背地里唧唧咕咕,不知道捣鼓些什么。"

柳青《狠透铁》:"他心里捣鼓:'一定出了什么事儿!'"

捯腾 dáoténg

◎释义

翻腾;倒手。

如:"捯腾房子险些儿累死。"

◎《汉语大词典》解释

翻腾,移动。

王士美《铁旋风》第二部:"他一边窥视着强小兵他们的动静,一边像老鼠搬家似的捯腾着他橱柜里的杯盘碗盏。"

捯 dáo

◎《新华字典》解释

两手不住倒换着拉回线、绳等。

如"捯回风筝""捯录像带"。

倒腾 dǎoténg

◎释义

(1)挪移。

如:①"在屋里倒腾那几个箱子。"

②"他两口子又在屋里倒腾东西了。"

(2)倒卖。

如:"倒腾货物。"

◎《汉语大词典》解释

(1)翻腾;折腾,翻过来倒过去。

①高云览《小城春秋》第三一章:"这样倒腾几下,酒气往上冲,一阵恶心,把今晚吃的鱼翅大虾都呕在麻袋里了。"

②浩然《机灵鬼》:"他没话找话,光给那医生说好听的,还把我是军属、出席过公社劳模大会的事儿也端出来了。这孩子,倒腾那玩意跟看病有啥关联?"

(2)轮换;掉换。

①杨朔《红石山》:"组里有百十来口子,睡不下。杜老五心眼灵,把工人分成昼夜两班做活,这一班来,那一班去,都在这间房子里倒腾着住。"

②《人民文学》1981 年第 9 期:"尤师傅吃惊不小,顾不得倒腾个词儿。"

(3)指安排、调配。

《秧歌剧选·大家好》第一场:"要是变工队能倒腾开,叫他们帮助你们抢夺一下。"

(4)贩卖,买进卖出。

(5)谓经营。

李英儒《野火春风斗古城》第十三章一:"伪军看了看说:'进城干啥去?''倒腾个小生意。'"

捣腾 dǎoténg

◎释义

(1)倒腾,翻腾。

(2)贩卖。

如:"捣腾买卖。"

◎《**汉语大词典**》**解释**

(1)搞;瞎闹。

①李準《不能走那条路》五:"张拴现在因为他胡捣腾也要卖地了。"

②杨朔《锦绣山河·元旦》:"我呕着气,又不肯干吃儿子挣的,就捣腾个小生意,赚点吃穿。"

(2)贩卖。

魏巍《东方》第三部第二章:"他刚从天津捣腾洋布回来,今天天不明又去北京不知道捣腾什么。"

倒替　dǎotì

◎**释义**

轮流替换。

如:"弟兄俩倒替着伺候老人。"

◎《**汉语大词典**》**解释**

轮流替换。

①《红楼梦》第八一回:"袭人等答应了,同麝月两个倒替着醒了一夜。"

②《红楼梦》第一一七回:"他两个倒替着在外书房住下,日间便与家人厮闹。"

注:"倒替"也写作"捣替"。

捣替　dǎotì

◎《**汉语大词典**》**解释**

轮流替换。

柳溪《爬在旗杆上的人》:"牲口来回捣替着蹄子,跺着脚。"

捯气儿　dáoqìr

◎**释义**

上气不接下气。

如:"他跑得太猛啦,停下来不住地捯气儿。"

◎**《新华字典》解释**

(1)指临死前呼吸急促、断断续续。

(2)由于说话又急又快而上气不接下气。

他说得那么快,都捯不过气来了。

◎**《汉语大词典》解释**

谓人临死前只有出气而无吸气。

捯伴(儿) dàobànr

◎**释义**

到底。

如:"捯伴儿是有文化的,说出话来就是不一样。"

◎**《汉语大词典》解释**

方言。到底。

①贺敬之等《惯匪周子山》第一小场:"尔刻红军真的要来了,咱们穷人翻身的一天到伴要来了!"

②贺敬之等《惯匪周子山》第三小场:"我才将听老乡说过了,周子山这人到伴怎样?听说尔刻在务庄稼咧?"

注:常误写为"到本儿"。

倒鞯鞯 dàocháchá

◎**释义**

衣服上的口袋。

鞯 chá

◎**释义**

本意为箭袋,引申泛指袋子。

如:"鞯鞯;倒鞯鞯;倒鞯子(衣袋);钱鞯子(装钱的袋子)。"

如:"把那两个钱放在倒鞯子里,甭攥在手里头,小心丢了。"

◎**《康熙字典》解释**

《广韵》楚佳切《集韵》《韵会》初佳切《正韵》初皆切,音钗。《玉篇》箭室也。《埤苍》韔靫,箭室。又《广韵》初牙切《集韵》《韵会》《正韵》初加切,音叉。又《五音集韵》初刮切,音刷。义同。

◎《汉语大字典》解释

chā

《广韵》楚佳切,平佳,初。

《广韵》初牙切,平麻,初。

①箭袋。

②泛指袋子。

"靫"常误写成"衩""插""叉"。

衩 chǎ

《新华字典》解释

"裤衩":短裤。

chà

①衣服旁边开口的地方。如:衩衣(下端有开叉的衣衫,或指便服)。

②裙子正中开衩的地方。

倒靫子　dàocházi

◎**释义**

与"倒靫靫"同义。

蹬跶　dēngdá

◎**释义**

(1)蹬踢。

(2)离异。

如:"他和媳妇蹬跶啦,一个家拆散啦。"

◎**《汉语大词典》解释**

犹踢蹬。

①梁斌《红旗谱》三二:"大贵伸手攥住猪的后腿,那猪用力一蹬跶,像要腾空飞跃。"

②峻青《海啸》第二章:"我告诉你个办法:'你抱紧了秫秸,把腿在水里不住地蹬跶。'"

等当　děngdāng

◎**释义**

(1)比画,摆姿势、做样子给人看。

如:①"他哪会打太极拳,只是瞎等当。"

②"老王出工不出力,挂着铁锹不动手,看见领导来了,才动手等当两下。"

(2)比试。

"他拿起衣服在身上等当等当,觉得合适。"

(3)挑战。

"就你,胳膊像麻杆,还跟我等当了,老子一下就捏死你。"

(4)对付。

凑乎:"这活儿,领导不检查,等当两下就行啦。"

注:见黄河新闻网。

◎《**汉语大词典**》**解释**

等候。

明·无名氏《桃符记》第一折:"到晚呵,你可便先焚起夜香,则要你坚心等当,学那盼莺莺的张珙在西厢。"

注:《汉语大词典》的解释,与西部方言不相关。

提溜　dīliu　提,西部方言也读作入声[tʻiə]。

◎**释义**

(1)手提。

如:①"他提溜着衣服走啦。"

②"手里提溜根棒子。"

（2）人或物吊起来而动。

如："小丫头提溜在单杠上不敢跳下来。"

◎《汉语大词典》解释

手提；提拉。

①《醒世姻缘传》第六七回："那回回婆从里头提溜着艾前川一领紫花布表月白绫吊边的一领羊皮袄子，丢给那觅汉。"

②清·魏源《筹漕篇下》："（船）今既改小，则不胶不拨，遇闸提溜，通力合作，勒索无由。"

③吴祖光《闯江湖》第三幕："我们把这两个坏蛋给提溜来啦！"

注："提溜"，也说成"打提溜"。

打提溜　dǎdīliu

◎释义

人或物吊起来而动，与"提溜"基本一样。

如："小丫头在单杠上打提溜。"

◎《汉语大词典》解释

亦作"打滴溜"。方言。谓人或物因悬空挂起而晃动。

①《醒世姻缘传》第九回："我开了门，一像个媳妇子扳着咱那门桄打滴溜哩！"

②《中国歌谣资料·褡连儿搭》："麦子磨成面，芝麻磨成油，黄瓜上了架，茄子打提溜。"

③杨朔《三千里江山》不是尾："我直长直长也长不大！志愿军爷爷告诉我说，大年五更搂着门栓打提溜，就拔高了。"

滴鸡蛋　dījīdàn　　滴，西部方言读入声〔tiʌʔ〕。

◎释义

水煮荷包蛋："滴鸡蛋，下挂面。"

注：常误写为"跌鸡蛋"。因"滴"入声读音与"跌"〔tiʌʔ〕同所致。

滴　dī

西部方言读入声[tiʌ²][tiə²]。

◎**释义**

(1)本义:液体一点一点落下来。

如:"滴眼药、滴落、水滴石穿。"西部方言读[tiʌ²]。

(2)一点一点向下落的液体:"水滴、汗滴。"

(3)量词,用于滴下的液体的数量:"滴水不漏,两滴墨水。"西部方言读[tiə²]。

◎**《汉语大词典》解释**

《广韵》都历切,入锡,端。亦作"渧"。

(1)液体一点一点地下落。

晋·潘岳《悼亡诗》之一:"春风缘隙来,晨溜承檐滴。"

唐·韦应物《子规啼》诗:"高林滴露夏夜清,南山子规啼一声。"

周恩来《生别死离》诗:"种子撒在人间,血儿滴在地上。"

(2)泛指物体掉落。

《醒世姻缘传》第八三回:"小的们都是些滴了眼珠子的瞎子们,狄爷不盼的合小的们一般见识。"

(3)点点下落的液体。

①南朝宋·谢惠连《雪赋》:"尔其流滴垂冰,缘溜承隅,粲兮若冯夷剖蚌列明珠。"

②唐·贾岛《感秋》诗:"朝云藏奇峰,暮雨洒疏滴。"

地势　dìshì

◎**释义**

(1)地皮。

如:①"那块地势盖房不错。"

②"找了块地势,把东西放好了。"

(2)地方。(风土人情)

如:"那是个甚地势啦,人们一点公德也没有。"

◎**《新华字典》解释**

①地面高低起伏的形态:"各抱地势,钩心斗角。"

②比喻社会地位:"世胄蹑高位,英俊沉下僚;地势使之然,由来非一朝。"

◎《辞海》解释

(1)地表高低起伏的状态或格局。也指地理上的形势。

《汉书·高帝纪下》:"秦,形胜之国也……地势便利。其以下兵于诸侯,譬犹居高屋之上建瓴水也。"

(2)地位。

左思《咏史》:"世胄蹑高位,英俊沉下僚;地势使之然,由来非一朝。"

《辞海》:1999 年缩印本(音序)1。

◎《汉语大词典》解释

地势,亦作"地埶"。

(1)埶,"势"的古字。土地山川的形势。

①《周礼·考工记·匠人》:"凡天下之地势,两山之间,必有川焉。"

②《史记·高祖本纪》:"秦,形胜之国,带河山之险,县隔千里……地埶便利,其以下兵于诸侯,譬犹居高屋之上建瓴水也。"

③汉·张衡《南都赋》:"尔其地势,则武阙关其西,桐柏揭其东。"

④宋·梅尧臣《五月十三日大水》诗:"我家地势高,四顾如湖滮。"

⑤碧野《没有花的春天》第二章:"两天后由一个行地理的风水先生用罗盘在后山顶上勘定了地势。"

(2)地位;权势。

①《尹文子·大道上》:"吾亦不敢据以为天理,以为地势之自然者尔。"

②《后汉书·党锢传·尹勋》:"宗族多居贵位者,而勋独持清操,不以地埶尚人。"

③《隋书·艺术传·庾质》:"玄感地势虽隆,德望非素,因百姓之劳苦,冀侥幸而成功。"

④宋·苏轼《乞罢学士除闲慢差遣札子》:"盖缘臣赋性刚拙,而宠禄过分,地势侵迫,故致纷纭,亦理之当然也。"

(3)指地方上的情形。

《西游记》第六七回:"你这贵处,地势清平,又许多人家居住,更不是偏僻之方,有什么妖精,敢上你这高门大户?"

◎《**重编国语词典**》解释

(1)地面高低起伏的形势。

①《汉书·卷一·高帝纪下》:"地势便利,其以下兵于诸侯,譬犹居高屋之上建瓴水也。"

②《文选·虞羲·咏霍将军北伐》诗:"长城地势崄,万里与云平。"近形势。

(2)地位权势。

①《后汉书·卷六十七·党锢传·尹勋传》:"宗族多居贵位者,而勋独持清操,不以地势尚人。"

②《文选·左思·咏史诗八首之二》:"世胄蹑高位,英俊沉下僚;地势使之然,由来非一朝。"

蹎　diān

◎**释义**

本意是跳着脚跑,引申为走来、离开。

◎《**汉语大字典**》解释

(1)顿足。

(2)方言。跑。

《大别山老根据地歌谣选·廖棚卖柴》:"硬住脚儿往外蹎,卖掉衣服做盘川。"

◎《**中华字海**》解释

(1)顿足。

(2)跑。

◎《**汉语方言大词典**》解释

跳着脚跑步;走开;离开。北京官话、冀鲁官话。

注:西部方言中,dian/die 不分,发音 dier,表示"跑的"词有"踬"
"颠""趃"。

踬　diān

◎《汉语大词典》解释

(1)跌倒。

(2)方言。奔走。

清·洪升《长生殿·觅魂》:"生怜他意中人缘未全,打动俺闲中情
慢牵,因此上不辞他往返踬,甘将这辛苦肩。"

颠　diān

◎《新华字典》解释

(1)"颠"假借为"踬"。仆倒,倒下。

(2)跑,跳起来跑。

如:"对不起,我得颠儿了。"

注:"颠""踬"的同义词有"趃"。

趃　dié

◎释义

大步快跑。

如:"小偷早趃了。"

◎《汉语大字典》解释

大步前行。

◎《汉语大词典》解释

大步快跑。

颠搭　diānda

◎释义

(1)颠簸。

如:"路不平,坐在车里颠搭得难受。"

(2)步履蹒跚。

如:"老汉年纪大啦,走路颠颠搭搭。"

◎《汉语大词典》解释

(1)蹦跳地跑。

萧红《牛车上》:"嗯!还有三里路……嗯!一颠搭就到啦!"

(2)行步不平稳貌。

《人民文学》1978 年第 2 期:"这人有六十多岁,酱赤脸,门楼头,窝扣眼,说话很和气,走道颠搭颠搭的。"

掂对　diānduì

◎**释义**

(1)考虑;细想。

如:①"这事能不能办,你自己好好掂对掂对。"

②"我掂对了半天,还是队长说得对。"

(2)对换。

如:"我拿大米和他掂对些白面。"

◎《汉语大词典》解释

斟酌。

孙犁《风云初记》三:"各位回到村里掂对着办就是了,叫那些肉头厚的主儿买几枝,其余的就摊派给那些小主儿们。"

◎《现代汉语词典》解释

方言。①斟酌。

如:"大家掂对,看怎么办好。"

②调换,对调。

如:"我这儿有玉米,想和你掂对些小麦。"

掂掇　diānduo

◎**释义**

(1)斟酌、权衡。

如:"你掂掇着办吧!"

(2)估计。

如:"我掂掇着这么办能行。"

◎《国语辞典》解释

考虑、估量。

如:"你自己掂掇后再决定吧!"亦作"战敠"。

◎《汉语大词典》解释

考虑,估量。

《人民文学》1979年第1期:"我光这么掂掇,可就不知道怎么搭连在一块,更弄不出数码来喀。"

战敠 diānduo

◎释义

(1)手掂量(东西的轻重)。

如:"你战敠战敠这袋子米有多重?"

(2)估量。

如:"我战敠着他会来的。"

(3)斟酌。

如:"这件事你战敠着办吧。"

◎《汉语大词典》解释

(1)用手估量物体轻重。

宋·赵叔向《肯綮录·俚俗字义》:"称量曰战敠。"

(2)引申为忖度。

①《红楼梦》第四一回:"刘老老听了,心下战敠道:'我方才不过是趣话取笑儿,谁知他果真竟有!'"

②《红楼梦》第四四回:"平儿如今见他这般,心中也暗暗的战敠。"

亦作"战敠"。

踮脚 diǎnjiǎo

◎释义

跛足人走路脚尖点地的样子。

踮 diǎn

◎《汉语大字典》解释

(1)提起脚跟,用脚尖着地。

(2)脚尖着地轻行貌。

垫补 diànbǔ

◎**释义**

(1)钱不够用,挪用别的钱或借用别人的钱救急。

如:①"我把用来买电视的钱垫补了房租。"

②"这两个钱你先拿去,把欠的窟窿(欠账)赶快垫补上。"

(2)对付地吃点儿食物,点补。

如:"酒席还开不了,先垫补几颗花生米。"

◎《汉语大字典》解释

(1)钱不够用时暂时挪用别的款项或借用别人的钱。

①《红楼梦》第六八回:"你兄弟又不在家,又没个人商量,少不得拿钱去垫补。"

②老舍《骆驼祥子》十七:"拿祥子挣来的——他是头等的车夫——过日子,再有自己的那点钱垫补着自己零花,且先顾眼前欢吧。"

(2)吃少量食品解饿。

如:"这里有点干粮,谁饿了可以先垫补。"

刁夺 diāoduó

◎**释义**

挤时间;抽空。

如:"文件上面催得要发,你刁夺给看看。"

刁

◎《汉语大词典》解释

方言。挤出(时间)。

王琳《模范妯娌》:"我知道她二妈这几天在刁空做鞋。"

刁空 diāokōng

◎**释义**

抽时间。

如:"刁空把我给你的材料看看。"

◎**《汉语大词典》解释**

方言。抽空。

《新华月报》1980年第6期:"咱也要阔一阔呀,有辆车,刁空进城看戏看电影。"

掉蛋 diàodàn

◎**释义**

(1)捣乱,调皮捣蛋。

如:"每天不好好上班,净瞎掉蛋。"

(2)不成器。

如:"那是个掉蛋货,关键时刻胡说八道。"

◎**《汉语大字典》解释**

方言。调皮捣蛋。

赵树理《刘二和王继圣》二:"小记故意把头一歪喊道:'老驴!'那个赶马的举起鞭杆向他们喝道:'捶你们呀!这些孩子实在掉蛋!'"

跌份儿 diēfènr 跌,西部方言读入声[tiʌʔ]。

◎**释义**

降低身份,丢面子。

如:"你少说两句哇!别在众人面前跌份儿了。"

◎**《汉语大词典》解释**

丢脸;有失身份。

①《中国青年报》1988 年 7 月 15 日："这似乎不在吃不吃,吃多少,主要是架子不能倒,不能跌份儿。"

②《每日新报》2005 年 1 月 13 日："《新报》不能这样,《新报》的份儿已经到了根本不需要搞有偿新闻的地步。有偿新闻、失真新闻、伪新闻,砸牌子、跌份儿,报纸还是要尊重人,要回归人性,开型小的报纸不是小报,影响不能小,办事不能小!"

咥　dié　西部方言读作入声[tiʌʔ]。

◎**释义**

吃,侧重于猛吃,狼吞虎咽之意。

如:①"我早起一起来就咥了两个焙子。"

②"他一阵阵儿就把一盘包子咥进去了。"

③咥馆子。

◎**《康熙字典》解释**

《集韵》《类篇》并脂利切,音至。啮也。《玉篇》啮也。《易·履卦》履虎尾不咥人亨。

◎**《汉语大字典》解释**

《广韵》陡结切,入屑,定。

咬;啮。

定醒　dìngxǐng

◎**释义**

静下来思谋。

如:"俗语说:愣子,多打个定醒。"

◎**《重编国语辞典》**

镇定后而清醒。

《醒世恒言·卷一四·闹樊楼多情周胜仙》:"大郎问兄弟:如何作此事? 良久定醒,问:问甚打死他?"

丢搭　　*diūda*

◎**释义**

丢弃。

如：①"废报纸、旧书丢搭了一地。"

②"老师教给的那点知识，早丢搭光了。"

◎《**汉语大词典**》解释

(1)抛弃；放开。

①明·冯惟敏《朝元歌·闲情》曲："常将笑口开，荣枯利害，丢搭在九霄云外。"

②清·蒋士铨《香祖楼·缘终》："娇娃死一个能丢搭，冤家死三个谁收煞？"

③沙汀《淘金记》八："现在，寡妇已经把儿子的事情丢搭开了，那使她兴奋的是她巡视田产的经过。"

(2)犹言荒废。

《金瓶梅词话》第九六回："自从你爹下世，没人收拾他，如今丢搭的破零二落，石头也倒了，树木也死了。"

丢人　　*diūrén*

◎**释义**

丢脸、出丑。

如："技不如人还大言不惭，真是丢人！"

◎《**汉语大词典**》解释

丢脸。

《儿女英雄传》第三六回："那一悔真真悔得丢人儿！"

沙汀《老烟的故事》："究竟算是一个心地善良的人，听说倒还没有做过什么丢人的事：告密和出卖朋友。"

魏巍《东方》第三部第十二章："这个一向在战斗上表现很好的人，有可能做出这样丢人的事吗？"

氍 dū 氍,西部方言读作入声[tuəˀ]。

◎**释义**

轻轻地捅(开)、点(开)。

如:"把电视机氍开。"

◎**《汉语大字典》解释**

(1)轻击;轻点。

如:"氍一个点儿。"

(2)方言。丢。

如:"氍开;氍脱。"

◎**《现代汉语词典》解释**

用指头、棍棒等轻击轻点。

如:"氍一个点儿。"

注:方言常用词"氍打""氍点""氍开""氍撬"。

氍打 dūda 氍,西部方言读作入声[tuəˀ]。

◎**释义**

用指头点击或指画。

如:①"花瓶你不要瞎氍打,小心打烂。"

②"你瞎氍打谁哩? 又不是我干的!"

氍戳 dūchuō 氍,西部方言读作入声[tuəˀ],戳,西部方言读作入声[tsˈuʌˀ]。

◎**释义**

捅咕、教唆他人干坏事。

如:"氍戳王八下枯井。"

戳

◎**《新华字典》解释**

(1)本义为用锐器的尖端刺击。

(2)引申泛指用物体尖端触或刺:"把窗户纸戳了个窟窿。"

(3)又如:戳伤;戳舌(搬弄是非,挑拨);戳弄(摆布,捉弄)。

注:乭、戳同义。在构词法上属于"同义词根的联合"构成的联合词。

乭点　dūdiǎn　乭,西部方言读作入声[tuə²]。

◎释义

教唆;挑拨。

如:①"他老乭点孩子向大人要钱。"

②"他一乭点那两口子就打架。"

注:参考"乭戳"的释义。

乭开　dūkāi　乭,西部方言读作入声[tuə²]。

◎释义

捅开;点开。

如:"你把电视机乭开,慢慢看哇。"

乭擩　dūrǔ　乭,西部方言读作入声[tuə²]。

◎释义

悄悄地塞给。

如:"要账的又来啦,快乭擩给几个钱,打发走哇。"

擩

◎《新华字典》解释

方言。插;塞:"擩进去。"

如:"不知道把钱包擩到哪里去了。"

兜揽　dōulǎn

◎释义

(1)招引(顾客)。

如:"兜揽生意。"

(2)把事情往身上拉。

如:"他就爱兜揽个事儿。"

◎《汉语大词典》解释

(1)包揽。

①朱熹《约束米牙不得兜揽搬米入市等事》:"契勘诸县乡村人户搬米入市出粜,多被米牙人兜揽拘截。"

②《红楼梦》第六一回:"宝玉为人,不管青红皂白,爱兜揽事情。"

(2)招引,招揽。

①《水浒传》第二四回:"(武大)本待要去县里寻兄弟说话,却被这婆娘千叮万嘱吩咐,教不要去兜揽他。"

②曹禺《日出》第三幕:"各式各色最低的卖艺人,小买卖都兜揽生意。"

注:①"兜揽"也写作"抖揽"。

②"搂揽",也有"兜揽"的词义。

抖揽　dǒulǎn

◎《重编国语辞典》解释

招揽群众。

如:"为了使清淡的生意好转,他特地雇请人来抖揽民众。"

搂揽　lǒulǎn

◎《汉语大词典》解释

兜揽,包揽。

①宋·周密《齐东野语·洪君畴》:"搂揽番商,大开贿赂。"

②宋《燕翼诒谋录》卷四:"士大夫治小民之狱者,纵小民妄诉,虽虚妄灼然,亦不反坐,甚而听其蓇越,几于搂揽生事矣。"

另,方言中,"搂揽"还有把东西收拾、看管好的意思。

如:"快把你拿来的东西搂揽好,别让人拿跑了。"

抖毛儿　dǒumáor

◎释义

野兽发威时往往抖动身上的毛,故骂人或开玩笑称人耍威风是抖毛儿。

◎《汉语大词典》解释

比喻仗人之势发威风。

《金瓶梅词话》第七六回:"贼奴才,你见你主子与了你好脸儿,就抖毛儿打起老娘来了。"

抖搂　dǒulǒu

◎释义

暴露、揭露。

如:"你干的那些见不得人的事情,总有一天会抖搂出来。"

◎《汉语大词典》解释

揭露。

《儿女英雄传》第二五回:"把你我从能仁寺见面起的情由都给你当着人抖搂出来。"

注:"抖搂"也写作"抖露"。

抖露　dǒulù　露,西部方言读 lòu。

◎《汉语大词典》解释

揭露。

孔厥《新儿女英雄续传》第十七章:"俊儿生气地小声说:'什么都给他抖露出来!'"

抖起来　dǒuqǐlái

◎释义

称人突然发迹而有钱有势。

如:"自从嫁给富豪,他们一家都抖起来,房子买啦,车也换了。"

◎《重编国语辞典》解释

(1)抖动起来。

如："他每次练外丹功,缓气凝神之后,全身就抖起来了!"

(2)神气起来。

如："他自从升职以后,不仅走路有风,连说话都抖起来了!"

抖抖擞擞 dǒudǒusǒusǒu

◎释义

颤抖;心里极为害怕的样子。

如："见了仇人,他抖抖擞擞的,话也说不出。"

◎《汉语大词典》解释

颤抖貌。

①《官场现形记》第五八回:"一直到自己常常念经的一间屋子里,就在观音面前抖抖擞擞地点了一炷香又趴下碰了三个头。"

②孔厥《新儿女英雄传》第十三回:"她们抖抖擞擞地问:'吃饭了没有?'"

屌底 dúdǐ 屌,西部方言读作入声[tuəʔ]。

◎释义

至底;最后。

如："快搬牌,屌底一张是你的。"

屌

◎《现代汉语词典》解释

①屁股。

②器物的底部:"瓮屌;碗屌底。"

注:"屌底",也写成"笃底"。词义相同。"屌底"的相关词语为"底屌"。

底屌 dǐdú 屌,西部方言读作入声[tuəʔ]。

◎释义

萝卜、瓜果的底部。

如:①"萝卜底屄子。"

②"挑瓜时,西瓜底屄子小,往回缩的就是好瓜。"

笃底　dúdǐ

◎《汉语大词典》解释

到底;尽头。

①《魏忠贤小说斥奸书》第二五回:"看官们,你道建祠一节,原是机户们谎说,却直弄到这地位,把一个林祭酒削籍回去,已是笃底。"

②又第二七回:"不知这个国公之爵,是酬勋笃底的部位,我朝也没多几个。"

与"屄底""笃底"词义相近的是"末底"。

末底　mòdǐ　末,西部方言读入声[mʌʔ]。

◎《汉语大词典》解释

最底下。

宋·文莹《玉壶清话》卷二:"将建开宝寺塔,浙匠喻皓料一十三层。郭(郭忠恕)以所造小样末底一级折而计之,至上层余一尺五寸,杀收不得。谓皓曰:'宜审之。'皓因数夕不寐,以尺较之,果如其言。"

屄子　dúzi　子,西部方言读[zˌ ɿ]。

◎释义

屁股。

◎《现代汉语词典》解释

①屁股。

②蜂、蝎的尾部。

屄趐　dūxué

◎释义

尾随。

如:"你屄趐在我后面干甚?"

注:常误写为"督楦"。

尻

◎《现代汉语词典》解释

屁股。

邅

◎《新华字典》解释

折回,旋转:"邅来邅去。"

独个儿　dúgèr

◎释义

自己一个人。

如:"他独个儿来啦,没带孩子。"

◎《汉语大词典》解释

单个儿;自己一个人。

如:"他独个儿住在一间屋子里。"

嘟念　dūniàn　嘟,西部方言读入声[tuə˒]。

◎释义

念叨。

如:"奶奶想你啦! 一天到晚嘟念你。"

◎《汉语大词典》解释

嘟囔,念叨。

①孙犁《风云初记》三:"老蒋走出来,和管账先生嘟念着。"

②梁斌《红旗谱》四:"(老奶奶)拿起拐棍磕磕那两棵杨树,嘴里像是嘟念什么。"

③《陕北民歌选·三十里铺》:"想起了三哥哥细嘟念。"

独磨　dúmó　独,西部方言读入声[tuə˒]。

◎释义

磨蹭,拖延。

又作"笃磨""突磨""笃末"。

如:"那个孩子真能独磨哩,一上午也没把老师留的作业写完。"

◎《汉语大词典》解释

徘徊;旋转。

◎《元曲百科大辞典》解释

盘旋,徘徊,挨延。

①《燕青博鱼》四折《新水令》:"正风清月朗碧天高,可怎生打独磨觅不着官道?"

②元·马致远《赏花时》《掬水月在手》:"紧催逼,闲笃磨,快道与茶茶嬷嬷,宝鉴妆奁准备着,就这月华明乘兴梳裹。"

③《冻苏秦》二折《笑歌赏》:"我突磨到多半晌,走到他跟前。"

④《神奴儿》二折《梁州第七》:"我可便笃笃末末身如翻饼。"

笃磨 dǔmó 笃,西部方言读入声[tuə²]。

◎释义

同"独磨"。

◎《汉语大词典》解释

谓徘徊。

《宣和遗事》亨集:"有教坊大使曹元宠口号一词,唤做《脱银袍》:……又没支分,犹然递滞,打笃磨槎来根底。"

蹸 duàn

◎释义

①追赶:"我把他蹸住了。"

②赶跑:"你把鸡蹸出去。"

◎《说文解字》解释

徒管切。践处也。从足,断省声。

◎《玉篇》解释

行速也。

◎**《康熙字典》解释**

《集韵》杜管切,音断。践处也。《楚辞·九思》鹿蹊兮躖躖。《注》禽兽所践处也。又《玉篇》行速也。

◎**《汉语大字典》解释**

《广韵》吐缓切,上缓透。《集韵》杜管切。

①践处,足迹。

②行速。

③行远。

注:“躖”,在一些作品中写成“断”。也是约定俗成。

断 duàn

◎**释义**

(1)追,追赶。

如:小孩子跑得快,断不住。

(2)轰走:“把鸡断出去。”

◎**《汉语大词典》解释**

方言。赶;追赶。

①秧歌剧《惯匪周子山》第二场:“你姐夫,你姐姐,你婆姨叫人家断跑了。”

②张初元《芦芽山下》:“民兵们乐得哈哈大笑,有的还一个劲地喊着:‘断狗日的!’”

注:“断”,表“赶、追赶”词义时,本字应该是“躖”。

断堆儿 duànduīr

◎**释义**

整批地处理商品、货物。

如:“剩下的菜不多啦,断堆儿卖。”

◎**《汉语大字典》解释**

整批地交易大宗货物。

宋·蔡襄《荔枝谱》三:"初着花时,商人计林断之以立券……乡人饫食者盖鲜,以其断林鬻之也。"

囤囤　dùndùn
◎释义
囤,是用竹篾、荆条、稻草等编成的贮粮器具。
莜面囤囤,因其形状如"囤",故称。
◎《汉语大词典》解释
用竹篾、荆条、稻草等编成的贮粮器具。

掇转　duōzhuǎn　掇,西部方言读入声[tuʌʔ]。
◎释义
调转,扭转。
如:"他掇转脑袋就走。"
◎《汉语大词典》解释
掉转;掉换。
①《初刻拍案惊奇》卷三:"掇转马头向北一道烟跑,但见一路黄尘滚滚,霎时不见了。"
②《初刻拍案惊奇》卷十三:"他掇转身来,望严公脸上只一拳,打个满天星。"
③《水浒后传》第七回:"驿丞从外边走来,晓得是御史故人,又送银子,况且赵良嗣去还不远,没奈何掇转一副面孔,折叠两个膝盖赔罪。"
注:"掇转"的同义词是"捵转"。见"捵转"词条。

掇弄　duónòng　掇,西部方言读入声[tuʌʔ];弄,读 lòng。
◎释义
(1)侍弄,精心照料。
如:"这盆花可值钱了,好好儿掇弄。"
(2)鼓捣。

如:"收音机不响啦,他一掇弄就又能唱啦。"

◎《**汉语大词典**》**解释**

逗引;摆布。

①《白雪遗音·银纽丝·婆媳顶嘴》:"到多咱也掇弄个小小子,顽耍顽耍,可就乐疯了我了。"

②《红楼梦》第九八回:"宝玉是个疯傻的,由人掇弄过去了。"

③《儿女英雄传》第三九回:"他娘是在那儿掇弄孩子呢。"

④毕方、钟涛《千重浪》第七章三:"儿子刚叫王秤钩子掇弄着抓劳工走了,老伴病得只剩了口气。"

◎《**重编国语辞典**》

(1)捉弄。

《红楼梦·第一一一回》:"老爷是不管事的人,以后便乱世为王起来了。我们这些人不是要叫他们掇弄了么。"

(2)修理拾掇。

◎《**现代汉语词典**》**解释**

方言。(1)收拾;修理:"机器坏了,经他一掇弄就好啦。"

(2)侍弄,照料:"家里的花儿给他掇弄得多好啊。"

(3)播弄;怂恿:"受人掇弄。"

注:①"掇弄",也写成"哆弄"。

②"掇弄",也说成"弄掇",词义有所区别。

哆弄　　duōnòng

◎《**汉语大词典**》**解释**

方言。翻弄,摆弄。

梁斌《红旗谱》三二:"他可惜得挤眉皱眼,哆弄着棉被,摇了半天脑袋。"

弄掇　　nòngduó　　**弄,西部方言读 lòng;掇,读入声[tuʌʔ]。**

◎**释义**

（1）抚育、照料。

如："一家弄掇一个孩子，可得精心。"

（2）格外关照，照料。

如："你家媳妇从城里嫁到咱们村，你可好好弄掇哇。"

（3）抬举。

如："你孩子学习好，篮球打得好，看老师把他弄掇的，又是当班长，又是减学费。"

剁搭　duòda

◎**释义**

也写成"跺搭"。跺脚。

如："鞋上都是泥，快在外面跺搭跺搭。"

◎**《汉语大词典》解释**

顿足，用力践踏。

《醒世姻缘传》第八六回："我可有什么拘魂召将的方法，拿了这伙子人来，叫我剁搭一顿，出出我这口气。"

跺跶　duòdá

◎**《汉语大词典》解释**

反复踏地。

①梁斌《红旗谱》三："老驴头那时还年轻，跺跶着两只脚，说：'老祥叔！你要下关东？不行！'"

②梁斌《红旗谱》二六："他换上油鞋，跺跶跺跶脚，戴上帽子，就要出门。"

E

恶癶 èbó　恶,西部方言读作入声[ŋʌʔ];癶,读入声[P'ʌʔ]。

◎释义

霉味,腐气。与豰同,不单用。

如:"菜剩了两天了,早恶癶了。"

癶

◎《康熙字典》解释

《集韵》蒲拨切,音跋。腐气。或作豰。

◎《汉语大字典》解释

《集韵》蒲拨切,入末并。

腐气。

恶叉 èchā　恶,西部方言读作入声[ŋʌʔ]。

◎释义

歹毒;行为凶恶;欺凌弱小。

如:①"那家伙真恶叉,逮住蛇也敢生吃。"

②"那家伙恶叉的,打人就用皮鞭抽。"

◎《汉语大词典》解释

凶恶。

《全元散曲·满庭芳》:"心恶叉偏毒最狠,性搊搜少喜多嗔,百般的都难亲近。"

恶飒 èsà　西部方言读入声[ŋʌʔ][sʌʔ]。

◎释义

垃圾。

注:要说清"恶飒"与垃圾之间的关系,先要说清"垃圾"。

垃圾 lājī

◎《汉语大词典》解释

脏土或扔掉的破烂东西。

①宋·吴自牧《梦梁录·河舟》:"更有载垃圾粪土之船,成群搬运而去。"

②宋·吴自牧《诸色杂货》:"亦有每日扫街盘垃圾者,每日支钱犒之。"

③《二十年目睹之怪现状》第七二回:"我走近那城门洞一看,谁知里面瓦石垃圾之类,堆的把城门也看不见了。"

④老舍《龙须沟》第三幕:"杂院已经十分清洁,破墙修补好了,垃圾清除净尽了。"

◎《重编国语辞典》解释

垃圾 lèsè

秽物、尘土及被弃的东西的统称。亦作"拉飒"。

"垃",《康熙字典》没收录。

金·元好问《游龙山》诗:"恶木拉飒栖,直干比指稠。"

清·翟灏《通俗编·状貌》:"拉飒,言秽杂也。"

◎《中文大辞典》解释

"垃",《辞源》俗读如辣。秽物尘土相混积之称也。固形废物也。见垃圾条。

"垃圾","圾",读如色。固形废物,不能由沟渠排泄者也。《梦梁录·河舟》:"更有载垃圾粪土之船。"

圾
◎《中文大辞典》解释

甲:《集韵》逆及切,缉。

乙:《集韵》鄂合切,音嗑。

丙:《辞源》读若色。

丁:《辞源》读若西。

甲逆及切,乙鄂合切,危也,与岋同。

丙读若色,丁读若西。吴语。秽物尘土相混积谓之垃圾。

注:由此可见,"圾"读作"色"。"色",在西部方言中读入声[sʌʔ]。"垃圾"可写成"垃飒"。

恶　è

◎**《新华字典》解释**

污秽;肮脏。

如:①《论语·乡党》:"色恶不食,臭恶不食。"

②明·宗臣《报刘一丈书》:"立厩中仆马之间,恶气袭衣裾,即饥寒毒热不可忍,不去也。"

恶水　èshuǐ

◎**释义**

(1)脏水,污浊的水。

(2)泔水;恶水缸儿。

如:"把盆里的恶水倒了。"

◎**《汉语大词典》解释**

污水,脏水。

①《隋书·长孙晟传》:"天雨恶水,其亡我乎!"

②唐·韩愈《病鸱》诗:"屋东恶水沟,有鸱堕鸣悲。"

③元·无名氏《神奴儿》第三折:"(搽旦云)是天泼下的恶水。"

④马烽·西戎《吕梁英雄传》第十回:"我给打杂,每天倒恶水、喂猪、看孩子……"

耳塞　ěrsè　塞,西部方言读入声[sʌʔ]。

◎**释义**

耳屎。

◎**《汉语大词典》解释**

即耳垢。

宋·邵博《闻见后录》卷二九:"郑师甫云:尝患足上伤手疮,水入,肿痛不可行步。有丐者令以耳塞敷之,一夕水尽出,愈。"

注:①常误写为"耳沙"。

②参见"耳垢"。

耳垢 ěrgòu

◎**《汉语大词典》解释**

外耳道内皮脂腺分泌的蜡状物质,黄色,有湿润耳内细毛和防止昆虫进入的作用。也叫耵聍,通称耳屎。

二杆子 èrgānzi

◎**释义**

头脑简单,脾气莽撞、火爆。

如:"那是个二杆子,做事不经过脑子。"

◎**《汉语大词典》解释**

方言。指倔强、急躁或鲁莽的人。

①柳青《铜墙铁壁》第八章:"他有股'二杆子'劲儿,哪里有石永公'精'?"

②李建彤《刘志丹》第三部第十九章:"他虽能说善道,敢作敢当,可没有二杆子气,是个精细人。"

亦省作"二杆"。

王老九《王保京》诗:"这娃是二杆,吹牛皮想把火车掀。"

二乎两当 èrhūliǎngdāng

◎**释义**

心里犹疑,不能确定。

如:①"你越说越把我弄得二乎两当。"

②"他又想出去打工,又怕挣不了钱,二乎两当不知该咋办。"

二乎 èrhū

◎**《汉语大词典》解释**

方言。畏缩,犹豫。

吕日生《骡子的故事》："只要是支前；只要是打鬼子，什么事咱也不二乎，保险跑在头里。"

注："二乎"也写作"二忽"。

两当　liǎngdāng

◎**《新华字典》解释**

两者相当。

F

烦鄙　fánbì

◎**释义**

低俗，絮叨，惹人烦。

如："甭理他，那是个烦鄙货。"

◎**《汉语大词典》解释**

繁杂卑俗。

①唐·元稹《遣昼》诗："客来伤寂寞，我念遗烦鄙。"

②《北史·苏绰传》："威加以烦鄙之辞，百姓嗟怨。"

③宋李宏《金泉观题诗并序》："历览幽奇，顿消烦鄙，因成短引，偶赋一章，遂命濡毫，镌之于壁。"

注：①"烦鄙"，常误写成"繁鄙"。

②方言中常说"烦鄙麻厌"。

烦鄙麻厌　fánbìmáyàn

◎**释义**

形容人不懂道理，再怎么解释也听不进去。

放泼　fàngpō　泼，西部方言读作入声［pʻʌʔ］。

◎**释义**

举动粗野泼悍；撒泼、耍赖。

如:"王二老婆真能放泼,和人一嚷架就脱裤子。"
◎**《汉语大词典》解释**

撒泼,蛮不讲理。

①元·王晔《桃花女》第二折:"你这小孩子家就学得放泼那。"

②《西游记》第十七回:"你这个猴子,还是这等放泼!"

③茅盾《动摇》一:"茶壶的碎瓷片散在地上,仰着死白色的破脸,像是十分委屈,又像是撒赖放泼的神气。"

G

概了 gàile

◎**释义**

压过;超越。

如:"他上篮的动作真是概了。"

◎**《新华字典》解释**

抑,抑制。

如:概了(镇住,有超过其他所有人的意思)。

注:"概了",也写作"盖了"。

盖 gài

◎**释义**

压过;超越。

◎**《新华字典》解释**

(1)盖,本义是有遮蔽的东西,如锅盖。引申为胜过、超出。

如:"功盖天下。"

(2)方言,超出一般地好。

如:"这本书真叫盖!"

注:"概""盖"在表示"压过、超越"时,词义相同。现在人们习惯写作"盖"。

干忽剌 gānhūlà

◎**释义**

干燥。西部方言常说"干忽剌剌"。表示干燥,没水分。

如:"粮食已晾晒得干忽剌剌的啦。"

◎**《汉语大词典》解释**

干燥。忽剌,语助词。

元·无名氏《举案齐眉》第三折:"住的是灰不答的茅团,铺的是干忽剌的苇席。"

干撇下 gānpiēxià

◎**释义**

扔下,弃之不顾。

如:①"营生做了一半,他们都跑了,干撇下我继续做。"

②"年轻人都进城打工了,干撇下些老人和孩子。"

◎**《重编国语辞典》**

谓毫不留情地遗弃。

元·马致远《岳阳楼》第一折:"如今人早晨栽下树,到晚来要阴凉。则怕你滋生下些小业种,久已后干撇下你个老孤桩。"

撇下 piēxià

◎**《重编国语辞典》解释**

弃之不顾。

①元郑光祖《倩女离魂》第三折:"薄命妾为伊牵挂,思量心几时撇下。"

②《初刻拍案惊奇》卷二五:"今家业既无,只索撇下此间,前往赴任,做得一年两年,重撑门户,改换规模,有何难处?"

赶 gǎn

◎**释义**

等到。

如:"我赶下午三点去你们单位。"

◎《**新华字典**》**解释**

跟时间名词组成介词结构,用在动词前,表示动作、行为到某个时候才发生,多用于口语。

如:①"赶明儿。"

②《海市》:"赶我长大一点,抗日战争爆发了。"

又如:"赶年"(等到过年);"赶年下"(同赶年);"赶晚"(等到晚上)等。

◎《**汉语大词典**》**解释**

等;等到。

①《说唐》第十一回:"今奉唐节度差遣赍送礼物,赶正月十五日,到长安杨越公府中贺寿。"

②《儿女英雄传》第三六回:"下欠的奴才也催过他们,赶明年麦秋准交。"

③杨朔《蓬莱仙境》:"赶几时,我们才能消灭战争,我可以回到祖国,回到故乡?"

赶趁 gǎnchèn

◎**释义**

(1)赶着时机占便宜,赚取利益。

如:"谁家一有肆筵,他就赶趁过去。"

(2)赶做。

如:"营生不多了,赶趁两下就收尾了。"

(3)追赶。

如:"早跑啦人家,你怕是赶趁不住啦。"

◎《**汉语大词典**》**解释**

（1）追赶；追逐。

①宋·欧阳修《论沂州军贼王伦事宜札子》："窃见朝廷虽差使臣领兵追捕,而凶贼已遍劫江淮,深虑赶趁不及。"

②宋·周密《谒金门》词："花不定,燕尾剪开红影。几点露香蜂赶趁,日迟帘幕静。"

（2）引申为跟随,依循。

《朱子语类》卷二："今之造历者无定法,只是赶趁天之行度以求合。"

（3）为牟利而奔走活动。多指商贩做生意、歌女卖唱及演戏杂耍等。

①宋·周密《武林旧事·酒楼》："又有吹箫、弹阮、息气、锣板、歌唱、散耍等人,谓之赶趁。"

②元·关汉卿《金线池》第一折："好运好运,卑田院里赶趁!"

③《古今小说·史弘肇龙虎君臣会》："夫人放买市,这经纪人都来赶趁,街上便热闹。"

④《天雨花》第二回："夫妻一世,冲州过府,在江湖上赶趁营生。"

⑤《上海小刀会起义史料汇编·忆昭楼洪杨奏稿》："城内外开店如常,到觉更为热闹,竟有赶趁者。"

（4）指为寻找相识或投谒的而奔走活动。

《水浒传》第二四回："你这两日脚步紧,赶趁得频,一定是记挂着隔壁那个人。"

《警世通言·俞仲举题诗遇上皇》："俞良又去赶趁,吃了几碗饿酒。"

（5）赶做;抓紧时机从事。

①《水浒传》第四回："待诏道:'师父稳便,小人赶趁些生活,不及相陪。'"

②《古今小说·汪信之一死救全家》："湖上做买卖的,一无所禁,所以小民多有乘着圣驾出游,赶趁生意。"

③昆曲《十五贯》第七场："老汉倒有只便船,正好今晚开船,往苏

杭一带赶趁新年生意。"

(6)凑合;凑起来。

赵树理《李家庄的变迁》六:"这时候,匠人们固然人人怕捉,胖子东家……也怀着鬼胎无心修造了;况且天气也冷了些,泥水也快冻了。这样几头赶趁,工也停住了。"

圪蹙　gēcù　圪,西部方言读入声[kɤʔ]。

◎**释义**

(1)皱;抽缩。

如:"衣裳压得圪蹙啦。"

(2)皱眉头。

如:"看,脑袋圪蹙的,满脸皱纹。"

注:常误写为"圪搐"。

蹙

◎**《新华字典》解释**

(1)紧迫:穷蹙。

(2)皱,收缩:蹙眉,蹙额,蹙皱,蹙缩。

(3)局促不安:蹙蹙。

◎**《汉语大词典》解释**

常指眉头皱拢。

①明·汤显祖《楚江秋》诗之二:"病倚珠帘微嗽时,无缘相见蹙蛾眉。"

②清·孔尚任《桃花扇·选优》:"看阳春残雪早花,蹙愁眉慵游倦耍。"

③巴金《春》一:"她看见他们,不觉把眉尖微微一蹙。"

胳肢　gēzhī　胳,西部方言读入声[kɤʔ]。

◎**释义**

抓痒痒。

如:"别再胳肢他了,看他笑得眼泪都流出来了。"

◎《汉语大词典》解释

方言。在他人身上抓挠,使其发痒。

端木蕻良《科尔沁旗草原》十七:"'你今天怎么这样的别扭!'男的笑着去胳肢女的。"

肐肢窝 gēzhīwō **肐,西部方言读入声[kɤʔ]。**

◎释义

腋窝。

◎《汉语大词典》解释。

腋窝。人体的上臂与胸壁连接的凹陷处。

①康濯《春种秋收·开头》:"可是,现在却像碰见谁在他胳肢窝里搔痒痒那样,变得没有了一点力气。"

②杜鹏程《保卫延安》第三章:"卫刚把书往胳肢窝下一夹,站起身来就准备走。"

胳膝 gēxī **胳,西部方言读入声[kɤʔ];膝,读 qī。**

◎释义

膝盖。

◎《汉语大词典》解释

膝盖。

①元·商挺《潘妃曲》:"短命休寒贱,直恁地胳膝软,禁不过敲才厮熬煎。"

②《水浒传》第二六回:"武松道罢,一只手按住胳膝,两只眼睁得圆彪彪地,看着何九叔。"

圪遾 gēchòu **圪,西部方言读入声[krʔ]。**

◎释义

不往前走。

如:"你俩别圪遗了,快走。"

遗

◎《康熙字典》解释

《广韵》《集韵》并初救切,音簇。《广韵》不进也。

◎《汉语大字典》解释

《广韵》初救切,去宥,初。

隐匿。

不前进。

圪匿　gēnì　圪,西部方言读入声[kɤʔ];匿,读 mì。

◎释义

暗暗地收藏。

如:"你把书圪匿到哪儿啦?"

匿

◎《现代汉语词典》解释

隐藏;不让人知道。

注:常误写为"圪秘"。

圪劙　gēlí　圪,西部方言读入声[kɤʔ]。

◎释义

用小刀慢慢划开。

劙　lí

◎《汉语大词典》解释

割;划开。

①《尸子》卷下:"弓人劙筋,则知牛长少。"

②明·沈德符《野获编·内阁三·貂帽腰舆》:"朔风劙面,不啻霜刀。"

佮人　gérén　佮,西部方言读入声[kʌʔ]。

◎**释义**

与人为善,善于同人相处。

如:"老张挺佮人,谁也和他合得来。"

注:常误写为"搁人"。

佮

◎**《说文》解释**

古沓切,合也。从人,合声。

◎**《康熙字典》解释**

《集韵》葛合切,音合。合取也。

◎**《汉语大字典》解释**

相合;聚合;通力合作。《说文·人部》:"佮,合也。"王筠释例:"是合佮义同音异。通力合作。合药及俗语合伙皆佮之音义也。今无复用佮者。"《玉篇·人部》:"佮,合取也。"《广韵·合韵》:"佮,併佮,聚也。"

◎**《汉语大词典》解释**

聚合。

《说文·人部》:"佮,合也。"

《中国谚语资料·一般谚语》:"耐可佮天下,勿可佮厨下。"

佮锅面 géguōmiàn

◎**释义**

把卤和面煮在一起的面食,也叫面片。

羯伙 géhuǒ **羯,西部方言读入声**$[k_{\Lambda}^{?}]$。

◎**释义**

(1)合伙。

如:"他俩羯伙欺负人。"

(2)犹朋锅;朋伙。

如:"他俩羯伙啦(两个单身合在一起做饭、生活)。"

◎《**汉语大词典**》**解释**

犹合伙。吕剧《李二嫂改嫁》:"从今还是咱娘们掆伙着过日子吧!"

掆

◎《**汉语大词典**》**解释**

本义是两手合抱,引申为结交:"掆朋友。"

◎《**汉语大字典**》**解释**

①双手抱住。

②挟持。

③量词。双手合抱所能容纳的数量。

④结交;匹配;合作。

◎《**新华字典**》**解释**

方言。①两手用力合抱:手里掆个包裹。

②引申为结交:"鱼掆鱼,虾掆虾,王八掆合鳖亲家。"(《中国谚语资料》)

注:"掆"与"佮"近义词。可互用。

掆守 géshǒu

◎**释义**

在一起相处、生活。

如:①"他俩脾气都不好,在一搭做买卖,肯定掆守不住。"

②"他俩大婚不合,肯定难掆守。"

掆股 gégǔ 掆,西部方言读入声[kʌʔ]。

◎**释义**

性格合得来。

如:"他俩不掆股,闹不到一块儿。"

注:与"掆股"词义相近的是"掆合"。

猼合 géhé

◎《汉语大字典》解释

匹配;和合。

《中国谚语资料·俗谚》:"鱼猼鱼,虾猼虾,王八猼合鳖亲家。"

李文元《婚事》:"比方说就让我拼着到他家去,将来猼合不来……少不了还要走离婚那条路。"

敆对 géduì 敆,西部方言读作入声[k'ʌʔ]。

◎释义

争斗;争吵。

如:"那两口子,每天敆对。"

敆

◎释义

争斗。

◎《康熙字典》解释

《集韵》《韵会》《正韵》并各额切,音格。《玉篇》鬭也。《集韵》或作斨。

◎《汉语大字典》解释

《集韵》各额切,入陌见。

争斗,格斗。《玉篇·戈韵》:"敆,斗也。"

敆訮 géyán

◎释义

争吵,吵闹。

如:"那小两口每天敆訮。"

訮

◎《汉语大词典》解释

性情暴躁,好与人争论。

◎《新华字典》解释

易怒而好与人争论。

注:"诫"常误写成"格"。

格　gé

◎《新华字典》解释

(1)击打;格斗。

①《荀子·议兵》:"格者不舍。"

②《周书·武称》:"穷寇不格。"

③《后汉书·刘盆子传》:"皆可格杀。"

④《后汉书·钟离意传》:"乃解衣就(接受)格。"

⑤《玉台新咏·饮马长城窟行》:"男儿宁当格斗死,何能怫郁筑长城。"

(2)又如:格击(格斗);格拒(抵抗,格斗);格战(格斗,搏斗)。

(3)击杀;搏杀。

隔壁　gébì　隔,西部方言读入声[tɕiʌ²]。

◎释义

邻居。

注:"隔"的读音有以下几种。

1.《康熙字典》读 gé。

《唐韵》古核切《集韵》《韵会》各核切《正韵》各額切,并音膈。《说文》障也。《玉篇》塞也。

2.《中文大词典》读 gé;读 jie。

(1)《唐韵》古核切《集韵》《韵会》各核切《正韵》各額切,音膈。陌入声。

(2)《国语词典》读皆,jie。

3.西部方言读入声[tɕiʌ²]。

"隔"组成的词如:隔壁、隔山、隔夜、隔扇、隔墙有耳等,都念[tɕiʌ²]。因此,"隔"常误写成"截"[tɕiʌ²]。

如:"截壁""截壁儿发财""截墙"。

注:参阅"间壁"的解释。

隔山 géshān　　隔,西部方言读入声[tɕiʌ²]。

◎**释义**

异父兄弟之间的互称。

◎**《汉语大词典》解释**

清·俞樾《茶香室丛钞·称谓之异》:"甘州人谓姊妹之夫,曰挑担。其异父之昆,曰隔山。"

◎**《重编国语辞典》**

同父异母所生的兄弟姊妹。

如:"他俩是隔山兄弟。"

注:"隔山兄弟"误写为"夹山兄弟"。

搁不住 gébúzhù　　搁,西部方言读入声[kʌ²]。

◎**释义**

(1)不能久置。

如:"这两天天气热,吃的熟食都绝对搁不住。"

(2)禁受不住,承受不起。

如:"老王好说话,搁不住两句好话心就软啦。"

(3)阻挡不了。

如:"找对象这种事,大人不同意没用,搁不住孩子们愿意。"

◎**《汉语大词典》解释**

禁受不住。

如:"丝织品搁不住揉搓。"

注:"搁不住"的反义词是"搁得住"。

搁得住 gédezhù

◎**《汉语大词典》解释**

禁受得住。

如:"再结实的东西,搁得住你这么使吗?"

合共　hégòng　合,西部方言读入声[kʌʔ]。

◎**释义**

(1)一共。

如:"两个班合共80个人。"

(2)一直。

如:"他们两家亲戚合共也不来往。"

◎**《汉语大词典》解释**

总共。

①毛泽东在省市自治区党委书记会议上的讲话中说:"中国虽然有九百六十万平方公里,但是合共只有两块地方,一块叫农村,一块叫城市。"

②郭沫若《由葛录亚想到夏完淳》:"(夏完淳)生于明崇祯四年,死于永历元年,合共仅仅十七岁。"

注:(1)合的读音、词义为:

◎**《康熙字典》解释**

《唐韵》《正韵》古沓切《集韵》《韵会》葛合切,并音閤。《广韵》合,集也。

(2)"合共"的同义词是"满共""通共""统共"。

满共　mǎngòng

◎**《汉语大词典》解释**

犹总共,一共。

①孙犁《白洋淀纪事·村歌下篇》:"分是分地主的东西,我们——连上全福哥,满共可有多少东西,也要拿出去分?"

②孙犁《澹定集·被删小记》:"《荷花淀》满共不到五千字,几乎被删去一千字。"

通共　tōnggòng

◎**《汉语大词典》解释**

（1）全部，一起。

《汉书·游侠传·原涉》："天下殷富，大郡二千石死官，赋敛送葬皆千万以上，妻子通共受之，以定产业。"

（2）共计；一共。

①《水浒传》第一〇一回："王庆势愈猖獗……通共占据八座军州，八十六个州县。"

②《红楼梦》第三四回："我已经五十岁的人，通共剩了他一个。"

③沙汀《困兽记》五："你通共才好几亩庄稼啦！"

统共　tǒnggòng

◎《汉语大词典》解释

总共，共计。

①《红楼梦》第一一〇回："便叫周瑞家的传出话去，将花名册取上来。凤姐一一的瞧了，统共只有男仆二十一人，女仆只有十九人。"

②老舍《四世同堂》二八："他晓得学校的'金库'里也不过统共有十几块钱。"

硌硬　gèying　硌，西部方言读作入声［kɤ˧˥］。

◎释义

（1）使人讨厌；腻味。

如："那人的做派，真硌硬。"

（2）使人心绪不宁。

如："一想到他老婆结婚前是个小姐，他心里就老硌硬。"

◎《现代汉语词典》解释

方言。①讨厌，腻味。

如："心里硌硬的慌。"

②使讨厌，使腻。

如："这种事儿硌硬人。"

注："硌硬"也写作"膈应"。

膈应 gèying 膈,西部方言读作入声[kɣ²]。

◎《**汉语大字典**》**解释**

方言。讨厌,腻味。

注:"硌硬"与"膈应"通用,常误写成"各应"。

够呛 gòuqiàng

◎**释义**

(1)够受的。也写作"够戗"。

如:"累得够呛。"

(2)让人难以忍受。

如:"他的毛驴脾气真够呛。"

(3)对结果预判不理想,没把握。

如:①"中国队能赢伊朗队? 够呛!"

②"你这次提拔有戏吗? 够呛!"

③"我下午够呛能赶回来。"

◎《**汉语大词典**》**解释**

犹够受的。

周立波《暴风骤雨》第一部十二:"牲口脚一滑,连牛带车,哗啦啦滚到山沟沟里了。西北风呼拉呼拉地刮着,那个罪呀,可真是够呛。"

◎《**现代汉语词典**》**解释**

方言。十分厉害;够受的:"累得够戗。也作'够呛'。"

◎《**重编国语辞典**》

俗语指受够了,使人不好受。

如:"她的脾气真够呛的,实在令人难以忍受。"

估堆儿 gūduīr

◎**释义**

估计成堆商品的数量或价格。

◎《重编国语词典》解释

将成堆的商品合起来估价。

估摸　gūmō　**摸，西部方言读入声**[mʌˀ]。

◎**释义**

指对一般事物进行估计、揣测，大概推断。

如："估摸他们吃完饭就过来。"

◎《**汉语大词典**》**解释**

估计；大致推断。

①梁斌《红旗谱》十三："他把烟袋锅插进盒包里，拧旋了老半天，才说：'估摸老霸道要给咱过不去。'"

②梁斌《播火记》第二卷三七："总也闹不清楚到底有多少，估摸有个一百五六十人吧！"

◎《**重编国语辞典**》**解释**

北方方言。约略地估计或推测。

如："我估摸他有一百八十公分。"

骨都　gūdū　**骨，西部方言读入声**[kuəˀ]。

◎**释义**

也写作"骨嘟"。

(1)象声词。

如：①"水开了，骨都骨都往外冒。"

②"一瓶啤酒，他骨都骨都两口就喝完了。"

(2)噘嘴。

如："骨嘟着小嘴。"

◎《**汉语大词典**》**解释**

形容嘴巴撅着、鼓起。

①元·乔吉《金钱记》第二折："对着的都是些嘴骨都乳莺娇燕。"此指突喙。

②《醒世恒言·张廷秀逃生救父》:"(王员外)两个眉头蹙做一堆,骨嘟了嘴,口也不开。"

③《儒林外史》第二三回:"牛浦到了下处,惹了一肚子的气,把嘴骨都着坐在那里。"

④艾芜《印度洋风土画》:"被小贩叫卖声骚动了的小孩,一面用手揉搓他围在身上的裙子,一面骨嘟着嘴巴,缠着老头子要钱。"

注:"骨都",也写作"咕嘟",词义相同。

咕嘟 gūdū 咕,西部方言读入声[kuə˨]。

◎《**新华字典**》解释

象声词,液体沸腾、水流涌出或大口喝水的声音。

◎《**汉语大词典**》解释

形容嘴巴撅着、鼓起。

①《红楼梦》第八五回:"(宝玉)说的两个人都咕嘟着嘴,坐着去了。"

②赵树理《登记》:"她妈见她咕嘟着个嘴,问她怎么那样不高兴。"

③梁斌《播火记》二七:"他又高耸起眉峰,咕嘟着嘴,若有其事地说:'这可是一桩大事呀!'"

注:"咕嘟",西部方言,也常说成"圪嘟"。

骨都儿 gūdūr 骨,西部方言读入声[kuə˨]。

◎**释义**

花蕾。

◎《**重编国语辞典**》解释

北平、河北方言。指未开放的花朵。亦作"骨朵儿"。

花骨朵 huāgūduo 骨,西部方言读入声[kuə˨]。

◎《**汉语大词典**》解释

花蕾的通称。

①金近《月季花》:"我的小月季花,你结出花骨朵来啦。"亦作"花

咕朵"。

②逯斐等《市长的代表来了》:"哎呀,那是哪家树上的花咕朵啊?"

骨卢槌　gǔlúchuí　**骨,西部方言读入声[kuə²]。**

◎**释义**

擀烧麦皮的槌子。

◎**《汉语大词典》解释**

擀面杖的一种。其形有二:一种是槌在中间,柄在两端,是一个整体;还有一种,槌是一个空心木桶,套在木柄的中间。擀面时,使槌在面上滚动。

明·沈榜《宛署杂记·经费上》:"骨卢槌二十个,银二钱四分。"

注:"骨卢槌"其实就是内蒙古西部擀烧麦皮的槌子。

由此,普通话的擀面杖,在西部方言应为"擀面骨卢"。

进入普通话的"辖辘""骨碌(碌)"都有滚动的意思。"骨卢"与"骨碌"只是记音用了不同的汉字而已。写作"擀面辖辘""擀面骨碌"亦可,只是约定俗成罢了。

有研究者写成"骨罗儿"。其实"罗儿"是"辖辘""骨碌"中"辘""碌(lu)"的儿化音。

擀面骨卢　gǎnmiàngūlu　**骨,西部方言读入声[kuə²]。**

◎**释义**

擀面杖。

擀

◎**《汉语大词典》解释**

亦作"扞"。

(1)以棍碾物,或用手展物,使之平展。

①《太平广记》卷二三四引宋孙光宪《北梦琐言》:"有能造大饼,每三斗面擀一枚,大于数间屋。"

②老舍《四世同堂》七五:"无论如何,她也没法子把它擀成薄片——饺子与面条已绝对做不成。"

③丁玲《杜晚香·作媳妇》:"晚香有生以来第一次铺了一床新擀的羊毛毡。"

④章炳麟《新方言·释器》:"研面谓之扞面。"

轱辘 gūlu　轱,西部方言读入声[kuə˒]。

◎释义

(1)车轮。

如:车轱辘。

(2)滚动,转(zhuǎn)动。

如:"小心,别从坡上轱辘下去。"

均亦作"轱轳""毂辘"(辘、轳均读轻声)。

◎《汉语大词典》解释

(1)车轮子。

(2)滚动:"油桶轱辘远了。"也作"轱轳、毂辘"。

◎《新华字典》解释

(1)口语。轮,车轮,用金属、木料或其他坚固材料做的圆形构架:"轮子。"

(2)转;滚动。

如:"球轱辘远了。"

轱轮 gūlún　轱,西部方言读入声[kuə˒];轮,读lóng。

◎释义

车轱辘。

◎《汉语大词典》解释

①《捻军歌谣·青铜钱轱轮圆》:"青铜钱,轱轮圆,穷人都跟捻子玩。"

②《秧歌剧选·沃老大娘瞅孩儿》:"民主联军的战士啥也不怕,用机枪先把它轱轮打坏。"

骨碌 gūlú 骨,西部方言读入声[kuə²]

◎释义

滚。

◎《汉语大词典》解释

滚动。

如:①"皮球在地上骨碌。"

②"他一骨碌从床上爬起来。"

骨槎 gǔchèn 骨,西部方言读入声[kuə²]。

◎释义

死人的遗骨。

◎《汉语大词典》解释

死人埋葬后经过腐烂剩下来的骨头。亦借指尸体。

《西游记》第三八回:"他但有言语,就将骨槎与他看,说:'你杀的是这个人!'"

骨拾 gǔshí 骨,西部方言读入声[kuə²]。

◎释义

尸骨。

◎《汉语大词典》解释

尸骨。

《醒世姻缘传》第十一回:"我把那私窠子的骨拾烧成灰撒了!"

《醒世姻缘传》第三十回:"投崖的拖拉着少七没八的骨拾,跳河跳井的自己抱着个瓮大的肚子行动不得。"

注:常误写为"骨石"。

参见"骨殖"。

骨殖 gǔshi 骨,西部方言读入声[kuə²]。

◎《汉语大词典》解释

尸骨;骨灰。

①晋·葛洪《抱朴子·勤求》:"非老庄之学,故无骨殖而取偶俗之徒,遂流漂于不然之说,而不能自返也。"

②元·朱凯《昊天塔》第一折:"被番兵将我尸首焚烧了,把骨殖吊在幽州昊天塔尖上。"

③明·汤显祖《牡丹亭·怅眺》:"果然后来退之公公潮州瘴死,举目无亲。那湘子恰在云端看见,想起前诗,按下云头,收其骨殖。"

④罗广斌等《在烈火中得到永生·魔窟》:"(先烈的遗体)或是干脆抛进锱水池里,连骨殖也不让保存下来。"

罟迫　gǔpò　迫,西部方言读入声[p'iʌʔ]。

◎**释义**

强迫。

如:"他们罟迫住我喝酒。"

罟

本义:网,引申为勉强硬来。

如:①"你就是罟到一达,我们两家也过不成么!"

②"他罟住我跟他上街。"

◎**《汉语大字典》解释**

《广韵》公户切,上姥,见。

①网的总称。

②引申为法网。

③用网捕捉。

④方言。谓勉强硬来。

◎**《汉语大词典》解释**

方言。谓勉强硬来。

韩起祥《刘巧团圆》:"人家硬罟的把爹爹拉上走在区政府,割来一个退婚证。"

"罟",也可写作"估"。

估 gū
◎**《新华字典》解释**
方言。逼迫;强迫。
艾芜《猪》:"硬要估住他赔。"
◎**《汉语大词典》解释**
方言。逼;纠缠。
①艾芜《一个女人的悲剧》三:"该不是拿跟陈家驼背子拖着,估住要账吧!"
②李劼人《死水微澜》第三部分二:"你们大老表就估住我作东道,招呼到你这里。"
注:"罟""估"常误写为"箍"。如:"箍扎""箍迫"。

鼓 gǔ
◎**释义**
量词。
如:"给我上一鼓汤。"
◎**《汉语大词典》解释**
古代量器或衡器名。其容量大小或重量轻重说法不一。
《礼记·曲礼上》:"献米者操量鼓。"
郑玄注:"量鼓,量器名。"

鼓捣 gǔdao
◎**释义**
(1)折腾、拨弄。
如:"他一边与我谈话,一边鼓捣收音机。"
(2)暗地里商量,干坏事。
如:"不要背后鼓捣人。"
◎**《汉语大词典》解释**

(1)拨弄；反复摆弄。

①《红楼梦》第六三回："一坛酒我们都鼓捣光了，一个个喝的把臊都丢了。"

②贺敬之《秦洛正》："怎么？是洛正呀！这是怎么鼓捣的？"

(2)挑拨；捣乱。

袁静、孔厥《新儿女英雄传》第一回："叫他老老实实的，咱们欢迎他抗日，要再这么背地里鼓捣，我们就跟他干！"

注："鼓捣"，也写作"估倒"。

估倒

◎《**汉语大词典**》**解释**

搞；弄；收拾。

①《西游记》第三一回："你把我浑家估倒在何处？"

②《醒世姻缘传》第五九回："他如今说我估倒东西与狄周媳妇，这个舌头，难道压不死人么？"

鼓秋　　gǔqiū

◎**释义**

(1)不务正业，瞎摆弄。

如："他好好的买卖不做，跟上些混混不知道鼓秋些甚。"

(2)煽动；怂恿。

如："你咋老鼓秋我兄弟和大人要钱？"

◎《**汉语大词典**》**解释**

(1)摆弄。

如："我很喜欢鼓秋一些小玩意。"

(2)煽动；怂恿。

如："有话当面讲，不要背后乱鼓秋。"

顾待　　gùdài

◎**释义**

招待。

如:"那人好顾待,二两酒就行。"

◎**《汉语大词典》解释**

犹照顾。

①《魏书·杨大眼传》:"然侧出,不为其宗亲顾待,颇有饥寒之切。"

②《旧唐书·令狐楚传》:"皇甫镈荐楚入朝,自朝议郎授朝议大夫、中书侍郎、同平章事,与镈同处台衡,深承顾待。"

③《剪灯新话·金凤钗记》:"日昨顾待不周,致君不安其所,而有他适,老夫之罪也。幸勿见怪!"

滚水　　gǔnshuǐ　　**滚,西部方言读** gǒng。

◎**释义**

正在开着的或刚开过的水。

如:"那是滚水,你不怕烫嘴皮子吗?"

◎**《汉语大词典》解释**

开水;热水。

①元·马致远《寿阳曲》:"一锅滚水冷定也,再撺红几时得热?"

②《金瓶梅词话》第五四回:"李瓶儿吃了叫苦,迎春就拿滚水来,过了口。"

③《红楼梦》第五四回:"一个老婆子提着一壶滚水走来。"

拐肘　　guǎizhǒu

◎**释义**

胳膊肘。

◎**《汉语大词典》解释**

胳膊肘子。

拐孤 guǎigu

◎**释义**

性情乖僻。

◎**《汉语大词典》解释**

乖僻;古怪。

①《红楼梦》第七回:"他虽腼腆,却脾气拐孤,不大随和儿。"

②《红楼梦》第二二回:"众人都笑说:'天生的牛心拐孤!'"

③梁斌《红旗谱》三四:"(大贵)就是脾气拐孤,碰上还有点暴腾。"

掴搭 guódā 掴,西部方言读入声[kuʌʔ]。

◎**释义**

掴打。揍。

如:"这孩子不听话,早该狠狠地掴搭他啦!"

◎**《汉语大词典》解释**

掴打。

宋·孙光宪《北梦琐言》卷十八:"庄宗自为俳优,名曰'李天下',杂于涂粉优杂之间,时为诸优朴扶掴搭。"

注:"掴",打耳光。"掴搭",也说成"掴榻",词义相同,西部方言不常说。

掴榻 guótà

◎**《汉语大词典》解释**

掴打。

明·冯梦龙《古今谭概·贪秽·贪位》:"王怒,令左右掴榻。"

裹哄 guǒhǒng

◎**释义**

对小孩安抚,抚慰。

如:"孩子哭得不行啦,快去裹哄裹哄。"

裹

◎**释义**

吸（奶）。

如：①"小孩生下来就会裹奶。"

②"奶头被这孩子裹得生疼。"

◎**《汉语大词典》解释**

方言。吸。

老舍《四世同堂》二六："（冠先生）用嘴唇裹了一点点酒，他咂着滋味说：'酒烫得还好！'"

注：孩子哭，一裹奶头就不哭啦，所以叫裹哄。词义扩大，凡孩子哭闹，都可以说裹哄。

如：①"孩子把手挤破了，快去裹哄裹哄。"

②"孩子在气头上，你不能硬来，该裹哄就得裹哄。"

锅盔　　guōkuī

◎**释义**

将未发酵的面团切块后，先压成实心的饼，再用火烘烤成的锅饼，可做干粮。

◎**《汉语大词典》解释**

较小的锅饼。

①《人民日报》1981年12月28日："一个卖锅盔的老汉，头一天就成了知名人物。"

②《扬州评话选·智取生辰纲》："老爹！听见啊！卖锅盔的来了。"

H

哈喇 hālā

◎**释义**

(1)蒙古语。杀头;杀死。引申指砍杀声。

(2)方言。形容油腻食物的变质味。

◎**《汉语大词典》解释**

(1)蒙古语。杀头;杀死。

①元·马致远《汉宫秋》第三折:"似这等奸邪逆贼,留着他终是祸根,不如送他去汉朝哈喇,依还的甥舅礼两国长存。"

②元·郑廷玉《金凤钗》第四折:"周桥上骗钱也是我,若不饶便哈刺了罢。"

③《说岳全传》第十八回:"既是奸臣,吩咐哈喇了罢。"

(2)引申指砍杀声。

明·汪廷讷《种玉记·虏骄》:"听马前哈喇,千里血染猩猩。"

(3)蒙古语。指黑色。

清·钱大昕《十驾斋养新录·蒙古语》:"元人以本国语命名,或取颜色,如……哈刺者,黑也。"

(4)方言。形容油腻食物的变质味。

《儿女英雄传》第三八回:"一时也辨不出是香,是臊,是甜甘,是哈喇,那气味一直扑到脸上来。"

王蒙《深的湖》:"封皮上发出一股油乎乎的哈喇味儿。"

哈喇子 hālāzi

◎**释义**

口水。

◎**《汉语大词典》解释**

方言。口涎。

程树榛《励精图治》:"这个消息传开后,一些朝思暮想盼着出国去捞一把的人,馋得直流'哈喇子'。"

海 hǎi

◎**释义**

多;大量。

如:①"今天公园里的人海啦。"

②"这两年被拆掉的老房子海啦。"

◎**《汉语大词典》解释**

(1)比喻极多、极大。

克非《春潮急》七:"莫看不起人,我气力可大哩!你没见我扛这么海的一捆竹子吗?"

(2)没有节制,漫无边际。

杨朔《三千里江山》第三段:"在过日子方面,李春三是有个毛病,钱到手就光了,海来海去,没个计算。"

害苦 hàikǔ

◎**释义**

受连累而吃苦遭罪。

如:"我跟着他干了几年,可让他害苦了。钱没挣到,落下一身病。"

◎**《重编国语辞典》解释**

连累别人吃苦受罪。

如:"我本想帮你,没想到弄巧成拙,反而害苦了你。"

澥稀 xièxī　澥,西部方言读 hài。

◎**释义**

指加水使糊状物、胶状物等变稀。

如:"浆糊太稠,加上点水澥一澥,澥稀。"

瀣

◎《汉语大字典》解释

《广韵》胡买切,上蟹,匣。

①伸入陆地的海湾。古代亦特指勃瀣,即今渤海。

②海。泛指江河湖海。

③指糊状物、胶状物等由稠变稀。

④指加水使糊状物、胶状物等变稀。

注:常误写作"搳"。

搳　xiá huá

◎《汉语大字典》解释

①xiá

《集韵》下瞎切,入鎋,匣。

抉,挖。

②huá

①指搳拳。

②犹掴。

汗毛　hànmáo

◎释义

人体表皮上的细毛。也写作"寒毛"。

◎《汉语大词典》解释

即寒毛。人体表皮上的细毛。

①马烽、西戎《吕梁英雄传》第四十回:"(辛在汉)打了个寒噤,浑身的汗毛都竖了起来。"

②杨朔《百花山》二:"有个班长带着人钻到敌人肚子里去,一宿光景,汗毛没丢一根,只费一颗手榴弹,俘虏五百多人。"

③阮章竞《漳河水》诗:"不准打,也不准骂,动他根汗毛也犯法。"

寒毛　hánmáo

◎**释义**

人体皮肤上的细毛。与"汗毛"同义。

◎**《汉语大词典》解释**

人体皮肤上的细毛。

①《晋书·隐逸传·夏统》："闻君之谈，不觉寒毛尽戴，白汗四匝，颜如渥丹，心热如炭，舌缩口张，两耳壁塞也。"

②宋·陈师道《魏衍见过》诗："洒然堕冰井，起粟竖寒毛。"

③《红楼梦》第六回："只要他发点好心，拔根寒毛比咱们的腰还壮呢！"

④曲波《桥隆飙》十八："寒毛还没干，就来家教训起长辈来了。"

謚詑　hétuó

◎**释义**

吹牛，说大话蒙人。

如："他真能謚詑，说他两天挣了两千块。"

謚

◎**《康熙字典》解释**

《广韵》胡蜡切，《集韵》辖猎切，并音盍。与"嗑""呷"并同。《类篇》："多言也。"

◎**《汉语大字典》解释**

①hé

《广韵》胡腊切，入盍，匣。

静。《玉篇·言部》："謚，静也。"

②kē

《广韵》古盍切，入盍，见。

多言。《集韵·盍韵》："嗑，《说文》：'多言也。'"

嗑　kè

《广韵》古盍切，《集韵》谷盍切，并音阁。《说文》："多言也；从口，盍声,读为甲。"《集韵》:"嗑嗑,语也。"

訑

◎《康熙字典》解释

《唐韵》托何切《集韵》《韵会》《正韵》汤何切,并音拕。《说文》引方言:"沇州谓欺曰訑。"《玉篇》意谩而不疑也。《集韵》或作詑。俗作訑。又《广韵》徒何切《集韵》唐何切,并音驼。又《广韵》土禾切《集韵》土和切,并涶平声。义并同。又《广韵》弋支切《集韵》《韵会》余支切,并音移。訑訑,自得貌。又浅意也。亦作訑。又《玉篇》达可切《广韵》徒可切《集韵》待可切,并驼上声。轻也。又欺罔也。或作詑、詷。

◎《汉语大字典》解释

《广韵》徒河切,平歌,定。

《广韵》土禾切,平戈,透。

欺骗。

注:谩 mán,《说文》:"欺也。"

语 yǔ,《说文》:"论也",即辩论,论说之意。《礼杂记》:"三年之丧,言而不语。"《注》:"言,自言已事也。语为人论说也。"

訑

《玉篇》弋支切。《集韵》、《类篇》余支切。《正韵》延支切,并音移。"訑訑",自得貌。又,浅意也。《孟子》:"訑訑之声音颜色,拒人千里之外。"《注》:"自足具智,不嗜善言之貌。"

综上所述,"謚訑"即说大话,自得,欺谩他人。

黑 hēi 西部方言读入声[ɕɤʔ]。

◎释义

方言中,许多词语都是以"黑"加叠音词缀构成新词。叠音词缀本身都有词义,而不仅仅是语音的重叠。所以,正确的方言词书写,都有据可查。下面列举部分常被写错的词语的正确写法,并考证。

注:黑,在以下词语中都读入声,不再一一标注。

黑楂楂　hēichāchā

◎**释义**

胡子浓密粗硬。

◎**《汉语大词典》解释**

形容胡子浓密粗硬。

杜鹏程《在和平的日子里》第三章："老阎用力地吸了一口气,左手扼着黑楂楂的下巴。"

楂

◎**《汉语大词典》解释**

(1)树木砍伐后残留的根株。

①前蜀·贯休《山居诗》之十四："葛苞玉粉生香垄,菌簇银钉满净楂。"

②《农桑辑要·栽桑·接废树》："掘土见根……将周围根楂,细锯子截成砧盘,每一砧盘,或劈接,或插接二三接头。"

(2)指农作物收割后遗留的根茎。

杨朔《三千里江山》第十六段："地里雪化了,露出旧年的陈庄稼楂。"

(3)短而硬的头发或胡子。多指剪落的、剪而未尽的或刚长出来的。

黑洞洞　hēidòngdòng

◎**释义**

很暗。

◎**《汉语大词典》解释**

形容黑暗。

①元·刘致《满庭芳·自悟》曲："白茫茫蓝桥水溮,黑洞洞袄庙云缄。"

②《醒世恒言·李道人独步云门》："岂知穴底黑洞洞的,已是不见一些高低。"

③马烽、西戎《吕梁英雄传》第二六回："进门一看，窑里黑洞洞的，叫了两声也没人答应。"

洞洞

◎《汉语大词典》解释

混沌无形貌。

黑龊龊　hēichuòchuò

◎《汉语大词典》解释

形容黑而肮脏。

《英烈传》第六六回："忽有两个狐狸，黑龊龊的毛片，披披离离，若啼若哭，从内宫内殿直跑上金交椅边。"

龊龊

◎《汉语大词典》解释

拘谨貌；谨小慎微貌。

①《史记·货殖列传》："而邹鲁滨洙泗，犹有周公遗风，俗好儒，备于礼，故其民龊龊。"

②《新唐书·杜牧传》："牧刚直有奇节，不为龊龊小谨，敢论列大事，指陈病利尤切至。"

③明·李诩《戒庵老人漫笔·张罗峰》："故其建立，殊自伟然，不龊龊于末世局面。"

④陈三立《吴董卿大令在扬州见余近句有诗相及赋此酬之》诗："写忧龊龊拈吟笔，偶尔流传江海间。"

黑黜黜　hēichùchù

◎**释义**

黑暗。

◎《汉语大词典》解释

黑貌。

欧阳山《高干大》第二三章："豹子沟那时候也跟现在同样静悄悄

地,黑黢黢地伏在自己的脚底下。"

黢

◎《新华字典》解释

从黑,出声。本义:黑暗。

黑黢黢:"黑暗。"

黑簇簇　hēicùcù

◎释义

(1)形容物体黑而色暗。

如:"这块布料黑簇簇的,不好看。"

(2)光线昏暗。

如:"那条街黑簇簇的,我一个人不敢走。"

◎《汉语大词典》解释

(1)形容暗黑的物体成堆成团成丛。

①朱自清《毁灭》:"在风尘里老了,在风尘里衰了,仅存的一个懒恹恹的身子,几堆黑簇簇的影子!"

②茅盾《当铺前》二:"桥背后就有黑簇簇的房屋,这就是镇市梢。"

③王统照《刀柄》:"眼全花了,只是恍惚中有若干黑簇簇的肉丸在雪地上打架。"

(2)形容光线暗弱。

簇簇

◎《汉语大词典》解释

(1)一丛丛;一堆堆。

①唐·白居易《开元寺东池早春》诗:"池水暖温暾,水清波潋滟。簇簇青泥中,新蒲叶如剑。"

②《红楼梦》第二九回:"到了初一这一日,荣国府门前车辆纷纷,人马簇簇。"

(2)丛列成行貌。

唐·王建《横吹曲辞·陇头水》:"陇东陇西多屈曲,野麋饮水长簇簸。胡兵夜回水傍住。忆着来时磨剑处。"

（3）衣衫鲜明整洁貌。

《醒世恒言·两县令竞义婚孤女》："赵二在澡堂内洗了个净浴，打扮得帽儿光光，衣衫簸簸，自家提了一碗灯笼前来接亲。"

注："黑簸簸"，也说成"黑不簸簸"。词义不变。

黑忿忿 hēifènfèn

◎释义

因生气而板着脸；因发怒而不理人或故意刁难。

如：①"他跟谁吵架啦？脸黑忿忿的？"

②"你找他办公事，好像你求他哩，脸黑忿忿的，理也不理。"

忿忿

◎《汉语大词典》解释

愤怒不平貌。

①《汉书·戾太子刘据传》："太子进则不得上见，退则困于乱臣，独冤结而亡告，不忍忿忿之心，起而杀充，恐惧逋逃。"

②汉·阮瑀《为曹公作书与孙权》："以是忿忿，怀惭反侧。"

③《醒世恒言·灌园叟晚逢仙女》："众女子留之不住……十八姨忿忿向东而去。"

④茅盾《搬的喜剧》："他拿出两毛钱来丢给那女仆，忿忿地说：'随你去买点什么！'"

黑浸浸 hēijìnjìn

◎释义

多形容头发黑，也用来形容眼睛黑。

如："那老汉快70岁了，头发黑浸浸的。"

◎《汉语大词典》解释

乌黑光亮貌。

①周立波《山乡巨变》上十一："她的稠密的黑浸浸的头发，衬着太

阳照映的金黄的稻草,显得越发黑亮了。"

②康濯《腊梅花·徐淮平原的白天黑夜》:"红嫩嫩的脸蛋,黑浸浸的眼睛,漂亮结实当中稍稍显得有点儿文弱。"

浸浸

◎《汉语大词典》解释

形容程度深。

①唐·尚颜逸句:"浸浸三楚白,渺渺九江寒。"

②宋·无名氏《异闻总录》卷一:"(萧注)得疾甚危殆,浸浸昏塞,不闻喘息声。"

③明·袁宏道《过吴戏东江进之》诗:"少年作客时,浸浸慕官长。"

④瞿秋白《饿乡纪程》八:"领略一回天然的美,可是寒意浸浸,鼻息都将。"

黑灵灵　hēilínglíng

◎释义

眼睛乌黑水灵。

◎《汉语大词典》解释

乌黑灵活。

曾毓秋《三月清明》一:"阿虹妹仔那双黑灵灵的眼睛只是从左跟到右,手也在一捏一捏的。"

黑胧胧　hēilónglóng

◎释义

天色灰暗,天不亮。

如:"要下雪啦,早上7点啦,天还黑胧胧的。"

◎《汉语大词典》解释

天色朦胧不明貌。

①《水浒后传》第十四回:"方走下峰来,下面还是黑胧胧的。"

亦作"黑眬眬"。

②刘半农《隔壁阿姐你为啥面皮黄?》:"我朝起起来黑眬眬里就要上工去,夜里家来还要替别人家洗衣裳。"

眬

◎《新华字典》解释

〔朦胧〕

(1)月光不明;

(2)不清楚,模糊。

黑黢黢　heiqūqū

◎释义

形容非常黑。

如:①"天黑黢黢的,他就下地了。"

②"脸晒得黑黢黢的。"

◎《汉语大词典》解释

形容很黑:"深夜,屋外黑黢黢的,什么也看不见。"

黢

◎释义

形容黑。

如:"黢黑""黑黢黢"。

黑森森　hēisēnsēn

◎释义

阴森,可怕。

如:"棺材刷得黑森森的,怕人。"

◎《汉语大词典》解释

形容黑暗阴森。

①郭沫若《我的童年》第一篇六:"路上黑森森的树木都好像活着的魔鬼一样向你袭来,只是使你毛骨悚然。"

②曹禺《北京人》第一幕:"他们要等不及,请他们把棺材抬走,黑

森森的棺材摆在家里我还嫌闷气呢。"

③魏巍《谁是最可爱的人》:"我仔细一瞧,黑森森的,是一个山洞。"

④刘白羽《火》:"哪里还有我的家,只剩下黑森森三个大炸弹坑。"

森森

◎**《汉语大词典》解释**

幽暗貌。

①五代·齐己《短歌寄鼓山长老》诗:"行围坐绕同一色,森森影动旃檀香。"

②朱自清《桨声灯影里的秦淮河》:"森森的水影,如黑暗张着巨口,要将我们的船吞了下去。"

③刘白羽《珍珠》:"树影森森,水声潺潺。"

黑糁糁　hēishēnshēn

◎**释义**

皮肤黑而粗糙。

如:"那后生皮肤黑糁糁的。"

◎**《汉语大词典》解释**

形容皮肤黧黑。

①《儿女英雄传》第二八回:"一个高挑身子,生得黑糁糁儿的一个圆脸盘儿。"

②李劼人《大波》第二部第二章:"刘阴西不由得笑了起来,黑糁糁的宽皮大脸上显得满是皱纹。"

③康濯《东方红》第二章:"这刚来的人三十多岁,光头,笨脸,大手大脚,脑门子又短又窄,皮肉黑糁糁的。"

糁

◎**《汉语大词典》解释**

(1)粉滓;麻子(即芝麻)榨油后之枯滓。

元·许有壬有《糁曲》诗。明李时珍《本草纲目·谷一·胡麻》:

"此(麻枯饼)乃榨去油麻滓也,亦名麻糁(音辛)。荒岁人亦食之,可以养鱼肥田。"

(2)凝结的粥块。

清·李调元《卍斋琐录》卷七:"凡粥凝曰糁。"

糁糁

◎《**汉语大词典**》**解释**

犹粒粒,颗颗。

①宋·范成大《题蜀果图·木瓜》诗:"沉沉黛色浓,糁糁金沙绚。"

②明·张煌言《重过桃渚》诗:"苔衣糁糁髯偏美,石磴鳞鳞齿未齐。"

③清·曹寅《和孙子鱼〈食荠〉诗寄二弟》之一:"异乡频举箸,糁糁对梅英。"

黑腾腾　hēiténgténg

◎**释义**

昏暗、颜色发黑的样子。

如:"那家工厂整日排放黑腾腾的浓烟。"

◎《**汉语大词典**》**解释**

(1)形容黑气很盛。

①《水浒传》第四二回:"祇见神厨里卷起一阵恶风,将那火把都吹灭了,黑腾腾罩了庙宇。"

②萧殷《桃子又熟了》:"市区的空际不断地卷起黑腾腾的烟。"

(2)形容密集或大片的东西。

①张天翼《大林和小林》第十七章:"他往前面一看,就见一个黑腾腾的大东西,像一座大山崩倒了似的往这边滚来。"

②杜鹏程《年青的朋友·难忘的摩天岭》:"它全身披着黑腾腾的森林。"

腾腾

◎《**汉语大词典**》**解释**

形容某种情状达到厉害的程度。

①唐·李绅《忆汉月》诗:"燕子不藏雷不蛰,烛烟昏雾暗腾腾。"

②宋·周邦彦《醉桃源》词:"情黯黯,闷腾腾,身如秋后蝇。"

③元·无名氏《冯玉兰》第一折:"掩篷窗且捱过了今宵时分,不觉的困腾腾越减精神。"

④明·谢谠《四喜记·梦后伤怀》:"你为何困腾腾昼不醒,闷恹恹宵废眠。"

⑤《二十年目睹之怪现状》第九八回:"依晚生看来,莫某人还不至于此;不过头巾气太重,有点迂腐腾腾的罢了。"

黑魆魆　hēiwèiwèi

◎**释义**

形容黑暗。

如:"洞里黑魆魆的,什么也看不见。"

◎《**汉语大词典》解释**

(1)形容黑暗无光。

①《西湖二集·天台匠误招乐趣》:"老妪拖了张漆匠,携手走进一个小门之中,并无一点灯光,黑魆魆的。"

②清·李渔《风筝误·惊丑》:"偏是今夜又没有月色,黑魆魆的,不知他立在那里。"

③杨朔《三千里江山》第七段:"站上黑魆魆的,见不到一盏红灯绿灯。"

(2)颜色发黑。

①《水浒传》第十四回:"晁盖推开门,打一看时,只见高高吊起那汉子在里面,露出一身黑肉,下面抓扎起两条黑魆魆毛腿,赤着一双脚。"

②魏巍《东方》第三部第十四章:"但江心的激流,却翻滚着黑魆魆的波浪。"

(3)形容密集的人。也形容密集或大片的东西。

①《二十年目睹之怪现状》第六八回："抬眼望进去,里外灯火,已是点的通明,仿佛看见甬道上,黑魆魆地站了不少人。"

②王西彦《曙》："我看见在两间小小的棚铺里,挤满了黑魆魆的人。"

魆魆

◎**《汉语大词典》解释**

暗暗,悄悄。

注:"黑魆魆"也说成"魆黑"。

魆黑　wèihēi

◎**《汉语大词典》解释**

魆黑,如漆黑。《红楼梦》第三四回:"满屋魆黑,并未点灯。"

黑乌乌　hēiwūwū

◎**释义**

乌黑。

◎**《汉语大词典》解释**

乌黑貌。

①《初刻拍案惊奇》卷三一:"丢儿下厨房去盛饭,都是黑乌乌的,闻也闻不得,那里吃的!"

②魏巍《火线春节夜》:"阵地上,山草燃烧过的地方,还是黑乌乌的。"

③杜鹏程《平常的女人》:"她身边的大江里,停泊着许多黑乌乌的木船,黑森森。"

乌

◎**《新华字典》解释**

黑色的。

黑鸦鸦　hēiyāyā

◎**释义**

(1)形容人或鸟兽多。

如:①"人群黑鸦鸦的。"

②"一群蚂蚱黑鸦鸦地飞过来。"

(2)光线黑暗。

如:"洞里黑鸦鸦的,伸手不见五指。"

◎**《汉语大词典》解释**

(1)形容头发乌黑浓密。

①《红楼梦》第二四回:"那丫头穿着几件半新不旧的衣裳,倒是一头黑鸦鸦的好头发。"

②清·二石生《十洲春语》卷上:"对纤品,如挽黑鸦鸦鬓儿。"

③巴金《春》二:"淑英的一头黑鸦鸦的浓发在冷月的清辉下面完全披开来,是那么柔软。"

(2)形容人多而密集。

①陈登科《活人塘》二:"薛陆氏抬起头来,望望两丈多宽的公路上,过着黑鸦鸦的民工队,一眼望不到头。"

②知侠《铺草》:"前边一排是咱们的战士,后边黑鸦鸦都是些没带枪的人拥挤着过来。"

(3)形容黑暗无光。

①周立波《暴风骤雨》第二部六:"再把木板子揭开,露出一个黑鸦鸦的大窟窿。"

②柯岩《快活的小诗·通条通条不见啦》:"一个洞儿深又深,望来望去黑鸦鸦。"

鸦鸦

◎**《汉语大词典》解释**

形容密集而呈黑色的东西。

①《全元散曲·十二月过尧民歌》:"一个青鸦鸦门栽五柳,一个虚飘飘海内云游。"

②王占君《大漠恩仇》第十一回:"共有二百多人参加,操场上也坐了黑鸦鸦一片。"

③《新华月报》1979 年第 5 期:"我看着台下的鸦鸦人头,一张张

激愤不已的脸,一双双躲闪的眼光,一排排稚气的却又充满仇恨的小脸蛋,我,我该揭发什么啊。"

黑压压 hēiyāyā
◎**释义**
人或物多而密集。
如:"天上的乌云黑压压的,暴雨要来啦。"
◎**《汉语大词典》解释**
形容人、物密集而多或成片。
①《红楼梦》第四九回:"大家来至王夫人上房,只见黑压压的一地。"
②《儿女英雄传》第十一回:"只见黑压压的树木丛杂,烟雾弥漫,气象十分凶恶。"
③巴金《春》十一:"周氏的房里黑压压地挤满了一屋子的人,空气很紧张。"

压压
◎**《汉语大词典》解释**
密集貌;盈满貌。
①《金瓶梅词话》第六五回:"(黄太尉)人马过东平府,进清河县,县官们压压跪于道傍迎接。"
②高凤阁《垫道》:"装砖的时候,不管怎说吧,人多是好干活,不大工夫就装了压压一车。"

黑暗暗 hēiànàn hēiyǎnyǎn
◎**释义**
(1)黑暗貌;昏暗貌。
(2)暗中,无形之中。
◎**《汉语大词典》解释**
色彩暗貌。

南朝梁·陶弘景《冥通记》卷一:"从者唯三人,衣色黑晻晻不可别。"

1.晻晻　ànàn

◎**《汉语大词典》解释**

(1)黑暗貌;昏暗貌。

①汉·蔡邕《愁霖赋》:"瞻玄云之晻晻兮,听长空之淋淋。"

②南朝梁·陶弘景《冥通记》卷一:"其夕三更中,复闻一人扣户云:'范帅来!'未应已进……从者唯三人,衣色黑晻晻不可别。"

③唐·储光羲《晚次东亭献郑州宋使君文》诗:"霏霏渠门色,晻晻制岩光。"

(2)暗中,无形之中。

《世说新语·识鉴》"王夷甫亦叹云:'公暗与道合。'"刘孝标注引晋袁宏《名士传》:"王夷甫叹涛'晻晻为与道合,其深不可测'。"

(3)抑郁貌。

《楚辞·刘向〈九叹·逢纷〉》:"心怊怅以永思兮,意晻晻而自颓。"

洪兴祖补注:"晻,乌感切。"

2.晻晻　yǎnyǎn

◎**《汉语大词典》解释**

日无光。

①《楚辞·刘向〈九叹·惜贤〉》:"执契契而委栋兮,日晻晻而下颓。"

洪兴祖补注:"晻音奄,日无光也。"

②《玉台新咏·古诗〈为焦仲卿妻作〉》:"晻晻日欲暝,愁思出门啼。"

黑缁缁　hēizīzī

◎**释义**

形容很黑,带有贬义。

如:"板凳油漆得黑缁缁的,不好看。"

◎《汉语大词典》**解释**

黑黑的样子。

清·李渔《奈何天·巧怖》:"把一个黑缁缁寻常的阿姬,变了个白皎皎可人的娇丽。"

缁

◎《汉语大词典》**解释**

(1)黑色。

①《论语·阳货》:"不曰白乎? 涅而不缁。"

②《周礼·考工记·钟氏》:"三入为纁,五入为緅,七入为缁。"郑玄注:"染纁者,三入而成……又复再染以黑,乃成缁矣。"

③唐·孟郊《劝友》诗:"至白涅不缁,至交淡不疑。"

④清·方文《润州访王望如广文》诗:"昭质如冰雪,微官尘岂缁。"

(2)引申作染黑。

①宋·谢惠连《白鹭赋》:"表弗缁之素质,挺乐水之奇心。"

②宋·曾巩《茅亭闲坐》诗:"尘埃缁冠盖,霜露泫衣衿。"

(3)指黑色僧服。亦指僧侣或作僧侣。

①唐·崔琪《唐少林寺灵运禅师塔碑》:"会舅氏掾于高平,而上人遂缁于此郡。"

②宋·范成大《麻线堆》诗:"岂吾金闺彦,不如林下缁。"

③明·高启《答衍师见赠》诗:"披缁别家人,欲挽首屡掉。"参见"缁衣"。

黑滋滋　hēizīzī

◎**释义**

形容黑。

◎《汉语大词典》**解释**

①范乃仲《小技术员战服神仙手》:"升级身高五尺,黑滋滋的脸膛。"

②茅盾《故乡杂记·半个月的印象》:"盐是不可能少的,可是那些

黑滋滋像黄沙一样的盐却得五百多钱一斤。"

黑圪嶗 hēigélào 圪,西部方言读入声[kɤˀ]。

◎**释义**

黑暗的角落。

如:"狗躲在黑圪嶗里不敢出来。"

注:"黑圪嶗"在《汉语大词典》中写作"黑阁落"。

黑阁落 hēigéluò

◎**《汉语大词典》解释**

谓屋角暗处。

①元·关汉卿《玉镜台》第四折:"你在黑阁落里欺你男儿。"

②元·王实甫《西厢记》第二本第三折:"黑阁落甜话儿将人和,请将来着人不快活。"

注:"黑阁落","黑圪嶗",其中,"阁,圪"在普通话中读音只是声调不同,西部方言"阁""圪"都读作入声。"落"也读作lao。

圪嶗 gélào

◎**《现代汉语词典》解释**

方言。角落(也用于地名):炕圪嶗;国家圪嶗。

圪里圪嶗 gélǐgélào

◎**《汉语大词典》解释**

到处;各个角落。

王老九《进西安诗》:"进西安,整八天,圪里圪嶗都新鲜。""大路修得平坦坦,电灯光亮没夜晚。"

旮旯 gālá

◎**《汉语大词典》解释**

(1)方言。角落。

①《儿女英雄传》第二七回:"解扣松裙,在炕旮旯里换上。"

②魏巍《东方》第四部第五章:"不用我,把我放到墙旮旯里,我也不埋怨。"

③袁静《伏虎记》第十七回:"徐青山……气得又不说话了,蹲在墙旮旯里抽闷烟。"

(2)方言。指狭窄偏僻的地方。

李劼人《天魔舞》第二九章:"他要我同他去,好家伙! 他还想缠住我,我咋会去那旮旯呢?"

(3)方言。地方;处所。

①董均伦、江源《聊斋汉子》:"他想非选个福态相的白面书生不可……一旮旯都说遍了。王老头就是没挑着个合适的。"

②董均伦、江源《聊斋汉子》:"场上圆旮旯都堆上柴禾。"

黑不隆冬　hēibùlóngdōng

◎**释义**

黑暗,不明亮。

如:"地里黑不隆冬的,甚也看不见。"

"黑不隆冬"也说成"黑古隆咚"。

黑古隆咚　hēigǔlóngdōng

◎**《汉语大词典》解释**

形容很黑暗;颜色深黑。

①赵树理《三里湾·放假》:"她来得最早,房子里还没有一个人,黑古隆咚连个灯也没有点。"

②浩然《艳阳天》第五四章:"院子里黑古隆咚,什么都看不清楚。"

亦作"黑古隆冬"。

③管桦《井台上》:"儿子媳妇、孙子媳妇,黑古隆冬就下地。"

④周立波《暴风骤雨》第一部六:"他在说起黑瞎子。他说:'那玩意儿,黑古隆冬的,力气可不小。'"

注:在现代汉语中,以"黑古"开头的词语有:

"黑古东、黑古董、黑古笼冬、黑古隆冬、黑古隆咚、黑古龙冬。"只是记录"lóng dōng",用了不同的汉字,词义相同。

黑古董
◎《汉语大词典》解释

亦作"黑古东"。黑暗,不明亮。

明·沈榜《宛署杂记·民风二》:"不明亮曰黑古董。"

朱自清《中国歌谣》二引《香炉经》:"晌午烧香正当午,贤德媳妇劝丈夫。黑了烧香黑古东,贤德媳妇敬公公。"

黑了　hēilē
◎释义

(1)夜晚。

(2)赖账,骗钱。

如:"说好工钱100元,他只给80元,黑了我20元。"

◎《汉语大词典》解释

方言。犹夜晚。

巴金《小人小事·猪与鸡》:"你怕人偷,你黑了抱着睡觉好啦。"

艾芜《端阳节》二:"老幺呢? 这阵黑了还不见邀牛回来。"

黑不楞敦　hēibùléngdūn
◎释义

又黑又壮。

如:"那小后生,长得黑不楞敦。"

◎《汉语大词典》解释

方言。形容黑而粗壮。

姚雪垠《李自成》第二卷第四十章:"在她们中间,有的想着这个敢挥剑杀人的女豪杰必定是一个膀宽腰圆,黑不楞敦的母夜叉。"

黑黝黝　hēiyǒuyǒu

◎**释义**

又黑又亮。

◎**《汉语大词典》解释**

(1)黑得发亮。

①《歧路灯》第六三回:"杠夫一声喊,黑黝黝棺木离地。"

②田汉《南归》:"她有一双弯弯的眉,又大又黑的眼睛,还有一头黑黝黝的波浪似的好头发吗?"

③魏巍《东方》第六部第四章:"他一看那位少尉排长,脸孔黑黝黝的。"

(2)光线昏暗,看不清楚。

①曹禺《雷雨》第三幕:"闪光过去,还是黑黝黝的一片。"

②陈残云《山谷风烟》第十章:"夜渐深,黑黝黝的天空闪着繁星。"

(3)形容人、物密集而多或成片。

①陆俊超《三个小伙伴》:"这时,陈坚突然看到矿井上涌现出一群黑黝黝的人。"

②峻青《黎明的河边·潍河上的春天》:"瞧!北面不远的那个黑黝黝的大庄子,不是马家围子吗?"

黝黝

◎**《汉语大词典》解释**

黑盛貌。

①《宋书·乐志二》:"闷宫黝黝,复殿微微。"

②宋·苏辙《登真兴寺楼赋》:"日将入而山阴兮,天黝黝而茫茫。"

③清·许承钦《夏仲自正觉寺游佛峪遂登龙洞山绝顶》诗:"粼粼九曲沟,黝黝玄龟石。"

黑油油　hēiyóuyóu

◎**释义**

又黑又亮。

◎《**汉语大词典**》**解释**

黑得发亮。

①《儒林外史》第四二回:"自己扯开裤脚子,拿出那一双黑油油的肥腿来搭在细姑娘腿上。"

②《红楼梦》第一〇一回:"由不得回头一看,祇见黑油油一个东西在后面伸着鼻子闻他呢。"

③古华《芙蓉镇》第一章:"白胖富态、脑后梳着黑油油独根辫子的媳妇也是北方下来的。"

油油

◎《**汉语大词典**》**解释**

形容浓密而饱满润泽。

①《尚书大传》卷二:"(微子)乃为麦秀之歌曰:'麦秀渐渐兮,禾黍油油。'"

②晋·束晰《补亡诗·南陔》:"循彼南陔,厥草油油。"

③唐·卢纶《送从叔牧永州》诗:"郡斋无事好闲眠,粳稻油油绿满川。"

④清·孙枝蔚《马食禾代田家》诗:"禾黍正油油,何人放马上陇头。"

黑鬒鬒　hēizhěnzhěn

◎**释义**

头发乌黑浓密。

◎《**汉语大词典**》**解释**

形容头发乌黑稠密。

《水浒传》第四四回:"黑鬒鬒鬓儿,细弯弯眉儿。"

◎《**重编国语辞典**》**解释**

形容头发乌黑浓密。

《红楼梦·第二四回》:"那丫头穿着几件半新不旧的衣裳,倒是一头黑鬒鬒的好头发,挽着个鬓,容长脸面,细巧身材,却十分俏丽干净。"

鬒

◎《汉语大字典》解释

头发黑而密。

黑青 hēiqīng

◎释义

(1)深青色。

(2)瘀青。

如:"腿上有两块黑青。"

◎《汉语大词典》解释

深青色;黑里透青。

①《儿女英雄传》第二六回:"纵说你玉洁冰清,于心无愧,究竟起来,到底要算一块温润美玉多了一点黑青;一方透亮净冰着了一痕泥水。"

②姚雪垠《长夜》九:"王三少脸上带着一种沮丧神情,颜色比往日还要黑青,非常难看。"

③王汶石《风雪之夜》:"他的脸庞瘦削而黑青。"

齁瘚 hōujué 瘚,西部方言读作入声[tɕyə²]。

◎释义

咳嗽;气短。

如:"他是老肺气肿。一到冬天就齁瘚气喘。"

齁

◎《新华字典》解释

哮喘病。如:齁齁鼽鼽(喘急的样子)。

◎《汉语大词典》解释

(1)熟睡时的鼻息声。

(2)指熟睡打鼾。

（3）哮喘。参见"齁声"。

瘚

◎《**汉语大词典**》解释

《广韵》居月切，入月，见。病名。气逆。

《急就篇》卷四："疝瘕瘚痛痿湿病。"

颜师古注："瘚者，气从下起，上行叉心胁也。"

注："瘚"常误写为"局"。

局　jú

◎《**新华字典**》解释

（1）腰背弯曲，曲屈。如：跼蠼（蜷曲不伸的样子）；跼局（局缩，蜷曲）；局缩（蜷缩伛偻的样子）；局影（蜷缩其身体，藏身）。

（2）拘束，困处。如：局束（拘束）；局蹙（窘迫不安的样子）；局骥（身受约束的良马，喻不能发挥才能）。

（3）小心翼翼。如：局顾（观望不前）；局躅（徘徊不前）；局踏（惶恐）；局跽（惶悚不安的样子）；局迹（谨慎小心的样子）。

齁喽　hōulōu　齁，西部方言中读儿化音 hōur。

◎**释义**

气喘。常用词：齁喽气喘，齁喽气短。

◎《**汉语大词典**》解释

哮喘声。

刘亚舟《男婚女嫁》第三章："（庄大嫂子）一到冬天就齁喽气喘的。"

注：常误写为"喉喽"。

忽剌孩　hūláhái

◎**释义**

盗贼。

◎《**汉语大词典**》解释

亦作"忽剌海"。蒙古语,盗贼。

①元·关汉卿《哭存孝》第一折:"若说我姓名,家将不能记。一对忽剌孩,都是狗养的。"

②明·无名氏《精忠记》第三出:"我们委将实是乖,惯吃牛肉不持斋。孩子都在马上养,长大都做忽剌孩。"

③明·黄元吉《流星马》第二折:"强盗忽剌海,走到那里去?将皮条缚了,见俺万岁去!忽剌海!忽剌海!"

忽剌盖　hūlàgài
◎释义
骗子。
如:"那是个忽剌盖,小心上当。"

忽剌把戏　hūlàbāxì
◎释义
突然。
如:"将将(刚刚)日头红红的,忽剌把戏的下起雨啦。"
注:《汉语大词典》收词条"忽剌八",与"忽剌把戏"同义。

忽剌八　hūlàbā
◎**《汉语大词典》解释**
"忽剌八"亦作"忽喇叭",亦作"忽剌巴儿"。
突然;无端。

①元·无名氏《云窗梦》第三折:"忽剌八梦断碧天涯,空没乱无情无绪。"

②《金瓶梅词话》第七三回:"一个相府内怀春女,忽剌八抛去也,我怎肯恁随邪,又去把墙花乱折!"

③《红楼梦》第十六回:"忽剌巴儿的打发个屋里人来,原来是你这个蹄子闹鬼。"

横顺　héngshùn

◎**释义**

横竖。引申为反正。

如："我横顺就不那么办。"

◎**《汉语大词典》解释**

(1)犹纵横。

①萧红《看风筝》："老人的眼泪在他的有皱纹的脸上爬,横顺地在黑暗里爬,他的眼泪变成了无数的爬虫了。"

②克非《春潮急》三十："锅巴胡子是张长颈的干儿,张长颈又是伪乡长龙歪嘴的亲家,两人在横顺几十里的地盘内,都是吃得开的。"

(2)犹横竖,反正。表示肯定。

哼咄　hēngduō

◎**释义**

呵斥。

如："你哼咄谁哩?"

哼

◎**《新华字典》解释**

发喷鼻息声以表示轻蔑、愤怒或惊讶。如:哼喝(呵斥);轻蔑地哼了一声。

咄

◎**《新华字典》解释**

本义:呵叱声。

注:"哼咄"的近义词为"呵咄"。

呵咄　hēduō

◎**释义**

怒斥。

◎**《汉语大词典》解释**

大声斥责;吆喝。

①唐·陆龟蒙《奉酬袭美先辈吴中苦雨一百韵》:"而我正萎瘶,安能致呵咄?"

②宋·司马光《出都日途中成》诗:"徐驱款段马,放辔不呵咄。"

注:"哼咄"常误写为"横咄"。

横 hèng

◎《**新华字典**》**解释**

凶暴,不讲理;蛮横;强横;横暴;横蛮。

哼喝 hēnghè

◎《**汉语大词典**》**解释**

犹呵斥。

丰子恺《缘缘堂随笔·儿女》:"这在当时实在使我不耐烦,我不免哼喝他们,夺脱他们手里的东西,甚至批他们的小颊。"

红耿耿 hónggěnggěng

◎**释义**

形容太阳炙热。

如:"大中午,日头红耿耿的,小心中暑。"

耿耿

◎《**汉语大词典**》**解释**

(1)明亮貌。

①《文选·谢朓〈暂使下都夜发新林至京邑赠西府同僚〉诗》:"秋河曙耿耿,寒渚夜苍苍。"

李善注:"耿耿,光也。"

②唐·韩愈《利剑》诗:"利剑光耿耿,佩之使我无邪心。"

③宋·苏轼《十一月九日,夜梦与人论神仙道术,因作一诗八句。既觉,颇记其语,录呈子由弟。后四句不甚明了,今足成之耳》诗:"照夜一灯长耿耿,闭门千息自蒙蒙。"

④明·方孝孺《郑氏四子加冠祝辞》:"日之方升,其辉耿耿。愈进

而崇,无物不炳。"

⑤《红楼梦》第四五回:"秋花惨淡秋草黄,耿耿秋灯秋夜长。"

(2)上升貌。

①南朝梁·庾肩吾《侍宴饯张孝总应令》诗:"层台临回涨,耿耿晴烟上。"

②前蜀·贯休《夜夜曲》:"孤烟耿耿征妇劳,更深扑落金错刀。"

(3)高远貌。

南朝梁·何逊《日夕望江山赠鱼司马》诗:"日夕望高城,耿耿青云外。"

◎《**现代汉语词典**》**解释**

明亮。如:"耿耿银河。"

煳巴　húbā

◎**释义**

锅里水没了,食物煳了,粘锅。

如:"快关火,锅煳巴了。"

煳

◎《**现代汉语词典**》**解释**

食品经火变焦发黑;衣物等经火变黄、变黑。

如:"馒头烤煳了。"

注:现多用"糊"。

◎《**汉语大词典**》**解释**

食品经火变焦发黑;衣物等经火变黄变黑。

①《金瓶梅词话》第四一回:"俺们一个一个只像烧煳了卷子一般,平白出去,惹人家笑话。"

②魏巍《东方》:"妈,你把饼吹煳了。果然,锅里冒烟。满屋的煳味。"

巴

◎《**新华字典**》**解释**

(1)黏结着的东西:"泥巴""锅巴"。

（2）粘贴，依附在别的东西上："饭巴锅了""巴结别人"。

花狸狐哨　huālíhúshào

◎**释义**

（1）颜色华美纷杂，含有轻贬之意。

如："她每天打扮得花狸狐哨的。"

（2）花言巧语，人不实在。

如："那家伙花狸狐哨的，它的话信不的。"

◎《**汉语大词典**》**解释**

亦作"花里胡哨"，亦作"花里胡绍"，亦作"花丽狐哨"，亦作"花黎胡哨"。

（1）形容颜色错杂、艳丽。现多用于贬义。

①《西游记》第十二回："我家是清凉瓦屋，不像这个害黄病的房子，花狸狐哨的门扇！"

②《老残游记续集遗稿》第一回："墙上的画年代也很多，所以看不清楚，不过是些花里胡绍的人物便了。"

③老舍《四世同堂》六九："大赤包无论在什么时节都打扮得花狸狐哨吗？"

④杜鹏程《保卫延安》第三章："眨眼工夫，他那身蓝臻臻的衣服，倒让泥染得花里胡哨了。"

（2）引申指花色繁多。

杜鹏程《保卫延安》第二章："样子是花里胡哨，内容却只有一个——欢迎新战士。"

（3）形容花言巧语，耍弄花招。

①《金瓶梅词话》第二十回："他自吃人在他跟前那等花丽狐哨，乔龙画虎的，两面三刀哄他，就是千好万好了。"

②《金瓶梅词话》第七二回："你做奶子，行奶子的事，许你在跟前花黎胡哨，俺每眼里是放的下砂子底人。"

◎《**重编国语辞典**》**解释**

(1)颜色华美纷杂,含有轻贬之意。

《西游记》第一二回:"我家是清凉瓦屋,不像这个害黄病的房子,花狸狐哨的门扇。"亦作"花丽狐哨"。

(2)举止轻佻,言语慧黠。亦作"花丽狐哨"。

花胡哨 huāhúshào

◎**释义**

同"花狸狐哨"词义(2)"花言巧语"。

◎**《汉语大词典》解释**

花言巧语;虚情假意的敷衍。

①明·沈璟《桃符记》第二折:"咱两个显妖邪索使些花胡哨,他那里气昂昂仗剑提刀。"

②《白雪遗音·马头调·双双对对》:"大驾光临,怎么敢劳,无奈何,结他一个花胡哨。"

③《红楼梦》第三五回:"便是有事缠住了,他必定也是要来打个花胡哨。"

④茅盾《霜叶红似二月花》五:"我想,你到底是在人家做人……你到底也出去打个花胡哨,应个景儿,也是好的。"

滑擦 huácā

◎**释义**

泥泞;打滑。

如:"下雨啦,路滑擦的。"

◎**《汉语大词典》解释**

打滑。

元·王伯成《哨遍·项羽自刎》套曲:"手拘束难施展,足滑擦岂暂停。"

◎**《汉语辞海》解释**

清代速度滑冰运动。着特别溜冰鞋在冰上滑行。清·潘荣陛《帝京岁时纪胜·冰床·滑擦》:"冰上滑擦者,所著之履皆有铁齿,滑行冰上,如星驰电掣,争先夺标取胜名曰'溜冰'。都人于各城外护城河下,群聚滑擦,往还亦以拖床代渡。"

注:方言中有"打擦滑儿"一词。

打擦滑儿　dǎcāhuár
◎**释义**
不穿冰鞋溜冰。

话拉拉儿　huàlālār
◎**释义**
爱说话的。
◎**《新华字典》解释**
指说话没完没了的人。
◎**《汉语大词典》解释**
指说话没完没了的人。
《儿女英雄传》第二二回:"你有本事醒一夜。他可以合你说一夜。那是我们家有名儿的夜游子,话拉拉儿。"

花麻调嘴　huāmádiàozuǐ
◎**释义**
油嘴滑舌,强词夺理。
如:"那小子花麻调嘴的,没理也要搅三分。"
◎**《汉语大词典》解释**
犹言花言巧语。
①明·无名氏《南极登仙》第三折:"你则老实说,我那里晓的这等花麻调嘴。"亦作"花马掉嘴"。
②《红楼梦》第六五回:"你不用和我花马掉嘴的! 咱们'清水下杂面,你吃我看'。"

③孙犁《白洋淀纪事·藏》:"你不用和我花马掉嘴,你好好地告诉我没事!"

调嘴

◎**《汉语大词典》解释**

耍嘴皮子。

①元·无名氏《杀狗劝夫》楔子:"不做营生则调嘴,拐骗东西若流水。"

②《西游记》第十六回:"行者道:'快着!快着!莫要调嘴,害了大事!'"

③《醒世姻缘传》第四一回:"狄婆子说:'你别调嘴!这府里可也没你那前世的娘子!'"

注:"花麻调嘴"在方言中也说成"花麻不调嘴",词义相同。

活泛 huófàn

◎**释义**

(1)机灵。

如:"小王办事挺活泛。"

(2)手头宽裕。

如:"手里有了钱,请客送礼,活泛多了。"

◎**《汉语大词典》解释**

(1)动作敏捷灵活。

①《水浒传》第七回:"智深正使得活泛,只见墙外一个官人看见,喝采道:'端的使得好!'"

②《收获》1981年第2期:"一队姑娘像一个模子刻出来的,一般高,一般俊,腰腿功夫一般活泛。"

(2)为人处事机灵。

①《醒世姻缘传》第十三回:"送这差不多五十两银子给你,指望你到官儿跟前说句美言,反倒证得死拍拍的,有点活泛气儿哩!"

②周立波《山乡巨变》上一:"走江湖的,心里活泛,嘴巴又快,又

热闹。"

（3）活动。

蒋子龙《乔厂长上任记》："这几个月他的心叫乔光朴燎得已经活泛了。"

（4）犹嫩；鲜嫩。

①柳青《铜墙铁壁》第十六章："因为赶毡是一种油水活，他的手脚的肉皮活泛，不像受苦人，胡匪军就把他当做区干部。"

②于止《失踪的哥哥》："鱼虾冻过以后，养分虽然没有变，味道却的确不同啦！吃在嘴里发死发实，完全不像新鲜的那么活泛，完全失掉了鱼虾那种甜津津的鲜味。"

注："活泛"也写作"活翻"，词义相同。

活翻　huófān
◎**释义**
灵活；活套。
如："他办事一点儿也不活翻。"
◎**《汉语大词典》解释**
灵活，不呆板。
①曹禺《日出》第四幕："台步要轻俏，眼神儿要活翻，出台口一亮相，吃的是劲儿足！"
②王老九《张老汉卖余粮》诗："他的老伴也能干，就是脑筋不活翻。"

活溜　huóliū　活，西部方言读入声 [xuʌʔ]。
◎**释义**
（1）活动；不牢固。
如："门锁有些活溜了。"
（2）灵活。
如："活溜的双手。"

活托 huótuō **西部方言读入声**［xuʌˀ］［tʻuʌˀ］。

◎**释义**

非常相似。特别是长得非常像。

如："他和他老子长得活托了。"

◎《**汉语大词典**》**解释**

形容非常相似。

①明·汴省时《锁南枝·风情》曲之一："捏一个儿你，捏一个儿我，捏的来一似活托，捏的来同床上歇卧。"

②李季《菊花石·盆菊》诗："盆菊未成花已活，朵朵菊花似活托。"

活脱 huótuō **西部方言读入声**［xuʌˀ］［tʻuʌˀ］。

◎**释义**

活像，非常相似。与"活托"同义。

◎《**汉语大词典**》**解释**

(1)活像，非常相似。

①宋·杨万里《冬暖》诗："小春活脱是春时，霜熟风酣日上迟。"

②《儿女英雄传》第十五回："那脸蛋子一走一哆嗦，活脱儿一块凉粉儿。"

③柯灵《香雪海·给人物以生命》："活脱是潘金莲声口，除了她再无别人。"

(2)活泼；灵活。

①宋·张炎《蝶恋花·题末色褚仲良写真》词："济楚衣裳眉目秀，活脱梨园、子弟家声旧。"

②明·唐顺之《叙广右战功》："我兵筑堡增戍则益纷然，如刻穴守鼠，而贼活脱不可踪迹。"

③梁斌《播火记》十六："菊花青知道姑娘性子烈，不愿多吃苦头，伏下腰，一阵急骤的铃声，唰地一下子跑下去，好活脱的马！"

④郭沫若《一唱雄鸡天下白》："'诗人'，从词的产生过程上来，虽

然是指柳亚子先生,但我认为可以解释得更活脱一点。"

注:"活脱"也说成"活脱脱"。

活脱脱　huótuōtuō

◎**《汉语大词典》解释**

形容非常相似,逼真。

①曹禺《日出》第二幕:"(王福升)活脱脱一个流氓,竖起眉毛,抓着黄省三胸前的衣襟。"

②杨朔《三千里江山》第八段:"'小燕子'拉着白烟穿过天空,活脱脱就是一群小白鱼,出溜出溜游在大海里。"

③刘白羽《红色的十月》:"历来的剥削阶级都是视人民如草芥,如蝼蚁,他们所做所为,不正活脱脱画出他们的屠夫面孔吗?"

④《报刊文摘》1989 年 1 月 17 日:"千挑万拣,就只剩下她们两个人了,无论怎样看,这两个人分明就是活脱脱的'我奶奶'。"

和　huó huò hú

◎**释义**

1.huó

和面,和泥。

2.huò

(1)混杂在一起。

如:"奶里和点儿糖。"

(2)量词,指洗东西换水的次数或一剂药煎的次数。

如:"①洗衣裳头和水必须拧干,二和水才能把洗衣粉淘净。"

②"乌盟人吃完莜面习惯把碗里剩下的菜冲汤喝。人们开玩笑说:'把头和洗碗水喝啦。'"

③"药才煎好头和。"

◎**《汉语大词典》解释**

(1)掺合;混杂。

①北魏·贾思勰《齐民要术·养羊》:"作毡法:'春毛、秋毛,中半和用。'"

②唐·杜甫《岁晏行》诗:"往日用钱捉私铸,今许铅铁和青铜。"

③马识途《老三姐》:"给我吃好的,吃大米白饭,她自己却在饭里和上菜或者豆子。"

(2)量词。用于洗东西或煎中药换水,犹次、道。

①《红楼梦》第五二回:"晴雯服了药,至晚间又服了二和。"

②"这衣裳已经洗了三和。"

3.hú

打麻将或斗纸牌时和牌。

◎《汉语大词典》解释

谓打麻将或斗纸牌时某一人的牌达到规定要求,取得胜利。

①《中国现在记》第八回:"钮知府不听牌则已,听了牌没有不和的,却都是郑善昌发的。"

②巴金《家》二:"我现在老了,记性坏了。今天打牌有一次连和也忘记了。"

③曹禺《日出》第四幕:"我瞅见四爷正在打牌,手气好,连着'和'三番。"

灰不喇唧　huībùlājī

◎释义

灰色,颜色不纯正。

如:"工商管理人员的衣服灰不喇唧真难看。"

◎《汉语大词典》解释

令人生厌的灰颜色。

灰不溜丢　huībùliūdiū

◎释义

令人厌恶的灰色。

◎《**汉语大词典**》解释

（1）方言。形容灰色。含厌恶意。亦指事物暗淡不鲜明。

①张平《抉择》第六节："那一团团灰不溜丢的东西,就是曾让自己怎么也看不够,怎么也丢不下的织机和车床吗?"

②《光明日报》2002 年 5 月 15 日："所以我们要真实地对待英雄,不能把英雄弄得面目全非,一味让其追求普通人的善良和忍耐,这样做的结果就是让 21 世纪的中国处于无英雄时代,充斥艺术作品的是灰不溜丢的形象。"

（2）形容受挫或其他原因而精神不振,情绪低落。

张平《国家干部》第二二节："你今天要是在这些人面前败下阵来,灰不溜丢地偷偷撤回嶝江,不只眼前这些人会把你看扁了,江阴区的老百姓也会把你看扁了!"

注:"灰不溜丢",也写成"灰不溜秋"。

灰不溜秋　huībùliūqiū

◎《**汉语大词典**》解释

同"灰不溜丢"。

①都梁《亮剑》第四十三章："可当时就是这样,谁也别笑话谁,部队没有被服厂,没有后勤部,所有东西除了打土豪就是靠缴获,后来求乡村大嫂子织了几尺土布,用草木灰染成灰不溜秋的,好歹做了身军装。"

②二月河《康熙大帝》第一卷第一章："(店老板何桂柱)一看地下躺着个人,约莫有二十岁出头,头上戴了一顶一丢儿锡的青麻帽,拖着二尺多长的辫子,看样子头发总有两个多月没剃了,灰不溜秋长了足有寸半长。"

灰簇簇　huīcùcù

◎**释义**

（1）颜色暗淡。

如:"他身上的衣服灰簇簇的。看不出原来的颜色。"

（2）昏暗。

如："天快黑啦,屋子里灰簇簇的,看不清东西。"

（3）引申为脸色难看,丢人。

如："他让领导骂了几句,灰簇簇的走啦。"

◎《**汉语大词典**》解释

阴暗模糊貌。

①茅盾《虹》一："只远远地有些灰簇簇的云影一样的东西平摊在水天的交界处。"

②茅盾《水藻行》三："疏疏落落灰簇簇一堆的,是小小的村庄,隐隐浮起了白烟。"

注："簇簇"常误写为"处处"。

簇簇

◎《**新华字典**》解释

（1）一丛丛;一堆堆。

（2）丛列成行貌。

（3）衣衫鲜明整洁貌。

处处　chùchù

◎《**新华字典**》解释

各处;每个方面。

滑潡　huáchuà　西部方言读作入声［xuʌʔ］［tsʻuʌʔ］。

◎**释义**

不干净。

常用语为"泥糊潡潡":地面泥泞,难以行走。

如："几天连阴雨,地上泥糊潡潡的,没法走。"

潡

◎《**康熙字典**》解释

《广韵》下刮切《集韵》呼刮切,并音頡。《玉篇》不净也。一曰言不了。

185

◎《**汉语大字典**》解释

《广韵》下刮切,入辖,匣。

不干净。

濄

◎《**康熙字典**》解释

《广韵》《集韵》并丑刮切,音颪。濄濄,不净也。颪字从允作。

◎《**汉语大字典**》解释

《广韵》丑刮切,入辖,初。

濄濄,不干净。

红火　hōnghuǒ

◎**释义**

(1)热闹。

如:"过年了,街上真红火。"

(2)生活美好,有奔头。

如:"小两口日子过得挺红火。"

(3)热闹的场景。

如:"今天正月十五,走,上街看红火去。"

(4)开心地嬉闹。

如:"大家好好儿红火哇。"

◎《**汉语大字典**》解释

形容兴旺、热闹、热烈。

①魏巍《东方》第一部第六章:"时间不长,他已经置买了一辆胶轮大车,一匹大黑骡子,成为凤凰堡日子最红火的一家。"

②孙犁《白洋淀纪事·战士》:"他们的肉铺比以前红火多了!"

③王汶石《大木匠》二:"大木匠踏进集市的当儿,集市正红火到顶点。"

"红火"也写作"哄伙"。

哄伙　*hōnghuǒ*

◎《汉语大字典》解释

形容热闹,盛大。

赵树理《小二黑结婚》二:"不几天就集合了一大群,每天嘻嘻哈哈,十分哄伙。"

哄怂　*hōngsǒng*

◎释义

好话劝慰。

如:"新媳妇耍脾气,闹意见,哄怂两句就完了,可不能动手。"

◎《汉语大字典》解释

劝说。

①杨朔《洗马兵》卷上六:"(梁家龙)好言好语跟小孩絮絮叨叨谈了半天,哄怂孩子走。"

②杨朔《三千里江山》第三段:"姚志兰嗤地笑了,又笑着哄怂武震说:'你让我去吧,好不好?'"

注:常误写为"哄顺"。

忽雷　*hūléi*

◎释义

雷声大,闪电亮。

◎《汉语大字典》解释

响雷。

阮章竞《赤叶河》:"今晚来个大诉苦,明天给吕家个大忽雷。"

糊弄　*hùnòng*　**弄,西部方言读** *nèng*。

◎释义

(1)hù nèng

勉强;对付。

187

如:①"这件事领导也不检查,糊弄过去就算啦。"

②"房子又脏又破,糊弄地住哇。"

(2)hù nòng

对付,欺哄。

如:"他可会糊弄老板哩。"

◎《汉语大词典》解释

(1)将就。

①《儿女英雄传》第十五回:"文章呢,倒糊弄著作上了。"

②杨朔《三千里江山》第七段:"大伙只得把裤子褪下点,打个结,包住脚,大衣往头上一蒙,背贴着背,腿插着腿,糊弄着睡下去了。"

(2)欺骗;蒙混。

①洪深《歌女红牡丹》第十七本:"你啊,糊弄朋友,把我的女孩子也偷卖啦。"

②毕方、钟涛《千重浪》第四章二:"种庄稼是实打实凿的事,掺不得半点虚假,你要糊弄它一下,它就能糊弄你一年。"

J

急赤白脸 jíchìbáiliǎn

◎释义

形容非常焦急的神情。

如:"一听说作弊的事被同学告啦,他急赤白脸找老师,洗清自己。"

亦作"急叉白脸""急扯白脸"。

◎《汉语大词典》解释

形容心里焦急,脸色难看。

①张天民《创业》第二章:"'你!'章易之急赤白脸地,一想又没法,

孩子气地说:'唉,这酒不给你在虎滩喝了!'"

②老舍《骆驼祥子》十八:"大家都受了一天的热,红着眼珠,没有好脾气;肚子又饿,更个个急叉白脸。"

③老舍《赵子曰》第二三:"'我非见你们太太不可!'赵子曰急扯白脸说。"

激 jī 西部方言读作入声[tɕiə˧]。

◎**释义**

(1)水太冰,身体难以忍受。

(2)用冷水冲或浸泡使食物变凉。

如:①"河刚解冻,水激得人根本下不去。"

②"啤酒过热,拿冷水激一下。"

◎**《汉字源流字典》解释**

"激"本意为水流受阻或震荡而涌腾或溅起,引申指身体突然受到冷水刺激。如:"被雨激病了,冷水一激醒了过来。"

又引申为用冷水冲或浸泡等使食物变凉。如:"西瓜用冰水激激再吃。"

◎**《汉语大词典》解释**

刺激。

①清·张岱《陶庵梦忆·雷殿》:"啜乌龙井水,水凉冽激齿。"

②《红楼梦》第三十回:"他这个身子,如何禁得骤雨一激。"

老舍《骆驼祥子》十九:"既心疼钱,又恨自己这样的不济,居然会被一场雨激病,他不肯喝那碗苦汁子。"

激灵 jīlíng

◎**释义**

受惊吓猛然抖动。

如:"一看到老师走到他跟前,他心里一激灵,知道要挨批了。"

注:"激灵",也写作"激令""激伶""激凌""机灵"。

◎《汉语大词典》解释

方言。因受刺激而猛然抖动。

①孔厥、袁静《新儿女英雄传》第一回:"大水听了,心里一激灵,就问:'这家姓什么呀?'"

②乃禾《红军强渡大渡河》:"也有的战士,特别的乏困,走着路就睡着了,等后边的同志碰到了自己,才又赶快打一个激令,迈步前进。"

③王士美《铁旋风》第一部第五章五:"从墙上挂着的几十种草药捆上,掰下一枝狼尾巴草叶来,在赵大抗鼻尖底下轻轻一搔,赵大抗马上激伶一下,前仰后合,'噗哧''噗哧'地打起喷嚏来。"

④魏巍《东方》第四部第二章:"他不由得激凌了一下子,向后倒退了几步。"

机灵　jī líng

◎《汉语大词典》解释

(1)生动活泼,不呆板。

明·陆时雍《诗镜总论》:"诗贵真,诗之真趣,又在意似之间……三百篇赋物陈情,皆其然而不必然之词。所以意广象圆,机灵而感捷也。"

(2)机警伶俐。

①茅盾《子夜》十五:"玛金的机灵柔和的眼光落在苏伦的脸上了。"

②杨朔《百花山》一:"一眼就看出这是个精明人,手脚麻俐,走路又轻又快,机灵得像只猫儿。"

(3)方言。因受刺激而猛然抖动。如:"他吓得一机灵,便醒了。"

即溜　jí liū

◎释义

(1)机灵,会见机行事。

如:"他真即溜,哪有好处往哪儿钻。"

(2)动作敏捷。

如:"球场上就数他跑得即溜。"

◎《**汉语大词典**》解释

机灵;精细。

①元·无名氏《货郎旦》第二折:"逞末浪不即留,只管里卖风流。"

②《警世通言·金令史美婢酬秀童》:"那一夜我眼也不曾合,他怎么拿得这样即溜。"

③《水浒后传》第二二回:"在此留宿却不妨,晚间只要自己即溜些。"

◎《**重编国语词典**》解释

手脚利落,机灵敏捷。

①元·尚仲贤《气英布第一折》:"曹参,你去军中精选二十个即溜军士,跟随何出使九江去者。"

②《警世通言卷十五·金令史美婢酬秀童》:"那一夜我眼也不曾合,他怎么拿得这样即溜?"

注:或作"即留"。

不即溜　bùjíliū

◎《**汉语大词典**》解释

亦作"不唧啀"。

(1)愚笨;不聪明。

唐·卢仝《扬州送伯龄过江》诗:"不唧溜钝汉,何由通姓名。"

(2)不壮;没力气。

《云门匡真禅师广录》卷中:"师入堂斋次,指圣僧供钵,问僧云:'尔若吃尽,又在解脱深坑里;尔若吃不尽,又不唧啀作么生?'"又卷下:"因普请般米了坐次云:'近日不唧啀,只担得一斗米,不如快脱去。'"

注:"不即溜",也写作"不鲫溜""不唧溜"。

不鲫溜　bù jí liū

◎《**汉语大词典**》解释

不机灵,不精明。也作"不唧溜"。

宋·宋祁《宋景文公笔记·释俗》:"孙炎作反切语,本出于俚俗常言,尚数百种。故谓'就'为鲫溜。凡人不慧者,即曰不鲫溜……唐·卢仝诗云:'不鲫溜钝汉。'"

挤擦 jǐcā
◎**释义**
(1)挤。
如:"一共没几个人上车,不用挤擦。"
(2)拥挤。
如:"站台上黑压压尽是人,挤擦的连个下脚处都没有。"
◎**《汉语大词典》解释**
拥挤。
《儿女英雄传》第十一回:"大凡作强盗的……至少也有二三十个人,岂有大家挤擦在一块之理?自然三个一群,五个一伙。"

挤撮 jǐcuō
◎**释义**
排挤、轻视。
如:"他来了没两天,让挤撮走啦。"
◎**《汉语大字典》解释**
排挤,排斥。
①《金瓶梅词话》第六五回:"我但开口,就说咱们挤撮他。"
②《金瓶梅词话》第八一回:"要挤撮俺两口子出门,也不打紧。"

挤对 jǐduì
◎**释义**
用手段排挤、整治人。
如:"他吃软不吃硬,你别挤对他。"
◎**《现代汉语词典》**

192

方言。(1)逼迫使屈从。

如:"他不愿意,就别挤对他了。"

(2)排挤,欺负。

如:"他初来乍到的时候挺受挤对。"

挤兑　jǐduì

◎**释义**

许多人到银行里挤着兑现。

◎**《汉语大词典》解释**

(1)人群持票据挤向银行要求兑现。

曹禺《日出》第四幕:"明天早上我要亲眼看着你的行里要挤兑,我亲眼看着你付不出款来。"

(2)引申指逼迫。

老舍《龙须沟》第二幕:"我不应当逼您……我一佩服您,就不免有点像挤兑您。"

吴祖光《闯江湖》第三幕:"别这么挤兑我,我变不出钱来。"

注:"挤兑"重在索要钱财。

剂子　jìzi

◎**释义**

馒头剂子;饺皮剂子。

◎**《汉语大字典》解释**

做馒头、饺子等的时候,从和好了的长条形的面上分出来的小块儿。

间壁　jiànbì　**间,西部方言读**jiè。

◎**释义**

隔壁,邻居。

◎**《现代汉语词典》解释**

(1)隔壁。

(2)把房间隔开的简易墙壁。

◎**《重编国语辞典》解释**

隔壁。

①《初刻拍案惊奇·卷二三》:"你看那边有个大酒坊,间壁大门就是他家。"

②《儒林外史·第一回》:"如今没奈何,把你雇在间壁人家放牛,每月可以得他几个银子,你又有现成的饭吃,只在明天就要去了。"

见天 jiàntiān **见,西部方言读** jiè。

◎**释义**

每天。

如:"他见天出去散步。"

◎**《现代汉语词典》解释**

每天。

①柳青《创业史》第一部题叙:"他见天从早到晚,手里捏着一巴掌长、安不起嘴子的烟锅,在饥民里找人似的满村奔跑。"

②郭澄清《大刀记》第十三章:"二楞说:'见天都来。有的人,还跑进家来问呢!'"

将将 jiāngjiāng

◎**释义**

(1)刚刚;刚好。

如:"我来了将将一周。"

(2)表示勉强达到一定数量或某种程度。

如:①"他考试将将及格。"

②"这屋将将能住下三个人。"

◎**《汉语大词典》解释**

犹刚刚。恰好。

《老残游记》第一八回:"问:'魏家定做月饼,共做了多少斤?'答:'做了二十斤。'……问:'做二十斤,就将将的不多不少吗?'"

京剧《汾河湾》:"不迟不早,将将的凑巧。"

◎《**重编国语辞典**》解释

刚刚好,恰好。

《老残游记》第一八回:"问:'做二十斤,就将将的不多不少吗?'说:'定的是二十斤,做成了八十三个。'"

注:"将将",常说成"将将儿",词义相同。

将将儿　jiāngjiāngr

◎《**汉语大词典**》解释

方言。刚好。

老舍《四世同堂》二四:"冠先生懂得'一点'二簧戏,将将儿够在交际场中用的那么一点。"

僵趼　jiāngjiǎn

◎**释义**

手或脚上因长久磨擦而生的硬皮:"趼子、老趼。"

僵

◎《**汉语大字典**》解释

(1)僵硬;难以活动。

(2)死去的。

趼

◎《**汉语大字典**》解释

胼胝,足久行生硬皮。

矫情　jiáoqing　jiǎoqíng

◎**释义**

(1)jiáoqing

指强词夺理,无理取闹。

如:"这个人太矫情。"

(2)jiǎoqíng

扭捏作态,掩饰真情。

如:"那老太太,一看有人帮她,又矫情开啦。"

◎《汉语大词典》解释

(1)掩饰真情。

①汉·董仲舒《士不遇赋》:"虽矫情而获百利兮,复不如正心而归一善。"

②《宋书·武帝纪上》:"今方是玄矫情任算之日,必将用我辈也。"

③宋·陈岩肖《庚溪诗话》卷下:"明皇之褊而不容,幸无人君之量,然则开元之初,亦矫情强勉而为之者也。"

④明·刘元卿《贤奕编·闲钞上》:"儒生家类诮安石围棋赌墅,若不事事忘国戚者,又多即折屐事证其矫情云,是迂腐之谈也。"

⑤夏衍《两个座谈会书面回答》:"我们也不必矫情,说每一部苏联电影都好。"

(2)谓故违常情以立异。

①《后汉书·逸民传·高凤传论》:"或高栖以违行,或疾物以矫情,虽轨迹异区,其去就一也。"

②宋·苏轼《刘恺丁鸿孰贤论》:"安、顺、桓、灵之世,士皆反道矫情,以盗一时之名,盖其弊始于西汉之世。"

③《老残游记》第八回:"东造便将看老残身上着的仍是棉衣,故赠以狐裘,并彼此辩论的话述了一遍,道:'你看,他临走到底将这袍子留下,未免太矫情了。'"

(3)方言。强词夺理,找麻烦。

张寿臣《小神仙》:"他那意思是等着,哪怕进去一个串门儿的哪,回头我好跟他矫情矫情啊,我好有说的。"

注:常误写成"搅情"。

截夺 jiéduó　**西部方言读入声**［tɕiʌˀ］［tuʌˀ］。

◎**释义**

在路上截人抢取财物。

◎《**国语词典**》**解释**

拦路打劫。

如："不意从暗巷里窜出一个大汉，把我的皮包截夺而去。"

截夺，在方言中词义变轻。

(1)买到手的东西未到家就让人拿走。

如："我好不容易买了几条鱼，半路上被老李截夺走啦。"

(2)让人抢走生意或买卖。

如："我已搞成的买卖让人截夺啦。"

注：①见张为《乌兰察布前山方言集释》。②"截夺"常误写为"接夺"。③"截夺"的同义词为"劫夺"。

劫夺 jiéduó　**西部方言读入声**［tɕiʌˀ］［tuʌˀ］。

◎**释义**

用武力夺取(财物或人)。

如："劫夺资源。"

◎《**汉语大词典**》**解释**

抢劫夺取。

①《史记·日者列传》："君子内无饥寒之患，外无劫夺之忧。"

②唐·高适《同河南李少尹毕员外宅夜饭洛阳告捷遂作春酒歌》："彭门剑门蜀山里，昨逢军人劫夺我。"

③《敦煌变文集·张义潮变文》："元弘本使王瑞章，奉敕持节北入单于，充册立使。行至雪山南畔，遇逢背逆回鹘一千余骑，当被劫夺国册及诸敕信。"

④《元典章新集·刑部·防盗》："(江淮)濒江靠海水面阔达，内有船户十万余户，其间逃役结党成群，以揽载为由，中途将客杀死，劫夺财物。"

⑤清·褚人获《坚瓠补集·叶公滑厘子合传》："染其习者,即亲如骨肉,亦互相劫夺。"

⑥李大钊《马克思的经济学说》："他们有了资本,于是也有机会去劫夺劳动的结果。"

结记 jié jì 结,西部方言读作入声[tɕiʌ²]。

◎**释义**

(1)挂念,挂记别人。

如:"孩子住校了,她心里结记着,担心吃不好,睡不暖。"

(2)认真记住要办的事。

如:"孩子找工作的事,我心里结记的哩,放心吧。"

◎**《汉语大词典》解释**

惦记。

①魏巍《东方》第一部第五章："你不知道,嘎子,他这人傻,别人要不结记着,他就吃不到嘴里。"

②梁斌《红旗谱》二四："晚上结记给江涛盖被子,怕他受了风凉。老年的心,放也放不平。"

◎**《新华字典》解释**

(1)挂念。

如:"你走吧! 这里有大娘照顾,不用结记。"

(2)记住。

如:"以后出去结记着关门。"

注:"结记"的同义词为"牵记"。

牵记 qiān jì

◎**《汉语大词典》解释**

方言。牵挂,思念。

①《海上花列传》第三四回："王老爷勿来末,耐牵记煞。"

②陆文夫《荣誉》："家里再好,可是老是牵记厂里。"

靳溜溜　jīnliūliū

◎**释义**

形容食物既有韧性又有咬头。

如:"粉条靳溜溜的。"

同义词:"靳颤颤。"

靳

◎**释义**

黏,筋道。

如:①"糕真靳,靳溜溜。"

②"莜面挺靳。"

◎**《康熙字典》解释**

《广韵》居隐切《集韵》几隐切,并音谨。《玉篇》黏也。又《集韵》渠巾切,音菫。又《类篇》举欣切,音斤。又《集韵》居焮切,音靳。义并同。

◎**《汉语大字典》解释**

《广韵》居隐切,上隐见。

黏。《广雅·释诂四》:"靳,黏也。"

注:常误写为"筋"。

筋　jīn

◎**《汉语大字典》解释**

(1)肌肉;肌腱或附在骨头上的韧带。

(2)像筋的东西。

(3)静脉管。参见"筋络""筋脉"。

(4)植物的脉络。参见"筋络"。

筋道　jīndao

◎**《汉语大词典》解释**

(1)方言。指食物有韧性,耐咀嚼。如:"拉面吃到嘴里挺筋道。"

(2)方言。身体结实。如:"这老头儿倒挺筋道。"

尽　jǐn

◎释义

(1)不间断的,一个劲儿的。

如:"他尽打游戏,就是不学习。"

(2)最先;优先;让着。

如:①"你要就尽你,你不要,我就拿上。"

②"尽你吃哇,吃得不够,我们再做。"

(3)表示某个范围。

如:①"尽钱吃面。"

②"尽着一百元钱花。"

(4)最。用在方位词的前面。

如:"尽南边;尽前边。"

◎《新华字典》解释

(1)方言。保持某种事情的连续性。

如:①"他衣服都被汗湿透了,还尽着干呢!"

②"这些日子尽下雨。"

(2)意思同"最",用在方位词的前面。

如:"尽南边;尽前边。"

(3)表示一个范围为限,不得超过。

如:"尽着一天把事情办完。"

(4)让先。

如:"尽好的吃。"

◎《汉语大词典》解释

(1)完全;都。

①宋·洪迈《容斋三笔·北狄俘虏之苦》:"元魏破江陵,尽以所俘士民为奴,无问贵贱,盖北方夷俗皆然也。"

②宋·杨万里《中和节日步东园》诗之三:"莫恨峭寒花较晚,留连春色尽从他。"

(2)最。

①《儿女英雄传》第四回："(公子)看了看,只有尽南头东西对面的两间是个单间,他便在东边这间歇下。"

②杨朔《三千里江山》第一段："且说那三千里江山的尽北头紧连着中国边境,中间隔着条鸭绿江。"

(3)表示以某个范围为限,不得超过。

《黄绣球》第二四回："那个折子一定要你偷出来,骗出来,尽今天送到。"

(4)一任;听凭。

①元·无名氏《九世同居》第二折："与我请个明师,立一个义学,但乡中人家孩儿,尽他来读书。"

②《西游记》第十六回："其余管他,尽他烧去。"

③清·孔尚任《桃花扇·寄扇》："那时锦片前程,尽俺受用。"

④郭沫若《洪波曲》第三章四："假如我不回去,三厅就尽它虚悬在那儿。"

(5)一味;老是。

①《儿女英雄传》第十五回："褚大娘子道:'二叔怎的尽喝酒,也不用些菜?'"

②《老残游记》第六回："那张二秃子也是个不知利害的人,听得高兴,尽往下问。"

③刘大白《小鸟》诗之一:"小鸟,你何不一飞冲天? 尽在屋角檐头,噪些什么呢?"

(6)尽先。让某些人或事物占先。

①清·李渔《蜃中楼·耳卜》:"你也替我留心,我也替你着意。遇着一个尽了自家,遇着两个就替朋友作伐。"

②老舍《骆驼祥子》十六:"她们得工作,得先尽着老的少的吃饱。"

(7)谓力求达到最大限度。

《西游记》第四七回:"老者道:'来迟无物了。早来啊,我舍下斋僧,尽饱吃饭,熟米三升,白布一段,铜钱十文。'"

注:常误写为"紧"。

紧

◎《**新华字典**》**解释**

1.密切合拢,与"松"相对:"拧紧,捆紧。"

2.靠得极近:"紧邻。"

3.使紧:"把琴弦紧紧。"

4.事情密切接连着,时间急促没有空隙:"紧凑,紧密,紧缩,加紧,抓紧。"

5.形势严重,关系重要:"紧急,紧促,紧迫,紧要。"

6.不宽裕:"紧俏,紧缺。"

经佑　　jīngyòu

◎**释义**

(1)料理。

如:①"这些事情你都要替俺经佑起来哩。"

②"厂子里一直是俺姑姑经佑的哩。"

(2)提醒。

如:①"甭忘了经佑孩子喝水。"

②"吃饭还用等人经佑哩?洗了手快些儿来吃哇。"

(3)接待。

如:①"条件有限,经佑不到的地方,还请担待。"

②"你不用管啦,我来经佑他们吧。"

(4)看管。

如:"把你的东西经佑住,操心让人偷了。"

(5)抚养,照料。

如:①"她一个人经佑了三个孩子。"

②"我爷爷奶奶年纪也大啦,这会儿我叔叔经佑的哩。"

◎《**汉语大词典**》**解释**

方言。精心看管、照料。

《人民文学》1980年第7期:"我再累,也要把她经佑好。白天,我给她洗脸、喂饭,晚上要起来好几次,给她喝水、吃药、端便盆。"

注:(1)"经佑"在其他方言中也使用。

《四川方言词语考释》中收了"经佑"一词,意为"照料",并列举了两个例子:①《跻春台》卷二《白玉扇》:"遂教他如何经佑,如何上草,几时喂水,几时滚澡。"②《蜀籁》卷三:"母猪过门坎,经忧(佑)肚皮。"

(2)常误写成"经由"。

揪撮 jiūcuō

◎释义

用手抓住或扭住。

如:"你拿手把袋子揪撮住点儿,看跌(掉)下去的。"

◎《汉语大字典》解释

扭抓。

元·无名氏《谢金吾》第二折:"他他他又不曾将我头跌破,又不曾将我厮揪撮。"

K

扻 kǎn

◎释义

击。打。

如:"那小子敢挑事,叫几个人狠狠扻他一顿。"

◎《康熙字典》解释

《集韵》侧吏切,音戴。治发也。《庄子·庚桑楚》简发而扻,数米而炊。又子结切,音节。义同。又侧瑟切。与栉同。又《集韵》损,古作扻。注详十画。又苦感切,音坎。击也。

坎　kǎn

◎**释义**

扣；戴。

如："歪坎着帽子。"

◎**《汉语大词典》解释**

①《醒世姻缘传》第四回："（晁大舍）随把网巾摘下，坎了浩然巾，穿了狐白皮袄，出去接待。"

②《儒林外史》第四一回："跟着一个汉子，酒糟的一副面孔，一顶破毡帽坎齐眉毛，挑过一担行李来。"

砍下　kǎnxià

◎**释义**

扔下；丢下。

如："他砍下 200 块钱，掉头走啦。"

砍

◎**《新华字典》解释**

把东西扔出去："砍砖头。"

◎**《现代汉语词典》解释**

方言。把东西扔出去打："捡起砖头朝对方砍了过去。"

侃快　kǎnkuài

◎**释义**

说话、办事爽快。

如："老王是当兵的人，办事侃快。"

◎**《汉语大词典》解释**

爽直，爽快。

向春《煤城怒火》第六章一："朱大顺侃快地表示：'刘珍同志，这说明你对你的意见仍有保留，对目前我们的对敌斗争策略和我，你还不够了解。'"

靠傍 kàobàng

◎**释义**

可依靠的人。

如:"平时多交朋友,等到弄出事来,就能有个靠傍。"

◎**《汉语大词典》解释**

(1)依傍,依靠。

《二刻拍案惊奇》卷十:"(双荷)对朱三说:'我与你失了这泰山的靠傍,今生再无好日子了。'"

叶圣陶《一生》:"如今逃了出去,靠傍谁呢?"

(2)指可以依靠的人。

《儒林外史》第四五回:"这都是令兄太自傲处,及到弄出事来,却又没有个靠傍。"

叶圣陶《秋》:"一个人总得有个靠傍;如果生下一男半女,不就什么都放心了么?"

可可 kěkě

◎**释义**

不希望发生的事,恰巧发生啦。

如:"那么多人,谁也没受伤,可可(儿)把领导撞啦。"

◎**《重编国语辞典》解释**

(1)恰好、正巧。

①元·武汉臣《生金阁》第一折:"今日买卖十分苦,可可撞见大官府。"

②元·郑光祖《三战吕布》第三折:"我领着元帅将令,将着衣袍铠甲,正走中间,可可的撞着个大眼汉当住我。"

(2)不经心的样子。

①十国蜀·薛昭蕴《浣溪沙·帘外三间出寺墙》词:"暂地见时犹可可,却来闲处暗思量。"

②宋·柳永《定风波·自春来》词:"自春来,惨绿愁红,芳心是事可可。"

注:与"可可"词义相同的是"可巧"。

可巧 kěqiǎo

◎《汉语大词典》解释

恰好;凑巧。

①《红楼梦》第二三回:"可巧贾政在王夫人房中商议事情。"

②洪深《少奶奶的扇子》第一幕:"可巧金女士搬到霞飞路住,就在她们正对过。"

③老舍《四世同堂》十五:"哪能可巧就轮到咱们身上呢!"

可喜 kěxǐ 可,西部方言读作入声[kʌʔ]。

◎**释义**

可爱,令人怜爱。

如:"你啊孩子生的白胖白胖的,真可喜。"

◎《新华字典》解释

(1)令人高兴的。

如:"可喜的成就。"

(2)可爱。

他的浑家,生得风流,长得可喜。

◎《重编国语辞典》解释

(1)令人高兴,值得欢喜。

《文选·司马相如〈上林赋〉》:"若此故猎,乃可喜也。"

《文选·潘岳·在怀县作诗二首之一》:"春秋代迁逝,四运纷可喜。"

(2)惹人怜爱。

①元·马致远《汉宫秋》第一折:"卿家你觑咱,则他那瘦岩岩影儿可喜杀。"

②《初刻拍案惊奇》卷六:"看他生得少年万分、清秀可喜,心里先

自软了。"

◎《汉语大词典》解释

(1)令人高兴。

①汉·司马相如《上林赋》:"若此故猎,乃可喜也。"

②宋·曾巩《繁昌县兴造记》:"今繁昌民既幸得其所难得,而令又幸无不便己者,得卒兴其所尤难,皆可喜无憾也。"

③许地山《缀网劳蛛》:"他知道自己底卤莽,是一件极可喜的事。"

(2)可爱。

①金·董解元《西厢记诸宫调》卷一:"生得于中堪羡,露着庞儿一半,宫样眉儿山势远。十分可喜,二停似菩萨,多半是神仙。"

②元·关汉卿《鲁斋郎》楔子:"他的个浑家,生的风流,长的可喜。"

(3)喜爱。

金·董解元《西厢记诸宫调》卷三:"多慧多娇性灵变,平生可喜秦筝。"

注:方言中表"可爱、漂亮"词义时,"可戏、可喜"词义相近,可以通用。

可戏 kěxì 可,西部方言读作入声[kʌʔ]。

◎释义

(1)(赞美、夸奖)漂亮,好看。

如:①"杭州的缎面真可戏。"

②"那个姑娘长得真可戏。"

注:常误写为"可细"。

◎《汉语大词典》解释

可喜;可爱。

①元·马致远《湘妃怨·和卢疏斋〈西湖〉》:"山过雨颦眉黛,柳拖烟堆鬓丝,可戏杀睡足的西施。"

②元·无名氏《蟾宫曲·酒》:"一个烦恼人乞惆似阿难,才吃了两

三杯可戏如潘安。"

壳郎猪 kèlangzhū
◎**释义**
半大猪。
◎**《汉语大词典》解释**
方言。架子猪。指尚未长膘的半大猪。
注:有人解释为"经过阉割的猪"。

颗子 kēzi **西部方言读** kuǒzi。
◎**释义**
小疖,粉刺。多生在青年人的面部,有时也生在胸、背、肩等部位。
如:"脸上起颗子啦。"
颗 kē
◎**《说文》解释**
颗,苦惰切,小头也。从页果声。
◎**《汉语大词典》解释**
泛指粒状物。
①金·元好问《未开海棠》诗:"翠叶轻拢豆颗匀,胭脂浓抹蜡痕新。"
②张天翼《温柔制造者》:"这会儿她的嘴唇正钉在她眼睛下面,这儿有三粒雀斑,这下面呢,有两个淡红的小颗子。"

揹子 kènzi
◎**释义**
关键时刻。
如:"老王要提拔公示了,揹子上,队里千万不要出事,影响他。"
◎**《汉语大词典》解释**
关头,关键时刻。

《儿女英雄传》第二七回:"人生到此还有什么不得意? 更兼邓九公合他有个通财之谊,掯子上送了这等一分厚礼,岂有个大仪全璧的理?"

注:西部方言常说"圪掯、圪掯眼上"。

圪掯 gēkèn 圪,西部方言读入声[kɣʔ]。

◎**释义**

难题,遇到卡绊。

如:"咱们涨工钱的事有圪掯啦。"

圪掯眼上

◎**释义**

掯子上,节骨眼上。

如:"小王碰上大事啦,圪掯眼上大家都帮一手。"

抠 kōu

◎**释义**

吝啬:"抠门儿。"

◎**《新华字典》解释**

方言。吝啬。

如:这人真抠;抠索(吝啬,寒酸);抠抠搜搜(缩缩,方言,小气,不大方)。

抠哧 kōuchī

◎**《汉语大词典》解释**

(1)(用手指)轻轻地抓。

如:"疮口刚结痂,不要抠哧它。"

(2)摆弄;鼓捣。

如:"你干吗老抠哧手呀?"

(3)非常用力地钻研。

如："这么难的一道算术题他给抠哧出来了。"

抠掐　kōuqiā
◎**释义**
(1)做一件事情时,精雕细琢,务求完美。
如："你再下功夫细细地抠掐抠掐。"
(2)对方给挑毛病,找差距。
如："他老抠掐住我没完。"
(3)形容人吝啬、小气。
如："小气鬼,花两个钱抠抠掐掐的舍不得。"
◎**《汉语大词典》解释**
犹挑剔。
元·乔吉《一枝花·合筝》套曲:"歌应指如林莺呖呖,指随歌似山溜泠泠……迟疾纤巧随抠掐无些儿病。"

枯　kū
◎**释义**
(1)厉害。
如："那小子可赖枯了。吃喝嫖赌都沾。"
(2)指眼睛干瘪失明。
如："我的眼泪却少得多了,也许我的眼睛快要枯了。"
◎**《汉语大词典》解释**
(1)方言。蹙,皱。多用于皱眉头。
周立波《山乡巨变》上六:"他不甘心,站在那里,枯起眉毛,又心生一计。"
(2)方言。苛刻。
楚剧《葛麻》第四场:"小姑娘的心才枯哪……我死了做鬼,未必还要跟你屋里做长工。"
(3)指眼睛干瘪失明。

①唐·张鷟《朝野佥载》卷二:"贺氏两目俱枯,不复见物,悔而无及焉。"

②宋·梅尧臣《书哀》诗:"天既丧我妻,又复丧我子。两眼虽未枯,片心将欲死。"

③金·元好问《续夷坚志·李昼病目》:"聊城李昼,生二子,其一失明,其一生而无目。李去岁一目复枯。"

注:方言中常说"瞎枯"。

瞎枯　xiākū　瞎,西部方言读入声[ɕiʌˀ]。

◎**释义**

(1)眼睛瞎。

如:"瞎子害眼,瞎枯了。"

(2)形容没眼光。

如:"他真是瞎枯眼,交了这么个朋友。"

苦恹恹　kǔyānyān

◎**释义**

痛苦、不幸,难以言说的样子。

如:"她一天到晚苦恹恹的,不知有甚难处。"

◎**《汉语大词典》解释**

形容痛苦、苦闷。

①元·马致远《陈抟高卧》第一折:"休则管理名隐姓,却教谁救那苦恹恹天下生灵。"

②元·李行道《灰阑记》第二折:"哎儿也则你那心儿里自想度,自暗约,见您娘苦恹恹皮肉上搭着荆条。"

③元·高文秀《遇上皇》第四折:"赵元苦恹恹不辞风雨,路迢迢不避崎岖,草桥店忽逢圣主,赦罪犯半点全无。"

苦厌厌 kǔyānyān

◎释义

同"苦恹恹"。苦闷、痛苦。

◎**《汉语大词典》解释**

形容苦闷、痛苦。

①元·白朴《东墙记》第一折："合晚至黄昏,独宿心间闷,苦厌厌忧愁自忖,便有铁石心肠也断魂。"

②元·曾瑞《行香子·叹世》："君休欠,何故苦厌厌。"

注:"苦厌厌"也写作"苦淹淹"。

苦淹淹 kǔyānyān

◎**《汉语大词典》解释**

形容苦闷、痛苦。

元·无名氏《飞刀对箭》第一折："每日家苦淹淹守定这座大黄庄,空着我便眼巴巴盼不到长安道。"

苦孜孜 kǔzīzī

◎释义

(1)形容苦。

如:"苦瓜苦孜孜的,真难吃。"

(2)痛苦。

如:"日子过得苦孜孜的,没啥奔头。"

◎**《汉语大词典》解释**

形容痛苦的样子

元·关汉卿《蝴蝶梦》第一折："苦孜孜,泪丝丝,这场灾祸从天至。"

侉声野气 kuǎshēngyěqì

◎释义

(1)形容侉子说话的腔调。

侉子:"指口音跟本地语音不同的人。"

◎《汉语大词典》解释

形容说话既非本地口音,腔调又粗野。

①萧军《五月的矿山》第八章:"吴天福的老婆用她那侉声野气激情的声音吩咐着那两个身材不太高大的年轻护士。"

②萧军《五月的矿山》第八章:"吴天福的老婆向张洪乐说话的声音虽然还是那样侉声野气,但在语气中已经没有了那种激忿和责备的成分,显得亲切、安定和宽和了。"

困坷 kùnkē 坷,西部方言读入声[kʻʌ˧]。

◎**释义**

陷在艰难痛苦或无法摆脱的环境中。

如:"钱让小偷偷走啦,他俩困坷在路上。"

◎《汉语大词典》解释

困苦艰难。

宋·苏轼《病中大雪》诗:"嗟余独愁寂,空室自困坷。"

注:常误写为"困磕"。

L

拉叉 lāchá

◎**释义**

四仰八叉。

◎《汉语大词典》解释

方言。指肢体伸张开。

《醒世姻缘传》第二九回:"因那晚暴热得异样,叫了徒弟陈鹤翔将那张醉翁椅子抬到阁下大殿当中檐下,赤剥得精光,四脚拉叉睡在上面。"

拉搭　lāda

◎《汉语大词典》解释

亦作"拉塔"。

交谈;闲谈。

①李南力《姜老三入党》:"我们默默地吃完了饭,听着隔墙……没半点响动了,才慢慢地拉搭起来。"

②魏风等《刘胡兰》:"他大婶,你们胡兰子真能干! 不是我当前夸奖,全村男女老少,背地里拉搭起来,哪个不说咱胡兰子有本事!"

注:常误写为"拉沓"。

拉沓　lā tà

◎《汉语大词典》解释

飞翔貌。

◎《重编国语辞典》解释

高飞的样子。

汉·铙歌《思悲翁》:"蓬首狗、逐狡兔、食交君、枭子五、枭母六。拉沓高飞莫安宿。"

拉塔　lāta

◎释义

闲聊。

如:"两人多年没见了,拉塔了一上午。"

注:"拉塔"也写作"拉搭"。

胡子拉碴　húzǐlāchá

◎释义

形容满脸胡子未加修饰。

如:"病了几天,他胡子拉碴地躺在床上。"

拉碴

◎《汉语大词典》解释

亦作"拉茬"。杂乱,蓬乱。

①老舍《骆驼祥子》十:"说得非常的温柔亲切,绝不像是由那个胡子拉碴的口中说出来的。"

②高尔品《青春兮归来》一:"这里几乎全是胡子拉茬的青年。"

拉呱儿　lāguǎr

◎**释义**

交谈;闲谈。

◎《汉语大词典》解释

谈闲话,聊天,闲谈。

如:"歇着的时候,几个老头儿就凑到一起拉呱儿拉呱儿。"

拉话　lāhuà

◎**释义**

说说话,唠家常。

如:"那小媳妇性子好,愿意和人们拉话。"

◎《汉语大词典》解释

方言。交谈,谈心。

丁玲《太阳照在桑干河上》三七:"她也变得和气了,常常串街,看见干部就拉话,约他们到家里去喝酒。"

柳青《铜墙铁壁》第一章:"老葛同志让通信员牵着骡子跟着走,他自己径直到那民兵跟前去拉话。"

拉忽　lǎhu

◎**释义**

(1)马虎。

如:"这人太拉忽,办事靠不住。"

（2）大大咧咧，不计较。

如："那人拉忽，来的客人都热心招呼。"

◎《新华字典》解释

方言。粗心大意；马虎。

如："你太拉忽，总是丢三落四。"

注：常误写作"拉糊"。

擸 là

◎释义

碾。

如："把玉米先擸成四六瓣。"

◎《新华字典》解释

把粮食粗粗地磨："擸糁子。"

◎《汉语大词典》解释

碾。

来派 láipài

◎释义

（1）来势。

如："这病的来派可不轻。"

（2）身份；派头。

如："那女人不简单，有来派。"

◎《汉语大词典》解释

（1）犹来势。

《儿女英雄传》第二五回："姑娘一看这光景，你一言，我一语，是要'齐下虎牢关'的来派了；他倒也不着恼，也不动气。"

（2）方言。气派。

梁斌《播火记》第二卷二九："朱大贵上下看了看那间房子，摇摇头说：'这也不像个大队部的来派呀！'"

（3）方言。身份。

束为《第一次收获》："一个女子家也应该有个来派,做错了事,说她几句罢了。"

阑兴　lánxìng

◎**释义**

①灰心丧气,泄气。

如:"这买卖挣不了钱,越做越阑兴。"

②没悟性,没力气。

如:"那孩子真阑兴,书念不成,受苦受不动,没甚用。"

注:常误写成"拦兴""褴性"。

阑

◎**《汉语大字典》解释**

①衰退;消沉。

②衰落;败落。

◎**《新华字典》解释**

衰退;衰落;消沉。

白居易《咏怀》："白发满头归得也,诗情酒兴渐阑珊。"

兴

◎**《新华字典》解释**

对事物感觉喜爱的情绪:"兴味,兴致,豪兴,雅兴,败兴,游兴,扫兴,即兴,助兴,兴高采烈。"

注:方言"阑兴"的近义词是普通话的"阑散"。

阑散

◎**《汉语大词典》解释**

①消沉;衰减。

唐·元稹《春游》："酒户年年减,山行渐渐难。欲终心懒慢,转恐兴阑散。"

②冷落。

元·马彦良《一枝花·春雨》:"凄凉也古墓上催春子规,阑散了绿阴中巧舌黄鹂。"

③窘困,艰难。

元·关汉卿《金线池》第二折:"这厮阑散了虽离我眼底,忔憎着又在心头。"

缆筐　lǎnkuāng
◎**释义**

用柳条编成的大筐。筐上拴两根大绳,作为筐系,抬土、石头等重物,故称为缆筐。

缆:绳。

注:①缆筐,相当于普通话的"抬筐"。②有人写作"揽筐"。

蓝盈盈　lányíngyíng
◎**释义**

蓝得发亮。

如:"宝剑发出蓝盈盈的光。"

◎**《汉语大词典》解释**

方言。(蓝盈盈的)形容蓝得发亮:"蓝盈盈的天空。"也作"蓝莹莹"。

蓝莹莹　lányíngyíng
◎**《汉语大词典》解释**

犹蓝晶晶。

①《诗刊》1978年第7期:"望九天,蓝莹莹,望大地,绿葱葱。"

②《小说选刊》1981年第7期:"在家乡的小河边,蓝莹莹的天上,太阳暖洋洋地照着。"

盈盈
◎**《新华字典》解释**

①仪态美好的样子:"步履盈盈。盈盈楼上女,皎皎当窗牖。"

②水清澈的样子:"盈盈一水间,脉脉不得语。"

③充满滞积的样子:"腹中盈盈。"

④神情快乐的样子:"笑盈盈;喜盈盈。"

滥货 lànhuò

◎**释义**

方言中称作"破鞋"。

◎**《汉语大词典》解释**

指生活作风不检点、行为不端的女人。

艾芜《回家》:"总是人家不要她……这样的滥货。"

滥

◎**《新华字典》解释**

不加选择,不加节制:"滥用职权。宁缺勿滥。"

注:①常误写为"烂货"。

②"滥货"的同义词是"破烂货"。

烂货 lànhuò

◎**释义**

好吃懒做、偷鸡摸狗、赌博、无所事事的人。

如:"那人是个烂货,吃喝嫖赌占全啦。"

◎**《汉语大词典》解释**

詈词。称好吃懒做、不务正业的人。

《醒世恒言·蔡瑞虹忍辱报仇》:"那婆娘原是个不成才的烂货,自丈夫死后,越发恣意把家业倾完,又被奸夫拐去,卖与烟花门户。"

破烂货 pòlànhuò

◎**释义**

简称破货。与"滥货"同义。

◎《汉语大词典》解释

詈词。多指荡妇或丧失贞操的女人。

如:"她是个有名的破烂货,别去招惹她。"亦省作"破货"。

①《绿野仙踪》第十九回:"又想及山东问拿乔武举。老婆已成破货,无足重轻。若拿住乔武举,追赃报仇,也算是至大事体。"

②老舍《骆驼祥子》六:"这个事要是吵嚷开,被刘四知道了呢? 刘四晓得不晓得他女儿是个破货呢?"

睖眉 léngméi

◎**释义**

横眉立目;脾气暴,不服管。

如:"那孩子管不住啦,见了老师就睖眉。"

睖

◎《汉语大字典》解释

方言。瞪。

李劼仁《大波》第三部:"彭家琪一下就火了,睖起眼睛,把孙雅堂一瞥。"

注:常误写为"楞眉"。

睖睖睁睁 lènglèngzhēngzhēng

◎**释义**

也说睖睁。眼神发直;发愣。

◎《汉语大词典》解释

眼睛直视发呆。

①《西游记》第五回:"这原来是个定身法,把那七衣仙女,一个个睖睖睁睁,白着眼,都站在桃树之下。"亦省作"睖睁"。

②梁斌《红旗谱》三:"说到这里,那人睖睁着眼睛,盯了朱老忠半天。"

③康濯《东方红》第五章二:"孟虎堂也严肃得宛如一座石像似的,

睖睁着两眼说道:'对！咱们就只能靠帮助,说服,拿出具体事实来,引导农民往前走!'"

睖

◎**释义**

睖,怒视。

如:"他老拿斜眼睖人。"

◎**《汉语大字典》解释**

(1)睖睁;直视。

(2)发愣。

(3)睖,怒视。

◎**《汉语大词典》解释**

(1)瞪眼直视貌。

①曹禺等《胆剑篇》第一幕:"持刀武士正举起刀来,夫差不觉地睖了武士长一眼。"

②《人民文学》1977 年第 8 期:"卧病在床的萌山机械厂总工程师陆进,睖起一双睑皮红肿的眼睛,凝视着写字台上几摞厚厚的图纸。"

(2)发愣。

《劫余灰》第十六回:"公孺听了,也睖了半晌。"

注:"睖睁"也作"愣怔""楞怔""楞睁""冷怔"等多种写法,词义相近。

睖怔 lèngzhēng

◎**释义**

眼睛直视,发呆。

如:"看到成绩单上的红字,他愣怔了。"

◎**《汉语大词典》解释**

眼睛发直,发愣。亦指发呆。

①向春《煤城怒火》第三章:"朱大顺刚转入一条小巷,猛地传来凄厉的叫声,他猛一愣怔,好像被人拽住,立即停下。"

②任斌武《海岛的路》："几个战士被问得直打愣怔。"

愣怔　léngzhēng
◎**释义**
眼睛发直,惊恐失措。
如:"对方手里拿着刀,他愣怔住了,动也不敢动。"
◎**《汉语大词典》解释**
眼睛发直,发楞。表示神志不清或惊恐失措。
①《儿女英雄传》第三四回:"不想走到跟前,却早不见了那盏灯,他揉了揉眼睛道:'莫不是我睡得愣怔,眼离了?'"
②马烽、西戎《吕梁英雄传》第四回:"他女人起先吓呆了,愣怔了半天,才急忙跑过去往外扯。"
③梁斌《红旗谱》二四:"江涛眼看哥哥拖着脚镣,头也不回,走回监狱,愣怔着眼睛呆住。"

愣睁　lèngzhēng
◎**《汉语大词典》解释**
发愣,迟疑不决。
如:"你还愣睁什么? 快去干吧!"
◎**《重编国语辞典》解释**
迷迷糊糊,反应迟缓。
《野叟曝言》第四十三回:"他敢愣睁一点儿,咱就搠他三二十个透明的窟窿。"

冷怔　lěngzhēng
◎**《汉语大词典》解释**
由于事出意外而一时发怔。
①梁斌《红旗谱》十六:"运涛回头一看,打了个冷怔,一时慌急,不知怎么好。"

②梁斌《播火记》第二卷二三："他上下看了看朱老忠,身上打了个冷怔,说:'老头!不扬名不道姓,扛着铡刀来我们院里干吗?'"

③《花城》1981年第2期："老头打了个冷怔,连忙说,'我叫火根。以前在邮局当邮递员,退休好几年了。'"

捩楞 lièlèng　捩,西部方言读入声[liʌ²]。

◎**释义**

(1)表情凶狠;怒视。

如:"两个小伙子捩楞起来啦,要打架。"

(2)表露出不满、不服气的样子。

如:①"给你200块钱就不赖啦,你还捩楞甚?"

②"说你还不听,你再捩楞,我一脚踢死你!"

捩　liè

◎**《新华字典》解释**

(1)拗折,折断。

清·东轩主人《述异记》:"从旁穴中取一人,捩其颈,饮其血而抛其尸。"

(2)扭转。

如:捩筋(扭筋;抽筋儿);捩转(掉转;扭转);捩舵(捩柂,捩柁)。

(3)违逆;不顺。

如:捩眼(不顺眼;左右侧视;侧目而视);捩眦(左右侧视)。

注:常误写作"裂楞"。

捩转　lièzhuǎn

◎**释义**

扭转;转动。

如:"捩转车身;捩转脑袋。"

◎**《汉语大词典》解释**

掉转;扭转。

①明·汤显祖《邯郸记·度世》:"呀,一道清气,贯于燕之南,赵之北。不免捩转云头,顺风而去。"

②臧克家《自己的写照》诗:"上天有眼只为了照顾威权,宇宙得凭自己亲手去捩转!"

③冰心《寄小读者》二十:"我们捩转车来,到娜罕去。"

捞毛的 lāomáode

◎**释义**

本义:妓院内的男仆。

方言中,捞毛:"白干活儿没报酬、收益。"

如:①"一天瞎捞毛没挣下钱。"

②俗语:"捞毛不挣钱,假装大仙爷。"

◎《**汉语大词典**》解释

旧时泛称依靠卖淫业为生的人。

《儒林外史》第五三回:"收了家伙,叫捞毛的打灯笼送邹泰来家去,请四老爷进房歇息。"

◎《**重编国语辞典**》

妓院内的男仆。

《儒林外史》第四二回:"正说着,捞毛的叫了王义安出去。"

注:常误写成"烙毛的"。

捞摸 lāomō 摸,西部方言读入声[mʌʔ]。

◎**释义**

在水里寻找,借指攫取非分利益。

如:"队里分家哩,你赶紧过去,看能捞摸点儿甚。"

◎《**汉语大词典**》解释

向水中探物。亦泛指寻取。

①宋·朱熹《与林择之书》:"未去之间,亦且试捞摸看,若幸指拨得一二人,亦是一方久远利害也。"

②元·关汉卿《裴度还带》第三折楔子:"你这阴阳不济事了,你也是多里捞摸。"

③《醒世姻缘传》第九二回:"却使两只手在那床里头四下捞摸,绝没一些影响。"

利利洒洒 lìlìsǎsǎ　洒,西部方言读入声[sʌʔ]。

◎**释义**

干脆利落。

如:"他做营生多会儿都是利利洒洒。"

◎**《汉语大词典》解释**

利落干脆。

葛洛《卫生组长》:"要是延安医院的医生在这里,给她打上一针,保证不出吃一顿饭工夫,就会好得利利洒洒。"

注:"利利洒洒"常说成"利利索索"。词义相同。

利利索索 lìlìsuǒsuǒ　索,西部方言读入声[sʌʔ]。

◎**释义**

(1)做事干脆利落。

如:"要调走了,他把手头工作交代得利利索索。"

(2)干净整洁。

如:"她把家收拾得利利索索。"

◎**《汉语大词典》解释**

干脆利落。

注:"利利索索"常说成"利索"。

利索 lìsuǒ　索,西部方言读入声[sʌʔ]。

◎**释义**

(1)利落。

如:①"他手脚可利索哩。"

②"把房子收拾利索啦。"

（2）没有负担。

如："他的两个儿子都工作啦，这下他可利索啦。"

◎《汉语大词典》解释

（1）谓言语、动作灵活敏捷。

①浩然《艳阳天》第三六章："焦淑红手脚利索地淘了米，又把米下到锅里。"

②王群生《彩色的夜》："我回答得很不利索。"

（2）整齐有条理。

孔厥《新儿女英雄续传》第六章："在淡青的裤褂外面，罩着雪白的带胸襟的围裙，上下显得干净、利索。"

（3）完毕。

周立波《暴风骤雨》第二部二："他们的地都分完了没有？回答不一样，有说分利索了的，也有说没有分完的。"

（4）谓清净无拖累。

辛显令《喜盈门》三五："叫他走，走了更利索。"

注："洒、索"在方言中都读作入声［sʌ²］，成为同音词。

离把　líbǎ

◎**释义**

不懂行。

如："你哪会修机器？一看就是个离把。"

◎《汉语大词典》解释

方言。犹外行。

《白雪遗音·马头调·人人劝我》："他一开口，句句说的是离把的话。"

郭澄清《大刀记》第十六章："大叔，你骗驴骗马是行家，劁猪可看出离把来了。"

力巴　lìbā

◎**释义**

亦作"力把"。与"离把"同义。

◎**《汉语大词典》解释**

(1)方言。指笨手笨脚的人。

①《儿女英雄传》第六回："女子见这般人浑头浑脑,都是些力巴。"

②邓友梅《别了,濑户内海》十二："虎子一下子感到自己长大了一大截,不再是个自顾自的小力巴了。"

(2)指外行。

①《儿女英雄传》第十一回："行家莫说力把话,你难道没带着眼睛,还要问'却是为何'!"

②韦君宜《我们的老高》："我们谁也没怎么干过这,捆得力巴(外行的意思),结果押到半道上被他把绳子不知怎么磨蹭的挣散了。"

脸巴子　liǎnbāzi

◎**释义**

脸。

如："那姑娘脸巴子挺好看。"

◎**《汉语大词典》解释**

面颊。

《儒林外史》第二六回："若扯了一字谎,明日太太访出来,我自己把这两个脸巴子送来给太太掌嘴。"

注:常误写为"脸钵子"。

糤楚楚　liànchǔchǔ　　糤,西部方言读 lüè。

◎**释义**

粥熬得黏稠。

如："粥熬得糤楚楚的。"

注：常错写成"唵楚楚"。

◎《**康熙字典**》**解释**

《集韵》龙卷切，音恋。熬饵黏也。

◎《**汉语大字典**》**解释**

lián

《集韵》龙卷切，去线来。

熬饵黏。

谅　liàng

◎**释义**

推想：凭你？靠你？

如：①"谅你能打多少粮食？"

②"谅你能锄几垄地？"

◎《**汉语大词典**》**解释**

料想。

①《乐府诗集·鼓吹曲辞一·战城南》："野死谅不葬，腐肉安能去子逃？"

②《儿女英雄传》第三十回："要依'金谷酒数'受罚，谅你也喝不起。"

③许地山《缀网劳蛛·命命鸟》："因为敏明每次必在那里坐，这回不见她，谅是没有来。"

凉　liàng

◎**释义**

(1)放一会儿，使温度降低。

如："把水凉一凉"。

(2)被冷落。

如："他和领导闹意见，让凉在一边啦。"

228

◎《汉语大字典》解释

(1)把热东西放一会儿,使之变凉。

如:"把那碗开水凉一下再喝。"

(2)把东西放在通风处使干燥。今作"晾"。

《新唐书·百官志一》:"凡戎器,色别而异处,以卫尉幕士暴凉之。"

(3)方言。犹冷落,撇在一边。

周立波《暴风骤雨》第一部二:"这时他躺在炕上,光顾抽大烟,把一个老实巴脚的老田头凉在一边。"

注:在现代汉语中,除了表"凉快"的词义,"凉""晾"词义重叠。

晾

◎《汉语大字典》解释

(1)晒东西。

(2)把东西放在通风或阴凉的地方使干燥。

(3)同"凉"。把热的东西放一会儿,使温度降低。

◎《汉语大词典》解释

(1)置物于太阳下或通风处,使干燥。

(2)使凉爽;使温度降低。

(3)显露,亮出。

(4)搁置;冷落。

亮莹莹 liàngyíngyíng

◎**释义**

亦作"亮莹莹"。明亮;亮晶晶。

如:"玻璃擦得亮莹莹。"

◎《汉语大词典》解释

形容光亮透明。

马少波《悉尼湖上》:"月亮圆得很,也亮得很,投下来的倒影,在湖面上映出一片亮莹莹的白波。"

注:常误写为"亮影影"。

莹莹

◎《**汉语大词典**》**解释**

明亮,亮晶晶。

①明·无名氏《赠书记·订盟闻难》:"清宵杳,看月光莹莹,归路非遥。"

②龚尔位《情诗次钝庵韵》:"依依堂前柳,莹莹窗下雪。"

③冰心《庄鸿的姊姊》:"这时我抬起头来,只见秋鸿的眼里,射出莹莹的泪光。"

亮锃锃　liàngzèngzèng

◎**释义**

形容闪光耀眼。

如:"新买的钢精锅,亮锃锃的。"

◎《**汉语大词典**》**解释**

形容闪亮耀眼。

魏巍《山雨》:"果然发现了一个半人多高的大瓮,一打开,是满满一瓮亮锃锃的白洋和元宝。"

亮铮铮　liàngzhēngzhēng

◎**释义**

形容闪光耀眼。

如:"一把亮铮铮的利剑。"

◎《**汉语大词典**》**解释**

形容光亮闪烁。

杨朔《海市·百花时节》:"我仰起头一望,果然看见云缝里闪出一颗大星,亮铮铮的,正对着我们。"

蹽　liāo

◎**释义**

(1)快走,跑。

如:"他一天蹽了一百里地。"

(2)溜走。

如:"有人给他通风报信,他早蹽了。"

◎《**新华字典**》**解释**

(1)迅速地走。如:"一气蹽了十几里。"

(2)偷偷地溜走。如:"趁他不注意,抬屁股蹽了。"

(3)大步地跨如:"蹽腿(拔腿);蹽道(犹逛荡);蹽开长腿向伙房

跑去。"

撩拨　liāobō　　拨,西部方言读入声[pʌʔ]。

◎**释义**

(1)惹逗;挑逗。

如:"不可去撩拨藏獒。"

(2)挑拨。

如:"她是撩拨你们两口子打架哩。"

◎《**汉语大词典**》**解释**

(1)引逗;挑动。

①唐・张鷟《游仙窟》:"渠未相撩拨,娇从何处来?"

②宋・秦观《忆秦娥・灞桥雪》词:"清寒冽,只缘不禁,梅花撩拨。"

③《初刻拍案惊奇》卷二六:"老和尚还皮着脸撩拨他几句,杜氏一

句话也不来招揽。"

④茅盾《动摇》二:"胡炳固然胆大,自己也有心撩拨。"

(2)招惹。

①五代・范资《玉堂闲话・葛周》:"葛公为梁名将,威名着于敌

中。河北谚曰:'山东一条葛,无事莫撩拨。'"

②《水浒传》第二回:"那个九纹龙史进是个大虫,不可去撩拨他。"

③魏金枝《三老爷》:"但一有空隙,我们还是要冒险去撩拨他一下。"

(3)挑唆。

浩然《艳阳天》第一一六章:"这句话带着很大的撩拨人的意思。"

(4)排除。

吴组缃《山洪》八:"奶奶堆着柴,心里像笼着重雾,她撩拨不开那些漠然一片的东西。"

撩逗 liáodòu

◎**释义**

挑动;挑逗;撩拨。

如:"他生气了,别再撩逗他。"

注:方言中有"撩戏"一词,与"撩逗"同义。

撩戏 liáoxì

◎**释义**

挑逗,引逗。

如:①"别看个子高,她还是个孩子,你可不能撩戏她。"

②"那条狗咬人,不能撩戏。"

戏

◎**《新华字典》解释**

(1)开玩笑,耍笑捉弄。

①《论语·阳货》:"偃之言是也。前言戏之耳。"

②《国语·晋语九》:"智襄子戏韩康子而侮段规。"

(2)又如:戏辱(戏弄侮辱);戏妇(戏弄新娘);戏说(开玩笑)。

了理 liǎolǐ

◎**释义**

做;干。

如:"搞计算机软件,那活他了理不了。"

◎《汉语大词典》解释

料理;办理。

(1)《二十年目睹之怪现状》第七七回:"再过几天,我的正事了理清楚,也就附轮回上海去。"

(2)《快心编三集》第九回:"只见夫人说道:'尚有一事未曾了理。'"

了利 liǎolì

◎**释义**

了解;处理。

如:①"你把那件事快了利了。"

②"我俩的官司,法院调解了,就算了利了。"

◎《汉语大词典》解释

了解,明白。

《二十年目睹之怪现状》第十一回:"这个我也不甚了利,你问继翁去。"

撂皮 liàopí

◎**释义**

撒谎。

◎《重编国语辞典》解释

说谎话。如:"这孩子动不动就撒谎撂皮。"

零削儿 língxuēr

◎**释义**

一点一点地(吃)。

如:"过年拢共才供应几斤肉,还是零削儿吃吧。"

◎《汉语大词典》解释

谓一个一个地消灭。

老舍《四世同堂》五："你们的大队人马来,我们会一个个的零削你们!"

注:常误写为"零楦儿"。

蹓跶　liūdá

◎**释义**

随便走走。

◎**《汉语大词典》解释**

亦作"蹓搭"。闲走。

①《孽海花》第十六回："加克奈夫也看中了表妹的美貌,常常来蹓搭。"

②杨朔《京城漫记》："湖边住着位张老大爷,七十多岁了,每天早晨到湖边上蹓跶。"

③丁玲《太阳照在桑干河上》十六："这天,很多家都把晚饭提早了,吃过饭,没有事,便在街上蹓跶。"

注:也写作"溜达"。

娄子　lóuzǐ

◎**释义**

纠纷,闯祸。

◎**《汉语大词典》解释**

乱子;纠纷;祸事。

胡茵《双菱村记事》："我再三告诫过你,做事不能总那么丢三落四的。可不,眼下就惹出娄子来了,叫我如何收拾?"

◎**《重编国语词典》解释**

乱子、祸事。

如:"他平日游手好闲,一天到晚在外面捅娄子。"

亦作"漏子"。

注:"漏子""娄子"词义上有区别。

漏子　lòuzǐ

◎**释义**

(1)空子,言行的不周密之处。

如:"这事办得有没有漏子?"

(2)漏斗。

◎**《汉语大词典》解释**

(1)孔洞。

《儿女英雄传》第三一回:"那周围四个箭筒儿的夹空里还有四个漏子。"

(2)毛病;事故。

①杜鹏程《保卫延安》第四章:"这多时,他虽说有进步,但是,这个又瘦小又机灵的孩子,有时候还出点小漏子。"

②老舍《龙须沟》第三幕:"唉!(坐下)我早就知道要出漏子!"

(3)破绽;漏洞。

①李庆藩《拖拉机开进高家村》:"看你慌张的!沉住气,没事人似的出去,装着看热闹,别叫人看出漏子来!"

②魏金枝《礼物》:"于是我就捉住这一个漏子,我把脸一板,说,'好啊!我去告诉你们的爹娘,还去告诉你们的先生!'"

(4)漏斗。

◎**《重编国语词典》解释**

漏斗。

漏洞、乱子、麻烦。

如:"你做这种假账,别人一眼就看出漏子来。"

亦作"娄子""喽子""楼子"。

捅娄子　tǒnglóuzi

◎**释义**

闯祸。

◎《重编国语词典》解释

比喻闯祸、惹麻烦。

如:"他又给他父母捅娄子了。"

◎《现代汉语词典》解释

引起纠纷;惹祸。

捅漏子　tǒnglòuzi

◎**释义**

亦作"捅娄子、捅喽子、捅楼子"。

闯祸;惹麻烦。

◎**《重编国语词典》解释**

比喻闯祸、惹麻烦。

如:"他整天在外面捅漏子。"

◎**《汉语大词典》解释**

引起纠纷;惹祸。

①曹禺《雷雨》第四幕:"你又要给我捅楼子?"

亦作"捅漏子"。

②《全国优秀短篇曲艺集·唐僧行贿》:"猴儿哥呀,你千万别去捅漏子,因小失大划不来!"

篓壶　lǒuhú

◎**释义**

小茶壶。

《万荣方言词典》中收有"篓壶",解释为"一种旧式茶壶,比普通茶壶小,呈圆锥台形,有嘴儿,用铁皮制成,旧时用来沏茶"。

其实是"望字生义"。

(1)鲁壶、卤壶,因其在晋方言中都读作"lǒu",所以记录方言才有了"篓壶"的写法。

(2)有人据"篓壶"又得出"'篓壶'原指用树木枝条编成的篓子作

为骨架,附以黏土烧制而成的水壶,此种工艺早被淹没在历史深处,方言中虽然还保留着这一词语,但基本指的是瓷质水壶"。

(3)网上也有人认为"那种专门用来沏茶的瓷壶,因其中间大,两头小,有点像个篓子,则亲切地叫作"篓壶壶"。

卤壶 lǔhú **卤,西部方言读** lǒu。

◎**释义**

茶壶。

◎**《新华字典》解释**

陶瓷茶壶。

《儿女英雄传》:"华嬷嬷……怀里抱着个卤壶。"

鲁壶 lǔhú **鲁,西部方言读** lǒu。

◎**释义**

瓷茶壶。

◎**《汉语大词典》解释**

(1)指鲁国进贡周室的壶。按,壶,古代盛酒器。

《左传·昭公十五年》:"(周天子)以文伯宴,樽以鲁壶。"

杜预注:"鲁壶,鲁所献壶樽。"

(2)瓷茶壶。

周立波《暴风骤雨》第二部二七:"洞房是赵大嫂子给他们布置起来的……桌上的鲁壶、茶碗,都盖着红纸剪的纸花。"

原注:"鲁壶,瓷茶壶。"

注:(1)《汉语大词典》《现代汉语词典》都没有收录"卤壶"。

(2)"卤"通"鲁"。

卤

◎**《汉语大字典》解释**

通"鲁"。愚钝。

《文选·刘桢〈赠五官中郎将〉诗之四》:"小臣信顽卤,僶俛安能追!"李善注:"《论语》曰:'参也鲁。'孔安国曰:'鲁,钝也。'鲁与卤同。"

M

抹脱 mātuō **西部方言读作入声**[mʌˀ][tuʌˀ]。

◎**释义**

(1)滑脱,脱手。

如:①"手一抓抹脱啦,连人带货都掉沟里啦。"

②"口袋没缯牢,一搬动,绳子就抹脱啦。"

◎**《汉语大词典》解释**

擦掉。

《水浒传》第三九回:"话说当下李逵把指头捺倒了那女娘……看看苏醒,扶将起来。看时,额角上抹脱一层油皮。"

抹

除去、脱下、摘下(帽子、手套、眼镜等)。

◎**《汉语大字典》解释**

捋;拉:"把帽子抹下来。"

脱

◎**释义**

离开,落掉:"脱产、脱发。"

满满登登 mǎnmǎndēngdēng

◎**释义**

极丰富的,富裕的,装得很多的。

如:"柜子里新衣服装得满满登登。"

◎**《汉语大词典》解释**

方言。形容很满的样子。

①《吉林日报》1981 年 1 月 23 日:"大包小包的,把一辆送站的毛驴车装得满满登登的,乐颠颠地登上了进关的车。"

②《十月》1981 年第 2 期:"他亲自动手,把我与何素身上的所有大小衣袋,都一一塞得满满登登的。"

抹撒 mǒsā 抹,西部方言读作入声[mʌ²]。

◎**释义**

顺着同一方向抚摸。

如:"他是头犟驴,你得顺毛抹撒。"

◎《**汉语大词典**》**解释**

方言。捋。

①吴祖光《闯江湖》第二幕:"对付这样的脾气,不能戗着来,得顺着毛抹撒。"

②管桦《清风店》一:"老曹克星吃完饭,撂下碗筷,伸出巴掌,把沾在胡子上的饭粒子抹撒掉。"

茅厕 máosi

◎**释义**

厕所。

◎《**汉语大词典**》**解释**

厕所。

①元·秦简夫《东堂老》楔子:"你偏不知我的性儿,上茅厕去也骑马哩。"

②《红楼梦》第四一回:"别是掉在茅厕里了? 快叫人去瞧瞧。"

③《二十年目睹之怪现状》第十六回:"他转了一个弯,走了一箭之路,路旁一个茅厕。"

厕

◎《**汉语大字典**》**解释**

cè

厕所。（今方言中读 si）（原注）

◎《新华字典》解释

si

如"茅厕"（máosi）：厕所（用于口语）。

◎《现代汉语词典》解释

茅厕，方言中读 máosi。

注："茅厕"，也写作"茅司"。

茅司　máosi

◎《汉语大词典》解释

厕所。

清·翟灏《通俗编·居处》："《传灯录》：赵州谂谓文远曰：东司上不可与说佛法。

朱晖《绝倒录》载宋人《拟老饕赋》有'寻东司而上茅'句。"

按：俚言毛司。据此，当为茅司也。

梦魇　mèngyǎn　　**魇，西部方言读入声[jʌʔ]。**

◎释义

梦中惊悸。

如："孩子梦魇住啦，赶快推醒。"

◎《汉语大词典》解释

睡眠中做一种感到压抑而呼吸困难的梦，多由疲劳过度，消化不良或大脑皮层过度紧张引起。旧谓梦惊。

①唐·韩愈《陪杜侍御游湘西两寺独宿有题一首因献杨常侍》诗："犹疑在波涛，怵惕梦成魇。"

②明·屠隆《昙花记·礼佛求禳》："清闺梦魇，晓黛愁蛾敛，渐香肌疲损腰纤。"

③清·蒲松龄《聊斋志异·续黄粱》："正悲号间，闻游者呼曰：'兄梦魇耶？'豁然而寤。"

④茅盾《子夜》一:"一切梦魇似的都市的精怪,毫无怜悯地压到吴老太爷朽弱的心灵上。"

注:方言中常用词为"睡魇"。

睡魇　shuìyǎn　魇,西部方言读入声[jʌ²]。

◎**释义**

同"梦魇",睡梦中惊悸。

魇

◎**《康熙字典》解释**

《唐韵》《集韵》于琰切《韵会》幺琰切,并音黡。《说文》梦惊也。《类篇》眠不祥也。又《广韵》于协切《集韵》益涉切,并音压。义同。或作压。

注:按《康熙字典》(标点)注音,魇,读作 yǎn 和 yè。

◎**《汉语大词典》解释**

《广韵》于琰切,上琰,影。

《广韵》于叶切,入叶,影。

做恶梦;发生梦魇。

①唐·韩愈《陪杜侍御游湘西两寺独宿有题一首,因献杨常侍》诗:"犹疑在波涛,怵惕梦成魇。"

②宋·郭彖《睽车志》卷二:"是夜明月如昼,四鼓后,婢辈忽若惊魇。"

③《红楼梦》第八二回:"黛玉拚命放声大哭。只听见紫鹃叫道:'姑娘,姑娘! 怎么魇住了?'"

迷瞪　mídèng

◎**释义**

亦作"迷登"。

(1)小睡一会儿。

如:"我去迷瞪一会儿。"

(2)糊涂。

如:"把我整迷瞪啦。"

◎《汉语大词典》解释

(1)迷糊。

①陈建功《丹凤眼》:"辛小亮还是一副睡眼迷瞪的样子。"

②柯岩《奇异的书简·美的追求者》:"迷瞪的女儿高兴得尖叫起来:'韩叔叔,你怎么知道我老犯困爱睡觉呢?'"

(2)心里迷惑;糊涂。

①柳青《铜墙铁壁》第十六章:"'怎么个事哩?'石得富完全迷瞪住了。"

②浩然《苍生》第八段:"这是因为路窄,天色还不太亮的过呢,还是由于刚才老二保根那一套让他似懂非懂的话,把他的心绪给搅迷登了呢?"

注:"迷瞪"也说成"迷迷瞪瞪"。

迷迷瞪瞪 mímídèngdèng

◎《重编国语辞典》解释

醉心沉湎的样子。

或作"迷迷登登。"

N

拿掇 náduo 掇,西部方言读入声[tuʌ²]。

◎释义

(1)显示,展示。

如:①"我的画功底不行,参加比赛,拿掇不出手。"

②"就他那几个臭字也有脸拿掇出来?"

(2)做;端。

如:"他老婆是能手,一会儿就拿掇出几个菜。"

◎《汉语大词典》解释

拿;端。指出,显示。

①《金瓶梅词话》第七五回:"我就听不上你恁说嘴,自你家的好拿掇的出来见的人。"

②《醒世姻缘传》第四九回:"我还有句话禀奶奶:'除的家还许我来看看这媳妇子,浆衣裳,纳鞋底,差不多的小衣小裳,我都拿掇的出去。'"又第五五回:"好客的人常好留人吃饭,就是差不多的两三席酒,都将就拿掇的出来了,省了叫厨子,咱早晚那样方便哩。"

毢糕 nāgāo

◎**释义**

用杂粮面做成的面食。

如:荞面毢糕;莜面毢糕。

注:常误写成"拿糕"。

毢

◎**《康熙字典》解释**

《集韵》女下切,音絮。毢毢,黏着也。又女加切,音拏。又乃嫁切,音膠。义并同。

◎**《汉语大字典》解释**

《集韵》女下切,上马,娘。

毢毢,粘著也。

诵 nán

◎**释义**

(1)说,低声说。

如:"你别诵了,我有事要办。"

(2)没完没了地说。

如:"他诵诵地说不完了。"

◎《**汉语大词典**》**解释**

形容多言、低语的声音。

《玉篇·言部》："诵,语声也。"

参见"诵诵"。

诵诵

◎《**汉语大词典**》**解释**

多言貌。亦指低语声。

①唐·韩愈《酬司门卢四兄云夫院长望秋作》诗："日来省我不肯去,论诗说赋相诵诵。"

②宋·文同《赠日新禅师》诗："师如捉龟拂,定不空诵诵。"

清·汪婉《中峰晓庵了法师塔铭》："吾尝过师,访以《华严》,纲提领挈,其语诵诵。"

注:现在人们常写为"喃"。

喃 nán

◎《**新华字典**》**解释**

(喃喃),象声词,连续不断地小声唠叨的声音,如"喃喃自语"。

喃喃

◎《**汉语大词典**》**解释**

(1)象声词。低语声。

①《北史·隋房陵王勇传》:"(太子)乃向西北奋头,喃喃细语。"

②清·纪昀《阅微草堂笔记·姑妄听之一》:"忽扮钱玉莲者长跪哀号,泪随声下,口喃喃诉不止。"

③丁玲《韦护》第三章:"丽嘉骇得不知所措地望着珊珊,喃喃地喊着奇怪。"

(2)象声词。读书声。

①唐·寒山《诗》之二十:"下有斑白人,喃喃读黄老。"

②清·赵庆熹《香销酒醒·杂感》:"辰窗了夜,子夜喃喃诵。"

(3)象声词。鸟啼声。

①前蜀·贯休《读〈吴越春秋〉》:"今日雄图又何在,野花香径鸟

喃喃。"

②前蜀·李珣《西溪子》词:"离思正难缄,燕喃喃。"

③清·孙枝蔚《道院乳燕》:"雷雨欲作虫乱飞,乳燕喃喃苦诉饥。"

注:从上面的解释可以看出,喃:①多言;②形容多言、低语的声音。喃:象声词,低语声。

年景 niánjǐng

◎**释义**

年成:好年景,正常年景。

◎《**汉语大词典**》**解释**

指一年农作物收获的情况。

①清·潘荣陛《帝京岁时纪胜·十二月·市卖》:"腊月诸物价昂,盖年景丰裕,人工忙促,故有'腊月水土贵三分'之谚。"

②毛泽东《关于正确处理人民内部矛盾的问题》:"我们要尽可能使农民能够在正常年景下,从增加生产中逐年增加个人收入。"

◎《**重编国语辞典**》**解释**

农作物的岁收状况。

清·潘荣陛《帝京岁时纪胜·十二月·市卖》:"腊月诸物价昂,盖年景丰裕,人工忙促,故有'腊月水土贵三分'之谚。"

年时 niánshi

◎**释义**

去年。

如:"他年时(圪)上的大学。"

◎《**汉语大词典**》**解释**

方言。去年。

①明·孔尚任《桃花扇·拜坛》:"年时此日,问苍天,遭的什么花甲。"

②宋·苏庠《菩萨蛮》词:"年时忆着花前醉,而今花落人憔悴。"

③宋·王庭珪《虞美人·辰州上元》词:"花衢柳陌年时静,划地今年盛。"

④明·高启《江上晚过邻坞看花因忆南园旧游》诗:"去年看花在城郭,今年看花向村落……年时游伴俱何处,只有闲蜂随绕树。"

⑤《金瓶梅》第七三回:"那一个因想起李大姐来,说年时孟三姐生日还有他,今年就没他了,落了几点眼泪。"

◎《**新华字典**》解释

去年:"他们是年时结的婚。"

踙 niǎn

◎**释义**

(1)踩:踩住并用力搓。

如:"一脚把虫子踙死啦。"

(2)追赶。

如:"他跑得飞快,狗也踙不上。"

◎《**汉语大词典**》解释

(1)踩,践踏。

①《庄子·庚桑楚》:"踙市人之足,则辞以放骜。"

成玄英疏:"踙,蹋也,履也。"

②《文选·张衡〈西京赋〉》:"当足见踙,值轮被轹。"

薛综注:"足所蹈为踙。"

③明·汤显祖《游罗浮山赋》:"于是拂金沙兮夜语,踙青霞兮旦发。"参见"踙水""踙履"。

(2)履行;实践。

汉·贾谊《新书·容经》:"古者年九岁入就小学,踙小节焉,业小通焉;束发就大学,踙大节焉,业大通焉。"

(3)以指按物量长短。引申指距离短。

注:现在人们表"追赶"时多用"撵"。

撵 niǎn

◎**释义**

本义为使离开,驱逐;赶走。

◎**《新华字典》解释**

(1)驱逐,赶走:"把他撵出去。"

(2)追赶:"我撵不上他。"

念到 niàndào

◎**释义**

亦作"念叨";亦作"念道"。

因想望或惦记絮絮叨叨地说起。

如:①"老爷子常念到过去生产队那些事。"

②"他回家后老念到你。"

◎**《汉语大词典》解释**

(1)由于记挂而一再说起。

①元·王实甫《西厢记》第三本第一折:"俺小姐至今脂粉未曾施,念到有一千番张殿试。"

②老舍《骆驼祥子》二二:"我们全时常念道你!"

③杨沫《青春之歌》第一部第十章:"他回家来常念叨林老师好,林老师教他打日本呢。"

(2)念;说。

①《儿女英雄传》第三六回:"他还得耳轮中聒噪着探花,眼皮儿上供养着探花,嘴唇儿边念道着探花,心坎儿里温存着探花。"

②孙犁《白洋淀纪事·村歌下篇》:"李三说:'现在开会,各组的人往一块凑凑吧,回头还要讨论哩!谁先说说?'他回头望着代表们问。'三哥念道念道吧!'代表们说。"

(3)谈论,商量。

①贺敬之《秦洛正》:"洛正哥!这两天咱们村里的事,你大半也知道了,今儿我来,咱们再念道念道。"

②梁斌《红旗谱》三八:"到了严志和家,敲门进去,和江涛、严志和、涛他娘念叨了一会子开大会的事。"

捏估 niēgū
◎**释义**
(1)撮合。多指男女婚姻。见"捏合"。
(2)背后出坏主意。
如:"他俩早捏估好了,要在会上向你发难。"
◎**《新华字典》解释**
(1)进行中间活动,使凑合在一起。
(2)暗地里替人出主意。
注:"捏估"也写作"捏鼓"。

捏鼓 niēgǔ
◎**释义**
(1)进行中间活动,使凑合在一起。
如:"终于把他们俩捏鼓在一起,答应结婚啦。"
(2)暗地里替人出主意。
如:"他俩在背后又捏鼓甚哩?"
◎**《汉语大词典》解释**
(1)方言。背地里策划、商议。
《曲艺》1984 年第 6 期:"合着六个人捏鼓到一块儿挤对我一个人儿。"
(2)撮合。
苏叔阳《左邻右舍》:"老爷子,您把他们俩捏鼓到一块儿,合适吗?"

捏合 niēhé 　合,西部方言读入声[kʌʔ]。
◎**释义**
(1)撮合,使一对男女凑合到一起

如:"那两人性格不合股,捏合不到一起。"

(2)多人背后商量共同做事(多指坏事)。

如:"他们几个捏合住欺负我哩。"

(3)互相串通捏造。

如:"他们说我偷了队里的东西,这是他俩捏合好了害我。"

◎**《汉语大词典》解释**

(1)用泥土捏塑。

唐·蒋贻恭《咏金刚》诗:"扬眉斗目恶精神,捏合将来恰似真。"

(2)凑合;撮合。

①《朱子语类》卷三五:"君子所贵于此者,皆平日功夫所至,非临事所能捏合。"

②《警世通言·计押番金鳗产祸》:"周三就在门前卖些果子,自捏合些汤水。到晚间,就在计安家睡。"

③老舍《赵子曰》第十九:"想给他们往一处捏合吧,他们面上永远是彼此笑着,并没有一点不和的破绽。"

(3)指勾搭。

《红楼梦》第六五回:"(贾珍)便把二姐儿乐得让给贾琏,自己却和三姐儿捏合。"

(4)伪造,虚构。

①宋·文天祥《委金幕审问杨小三死事批牌判》:"二则杀人无证。只据三人自说取,安知不是捏合?"

②《西游记》第三二回:"他会编什么谎?又是你捏合什么鬼话赖他哩。"

③鲁迅《中国小说史略》第十三篇:"近讲史而非口谈,似小说而无捏合。"

扭搭　niǔdā

◎**释义**

来回摆动。

如:"音乐一响,秧歌队就扭搭开来。"

◎《汉语大词典》解释

亦作"扭挞";亦作"扭达"。

扭动;摆动。

①《儿女英雄传》第四回:"那小的也抱起茶壶来嘴对嘴儿地灌了一起子,才撅着屁股扭搭扭搭地走了。"

②胡适《歌谣的比较的研究法的一个例》引民歌:"蒲龙车,大马拉,哗啦哗啦到娘家……嫂子出来一扭挞。"

③管桦《井台上》:"五十多岁的人了,扭达着两只小脚,能比得过青年吗?"

④张洋《泥鳅看瓜》:"他在西瓜皮上挖了两个小洞,把西瓜皮往头上一套,扭搭起来,活像个大头娃娃。"

O

怄憷　òuchù　怄,西部方言读[ŋou]。

生闷气,担心,发愁。

如:"你甭怄憷,你儿子肯定能找上媳妇。"

怄

◎《康熙字典》解释

《集韵》乌侯切,音讴。恘也。

◎《汉语大字典》解释

(1)逗引,逗弄。

(2)作弄;取笑;使人不愉快。

(3)憋闷。

憷

◎《汉语大字典》解释

方言。害怕;畏缩。

注:"怄憷"的近义词是"疙皱"。

疙皱 gēzhòu

◎《**汉语大词典**》**解释**

苦恼;发愁。

金·董解元《西厢记诸宫调》卷六:"一双儿心意两相投,夫人白甚闲疙皱!休疙皱。常言道:'女大不中留。'"

怄气 òuqì　**怄,西部方言读**[ŋou]。

◎**释义**

生闷气,心怀不满而表露出来。

如:"你不要和领导怄气,吃亏的是自己。"

◎《**汉语大词典**》**解释**

闹情绪,生气。

①《红楼梦》第二六回:"如今父母双亡,无依无靠,现在他家依栖,若是认真怄气,也觉没趣。"

②魏巍《东方》第三部第十三章:"没想到把我分到后方,我就怄气,觉得上级瞧不起我。"

P

跑搭 pǎodā

◎**释义**

(1)在外谋生。

如:"他一年四季在外跑搭,做买卖。"

(2)(往返)奔走。

如:"这地方我经常跑搭,路熟。"

◎《**汉语大词典**》解释

奔走,奔忙。

康濯《水滴石穿》第三章:"张永德却眼望着地下,给玉枝叫了一声春娃他娘,然后就说,他这阵子见天在外跑搭,前些天劳你给秋妞送鞋,他都没顾上道一声谢的。"

张志民《老朱和房东》:"家里要来人,不同他们这在外边跑搭的,怎睡得了凉炕。"

注:"跑搭",也写作"跑跶",词义相同。

跑跶　pǎodā
◎《**汉语大词典**》解释

奔走;奔忙。

①鲍昌《庚子风云》第一部第十章:"跑跶了一天,饿得够呛了。"

②梁斌《红旗谱》四九:"朱老忠对严知孝说:'请你费点心,为这件事跑跶跑跶吧。'"

排调　páidiào
◎**释义**

嘲笑戏弄;捉弄。

如:"那小子,官不大,老排调人。"

◎《**汉语大词典**》解释

戏弄调笑。

明·顾起元《客座赘语·严宾》:"身长,面大,口阔,语多排调。"

盘缠　pánchán
◎**释义**

(1)费用;特指旅途费用。

如:"到趟北京,盘缠就得上千。"

(2)指钱币。

如："要出门上学啦,找亲戚们借点盘缠。"

(3)纠缠。

如："这事不归我管,你盘缠住我没用。"

◎**《汉语大词典》解释**

(1)费用。

①宋·王溥《五代会要·仓》:"人户送纳之时,如有使官布袋者,每一布袋,使百姓纳钱八文,内五文与擎布袋人,余三文即与仓司充吃食、铺衬、纸笔盘缠。"

②元·无名氏《冤家债主》第二折:"这几日家中无盘缠,俺去茶坊里坐下,等二舍来,有何不可?"

③《初刻拍案惊奇》卷二:"朝奉拿出聘礼,娶下了,就在此间成了亲,每月出几两盘缠,代你养着,自有老身伏侍陪伴。"

④《官场现形记》第十七回:"只弄他一万、八千,拿来放放利钱,够了我的养老盘缠,我也心满意足了。"

(2)特指旅途费用。

①元·高文秀《黑旋风》第三折:"俺娘与了我一贯钞,着我路上做盘缠。"

②明·王錂《寻亲记·发配》:"小的愿去,只路途遥远,没有盘缠。"

③孔厥《新儿女英雄传》第七回:"我们有几个兄弟想洗手不干了,跟四爷借个盘缠。"

(3)花费。

①宋·萧德藻《樵夫》诗:"一担干柴古渡头,盘缠一日颇优游。"

②元·郑廷玉《后庭花》第一折:"咱如今把他首饰头面都拿了,放的他走了,有谁知道。这些东西咱一世儿盘缠不了。"

③《水浒传》第三回:"每日但得些钱来,将大半还他,留些少子父们盘缠。"

(4)指供养。

《初刻拍案惊奇》卷二一:"不要说俺家主人,就是俺自家,也盘缠得小哥一两月起的。"

(5)指钱币。

①金·董解元《西厢记诸宫调》卷六:"草索儿上,都无一二百盘缠;一领白衫又不中穿。"

②元·孙仲章《勘头巾》第一折:"有那财主人家见我这等贫苦,可怜见我,与些盘缠,买些柴米度日。"

注:有人解释盘缠来源:盘缠是指如今说的路费。古钱是中间有孔的金属硬币,常用绳索将一千个钱币成串再吊起来,人们在出远门办事探亲之时,只能带上笨重的成串铜钱,把铜钱盘起来缠绕腰间,既方便携带又安全,因此古人将这又"盘"又"缠"的旅费叫"盘缠"。

刨除　páochú

◎**释义**

(1)扣除。

如:"刨除许多花销以外,还得重新修建厂房。"

(2)减去,除去。

如:"十五天刨除六天,只剩九天了。"

◎**《汉语大词典》解释**

犹扣除。

①《儿女英雄传》第三三回:"合在一起便是一亩地的租子数儿,就让刨除佃户的人工饭食,牲口口粮去,只怕也不止这几两银子。"

②《小说选刊》1981 年第 7 期:"如果从这新起的义愤里刨除个人恩怨的成分,余下的还有几多纯正的义愤?"

注:①常误写成"抛除"。抛,本义为丢弃。②西部方言常说"刨转 páozhuàn"。与普通话"刨除"同义。

配搭　pèidā

◎**释义**

（1）把不同的东西配合在一起。

如："这两件衣服配搭在一起挺好看。"

（2）配合。

如："他俩在一块儿，工作上配搭得不赖。"

◎《汉语大词典》解释

（1）把多种事物按一定条件配合在一起。

①《醒世恒言·徐老仆义愤成家》："（徐言）即将田产家私，都暗地配搭停当，只拣不好的留与侄子。"

②《二十年目睹之怪现状》第七五回："花厅里先有了十多个客，也有帮着在那里发给彩物的，也有商量配搭赠品的。"

③束为《好人田木瓜》："这顶破油腻帽，和那满脸的皱纹，花白的圈脸胡子，一双长眉毛下的衰老的眼睛，整个配搭起来，越发显出一副好人相，越看越像是木瓜大叔了。"

（2）跟主要的事物合在一起做陪衬。

沙汀《淘金记》十五："'你不要同他讲！'寡妇制止地说，'他还配搭不上！'"

披搭　pīdā

◎释义

披上衣服等。

如："屋里冷，快把棉袄披搭上。"

◎《汉语大词典》解释

穿在或搭在肩上的东西（如亚麻围裙、披肩、围颈肩的长方形麻布或圣带）。

品摸　pǐnmō　摸，西部方言读作入声［mʌʔ］。

◎释义

了解，掌握。

如：①"这营生简单，慢慢品摸，几天就会做啦。"

②"他脾气不好,你品摸住,不惹他,他就不会骂你。"

◎《汉语大词典》解释

方言。琢磨;体味。

①《章回小说》2001年第9期:"她背转身去用耳音通过顾客的呼吸轻重品摸顾客的心态变化。"

②《环球时报》2008年11月18日:"这才知道死海黑泥有美容作用,于是大家乱涂一通,留影传家,洗去黑泥慢慢品摸,都觉皮肤光滑不少。"

平不答的 píngbùdāde

◎释义

不声不响,装没事。

如:"你偷开单位车,并撞了,回来平不答的没事啦?"

◎《重编国语辞典》解释

一声不响。

《金瓶梅》第六九回:"你不出来见俺每,这事情也要销徽。一个缉捕问刑衙门,平不答的就罢了?"

泼洒 pōsǎ　西部方言读入声[p'ʌʔ][sʌʔ]。

◎释义

东西倒洒了。

如:①"他手一抖,杯子里的茶水泼洒出来。"

②"月光如水,泼洒在静谧的原野上。"

◎《汉语大词典》解释

"泼洒"亦作"泼撒"。将液体或其他细小东西向外倒洒,使散开。

①《小说选刊》1984年第1期:"河畔烧过的草地,黑乎乎的,像国画先生泼洒了成吨的墨汁。"

②《二十年目睹之怪现状》第一〇三回:"到底是大家姑娘出身,

懂得规矩礼法,虽是一大坛子的山西老醋,搁在心上,却不肯泼撒出来。"

③李劼人《死水微澜》第六部分二:"猜他是个坏人,确是冤枉了他,倒像个土粮户……举动才那样地直率粗鲁,气象才那样地土苔,用钱也才那样地泼撒。"

扑打　pūdā　扑,西部方言读入声[ˌpˈuəˀ]。

◎**释义**

本义:殴打、拍打。

方言中除表"拍打"词义外,词义变轻,表呵斥,挖苦。

如:①"人家是扑打你了,你还当真?"

②"他一进家,让媳妇扑打了几句,气得肚皮一鼓一鼓。"

◎**《汉语大词典》解释**

(1)殴打。

《南史·宋纪下·明帝》:"渐长,喜怒乖节,左右失旨者手加扑打,徒跣蹲踞。"

茅盾《子夜》十五:"曾家驹吼一声,就要扑打屠维岳。"

(2)相扑。

(3)扑击除灭。

清·蒋士铨《桂林霜·闺诫》:"渔阳鼓乱挝,莽烽烟谁扑打。"

康濯《水滴石穿》第四章:"一团花椒子大小的铁火窜到她的袖筒上,她还来不及扑打,就灭了。"

(4)拍打。

茅盾《子夜》一:"一大包沙发套子放在地板上,客厅里的地毯也拿出去扑打。"

◎**《现代汉语词典》**

轻轻地拍打。

如:"扑打身上的雪花。"

扑拉 pūlā 扑,西部方言读入声[p'uəʔ]。

◎**释义**

(1)用手扒开。

如:"他用手一扑拉,埋在土里的钱露出来啦。"

(2)分开。

如:"剩下的十几个人,你随便扑拉成三个组就行。"

(3)手指快速移动。

如:"扑拉算盘。"

(4)谋求;找。

如:"他将(刚)进城,不会做营生,你给扑拉个管吃管住的地点就行。"

(5)处置。

如:"任务多,人手少,工作有些扑拉不开了。"

注:参见"扒拉"词条。

◎《**新华字典**》解释

(1)象声词。形容拍翅等声音。

如:"母鸡在窝里扑拉着翅膀咕咕叫。"

(2)轻轻拍打。

如:"用手扑拉身上的尘土。"

(3)形容眼泪等向下掉的样子。

如:"说起伤心事,眼泪扑拉往下掉。"

(4)方言。料理。

如:"我村上的事太多,实在有些扑拉不开。"

(5)方言。找;谋求。

如:"赶快给他扑拉一个工作。"

扑楞 pūléng 扑,西部方言读入声[p'uəʔ]。

◎**释义**

亦作"扑棱"。

（1）禽鸟扑张翅膀。

如："鸡扑楞翅膀。"

（2）挣扎。

如："他不会耍水，掉了河里，扑楞了半天，担心淹死。"

◎《汉语大词典》解释

（1）禽鸟张翅拍打貌。

①《诗刊》1977 年第 2 期："惊得鸟雀扑楞飞，震得桃花簌簌掉。"

②《人民文学》1977 年第 11 期："大白鹅一看主人追得急，便向陡峭的沟坡上窜，扑棱着翅膀往上爬。"

③顾笑言《你在想什么？》十三："郝家的鸭子、大鹅……嘎儿嘎儿地叫着，扑棱着翅膀。"

（2）引申指像翅膀般张开。

李准《李双双小传·不能走那条路六》："特别是他跟前的一块高粱，穗子扑楞开像一篷小伞。"

（3）犹折腾，挣扎。

①郭澄清《大刀记》第一章："老梁呀，照你过去那么个扑棱法，别说是再扑棱二十年，你就算扑棱到老死，也是白扑棱呀！"

②扎拉嘎胡《小白马的故事》："小白马蹬着四只蹄子，扑楞一下，就站起来了。"

扑撒　pūsǎ　西部方言读入声［puəʔ］［sʌʔ］。

◎释义

1.（1）分散、消散。

如："把东西扑撒下一地。"

（2）闲逛。

如："他一天不好好上班，可能瞎扑撒。"

注："可"读入声［kʌʔ］。

（3）出于功利的目的，常去某地方。

如：①"他常往领导家扑撒。"

②"哪儿有漂亮姑娘,他就往哪儿扑撒。"

◎《汉语大词典》解释

驱散;散开。

①金·董解元《西厢记诸宫调》卷四:"张生闻语,扑撒了满怀里愁。"

②峻青《黎明的河边·老水牛爷爷》:"它的枝叶扑撒着像个亭子盖一样,它的腰干弯曲着像个老头儿一样,所以我们叫它'老头树'。"

2.从一个方向抚摸。

如:"我肚子难受,你给我扑撒扑撒。"

◎《汉语大词典》解释

抚摩。

①元·乔吉《扬州楚》第二折:"日高也花影重,风香时酒力涌。顺毛儿扑撒上翠鸾丹凤,恣情的受用足玉暖香融。"

②《金瓶梅词话》第七五回:"你睡下,等我替你心口内扑撒扑撒,管情就好了。"

③《醒世姻缘传》第六四回:"素姐叫那白姑子顺着毛一顿扑撒,渐渐回嗔作喜。"

注:"扑撒",表"抚摸"的词义时西部方言常说成"扑揎"。

扑揎 pūsuō 西部方言读入声[puə˧][suʌ˧]。

◎释义

抚摸;按摩。

如:"我肚子痛,快给我扑揎扑揎。"

揎

本意为抽,引。

如:"揎霍乱。"

◎《康熙字典》解释

《唐韵》《集韵》并所六切,音缩。《说文》蹴引他。又《广韵》抽也。《诗·小雅·成是南箕传》放乎旦而蒸尽,缩屋而继之。《释文》缩又作摍。《疏》然薪薪尽,乃抽取屋草,以继之也。本作摍。亦作窄。

◎《汉语大字典》解释

《广韵》所六切,入屋,生。

抽;

引。

扑腾 pūténg 扑,西部方言读入声[p'uə²]。

◎**释义**

(1)折腾。

如:①"他本事不大,尽瞎扑腾。"

(2)同"扑楞"(2)挣扎。

如:"他不会耍水,掉了河里,扑腾了半天,担心淹死。"

◎《汉语大词典》解释

(1)折腾。

元·关汉卿《金线池》第三折:"人跟前不怹的吃场扑腾,呆贱人几时能勾醒醒。"

(2)腾跃;飞舞。

①康濯《徐水平原的白天黑夜》:"凤琴越说越野,手脚也扑腾起来。"

②刘心武《班主任》六:"(宋宝琦)两眼直愣愣地望着对面在窗玻璃外扑腾的一只粉蝶。"

(3)象声词。形容心跳、走动及东西落地等的声音。

①黄新庭《喧啸的柴林》:"这一整天,我心里总是扑腾扑腾跳。"

②杨朔《上尉同志》:"我们扑腾扑腾踏着大雪,蹚出条路,并着肩膀往前走着,谁都不言语。"

③曹禺《王昭君》第一幕:"戚戚扑腾跪下。"

Q

七棱八瓣　qīléngbābàn

◎**释义**

不平。

如："脑袋七棱八瓣的。"意为生猛，不服管。

◎《**汉语大词典**》**解释**

形容凹凸不平。

老舍《火葬》三一："他的七棱八瓣的脸，好像刚刚用刀重新雕刻过一回，棱角越发分明。"

注："七棱八瓣"，也写作"七楞八瓣"。

七楞八瓣　qīléngbābàn

◎《**汉语大词典**》**解释**

形容凹凸不平。"楞"，同"棱"。

老舍《老张的哲学》第三一："小山摘下眼镜，擦了擦眼镜，揉了揉眼，面部的筋肉全皱起来。皱起的纹缕，也不是哭的表示，也不是笑，更不是半哭半笑，于无可形容之中，找出略为相近的说，好像英国七楞八瓣的小牛'牛头狗'的脸。"

齐楚　qíchǔ

◎**释义**

(1)整齐，多指衣服。

如："衣冠齐楚。"

(2)齐全。

如：①"今天来的人挺齐楚。"

②"日用家具买好了，很齐楚。"

◎《**汉语大词典**》**解释**

(1)整齐美观。

①《二刻拍案惊奇》卷二四："（自实）住了多日,把冠服多整饰齐楚,面庞也养得黑色退了,然后到门求见。"

②《儿女英雄传》第二四回："褚一官也衣冠齐楚地跟在后面。"

③李劼人《大波》第一部第一章："周宏道看他打扮齐楚,像是要走了的样子才说:'怎么,不戴上缨帽吗?'"

（2）齐备;齐全。

①《儒林外史》第四九回："到了二厅,看见做戏的场口已经铺设的齐楚。"

②赵树理《锻炼锻炼》："小四说:'今天大家来得这样齐楚,我很高兴。'"

齐茬茬　qíchàchà

◎**释义**

齐齐的,完整貌。

如:"新买的锹把,让他齐茬茬地碰断了。"

◎**《汉语大词典》解释**

完整貌。

王士美《铁旋风》第一部："他挣扎着,狠劲地咬住管家狗腿子的黑手,齐茬茬咬下一块肉来。"

齐欻欻　qíchuàchuà

◎**释义**

整齐,与"齐刷刷"同义（更注重声音的描绘）。

如:"教室里齐欻欻举起一片手。"

欻欻

◎**《汉语大词典》解释**

（1）动貌。

①唐·陈劭《通幽记·皇甫恂》："其夜忽闻敲门声,时有风欻欻然。"

②《初刻拍案惊奇》卷七：“念动咒语，未及念完，法善身体欻欻就瓶，念得两遍，法善已至瓶嘴边，翕然而入。”

（2）盛气貌。

南朝宋·刘义庆《世说新语·规箴》：“王绪、王国宝相为唇齿，并上下权要。王大不平其如此，乃谓绪曰：‘汝为此欻欻，曾不虑狱吏之为贵乎？’”

齐打伙儿　qídǎhuǒr

◎释义

一起、一同、一块儿。

如：“明天我们齐打伙儿上工地。”

◎《汉语大词典》解释

谓一齐。

《红楼梦》第九二回：“要办‘消寒会’，齐打伙儿坐下，喝酒说笑。”

《红楼梦》第九九回：“明儿我们齐打伙儿告假去。”

齐刷刷　qíshuāshuā

◎《汉语大词典》解释

亦作“齐唰唰”。形容动作一致，非常整齐。

①《新华月报》1981年第9期：“话音刚落，全场齐刷刷地举起一片手。”

②郭澄清《大刀记》第十五章：“他们，齐唰唰地摆成双行纵队。”

③《上海滩》1990年第1期：“珍珠般光洁、晶莹的牙齿，齐刷刷地镶嵌在玫瑰色的双唇之间。”

齐崭崭　qízhànzhàn

◎释义

整齐。

如：“她的一口牙齐崭崭的。”

◎《**汉语大词典**》**解释**

整齐貌。

①明·凌蒙初《虬髯翁》第三出："明晃晃列队伍,齐崭崭排战船。"

②《人民文学》1976 年第 9 期："山坡上,大树下,齐崭崭地站立着一队年轻人。"

③华山《大戈壁之夜》："田野总是水渠纵横,阡陌如画,路旁总是齐崭崭的两行钻天白杨。"

齐臻臻　qízhēnzhēn

◎**释义**

整齐的样子。

如:"桌子上齐臻臻地摆着两摞钱。"

◎《**汉语大词典**》**解释**

整齐貌。

①元·白朴《梧桐雨》第三折："齐臻臻雁行班排,密匝匝鱼鳞似亚。"

②《水浒传》第十二回："左右两边,齐臻臻地排着两行官员。"

③《儒林外史》第六回："严贡生打开看了,簇新的两套缎子衣服,齐臻臻的二百两银子,满心欢喜。"

气数　qìshù

◎**释义**

命运;多指濒临死亡。

如:"那人气数尽了,多活不了几天。"

◎《**汉语大词典**》**解释**

气运,命运。

①汉荀悦《申鉴·俗嫌》："夫岂人之性哉,气数不存焉。"

②南朝宋·颜延之《又释何衡阳〈达性论〉》："福应非他,气数所生,若灭福应,即无气数矣。"

③《红楼梦》第七六回:"此亦关人之气数,所以我出来止住你们。"

④姚雪垠《李自成》第一卷第二七章:"大明的气数真的要完了,咱们还不加劲儿干?"

掐把　qiābǎ

◎**释义**

压制;欺侮。

如:①"就是上次会上我说了点不同意见,他就掐把住我没完。"

②"那小子是个硬茬,掐把不住就要反天。"

◎**《汉语大词典》解释**

用力紧紧握住。比喻束缚钳制。

《醒世姻缘传》第十五回:"我生平是这么个性子:'该受人掐把的去处,咱就受人的掐把;人该受咱掐把的去处,咱就要变下脸来掐把人个够!'"

注:"掐把",也写作"掐巴",词义相同。

掐巴　qiā ba

◎**《新华字典》解释**

方言。管束;约束;压制。

◎**《汉语大词典》解释**

(1)同"掐把"。

《醒世姻缘传》第九回:"咱也还有闺女在人家哩! 不己个样子,都叫人家掐巴杀了罢!"

(2)犹采摘。

王安友《认门》二:"(葡萄)每年不到完全熟就叫孩子掐巴净了。"

注:与"掐巴"相关的词语有"手掐把拿"。

手掐把拿　shǒuqiābǎná

◎**释义**

用手紧紧握住、抓取。引申为事情很有把握,一切都在自己掌控之中，能容易做到做好。

如："这事呀，你放心吧，是手掐把拿的，板上钉钉，准能成。"

前日(圪) qiánrìgē **圪，西部方言读入声**[kɤʔ]。

◎释义

昨天的前一天。

如："你多会儿来的？前日(圪)。"

◎《汉语大词典》解释

①唐·白居易《赠梦得》："前日君家饮，昨日王家宴，今日过我庐，三日三会面。"

②陶行知《劝慈母读〈千字课〉》："前日十时许隽人、柏烈武二先生约集旅居上海、安徽各界领袖，会商推广平民教育进行方法。"

前曮 qiányǎn

◎释义

上午。

如："一前曮就忙的做营生了，连口水都没顾上喝。"

曮

◎《康熙字典》解释

《五音集韵》五犯切，音俨。《玉篇》日行。《类篇》日躔谓之曮。《淮南子·要略》所以使人不妄没于势利，不诱惑于事态，有符曮晲。

◎《汉语大字典》解释

《集韵》渔检切，上俨，疑。

日行，也指日行的度次。《类篇·日部》："曮，日躔谓之曮。"

注：常误写为"前野""前晻"。

晻 yǎn

◎《新华字典》解释

(晻晻)昏暗不明，如"日晻晻而下颓"。

欠身 qiànshēn

◎**释义**

稍微起身向前,表示对客人恭敬。

如:"他欠了欠身,和客人打招呼。"

◎《**汉语大词典**》**解释**

(1)全身或身体的一部分稍微向上向前,以示对人恭敬。

①元·无名氏《货郎旦》第一折:"头一拜受礼,第二拜欠身,第三第四拜还礼。"

②《三国演义》第七六回:"魏军营门开处,徐晃出马,欠身而言。"

③《儿女英雄传》第九回:"只见十三妹欠身离坐,向张老夫妻道:'这桩事,却得你二位做主。'"

(2)身体一部分略微抬起或移动。

①元·尚仲贤《三夺槊》第二折:"我欠起这病身躯出户急相邀。"

②《红楼梦》第三四回:"(宝玉)犹恐是梦,忙又将身子欠起来。"

③鲁迅《故事新编·非攻》:"(墨子)欠着身子,总想站起来。"

(3)指略微弯着身躯。

①《再生缘》第六一回:"(昭阳后)欠着柳腰垂着袖,站立在盘龙榻前应连声。"

②曹禺《雷雨》第一幕:"(鲁贵)有点驼背,似乎永远欠着身子向主人答应着'是'。"

◎《**重编国语辞典**》**解释**

身体稍斜倾向上提,好像要站起来的样子。今多以欠身表示恭敬的样子。

①《水浒传》第二回:"陈达在马上看着史进,欠身施礼。"

②《红楼梦》第八二回:"黛玉正在那里看书,见是袭人,欠身让坐。"

慊死 qiànsǐ

◎**释义**

不满,怨恨,以至于闹别扭、使性子、耍无赖,找地方煞气。

如:①"说了他两句,慊死不吃饭啦。"

②"那个赖鬼,就因为不让他耍钱,又躺在炕上慊死哩。"

慊

◎《汉语大词典》解释

不满足;遗憾。

①《孟子·公孙丑下》:"彼以其富,我以吾仁;彼以其爵,我以吾义,吾何慊乎哉?"

赵岐注:"慊,少也。"

②《礼记·坊记》:"使民富不足以骄,贫不至于约,贵不慊于上,故乱益亡。"

郑玄注:"慊,恨不满之貌也。"

③宋·姜夔《越九歌》词之五:"我无君尤,君胡我慊。"

④《明史·毛澄传》:"顾帝虽勉从廷议,意犹慊之。"

◎《中华字海》解释

不满,怨恨。

戗茬 qiāngchá

◎释义

态度生硬,故意和别人的话反着说。

如:"我说东,他说西,故意和你戗茬。"

◎《汉语大词典》解释

比喻意见不一致,语言对立。

注:口语中常说成"戗茬儿"。

俏 qiào

◎释义

烹调时为增加滋味、色泽而加上东西。

如:"俏点儿香菜。"

俏头（烹调时加上的青蒜、香菜、木耳等）。

◎《汉语大字典》解释

方言。烹调时加上（俏头）。

俏刷　qiàoshuā

◎释义

俊美；梳洗打扮。

如：①"那个小媳妇真俏刷。"

②女人活的个俏刷（女人漂亮要靠梳洗打扮）。

俏

◎《新华字典》解释

相貌美好，漂亮："俏丽（俊俏美丽），俏媚，俏爽，俊俏。"

刷

◎《新华字典》解释

方言。犹打扮。如：刷饰（打扮修饰）；刷扮（装备；打扮）。

趄　qiè

◎释义

①倾斜，斜靠，身斜；趄着身子。

②翘起："你把屁股趄一趄，压住我的书啦。"

◎《汉语大字典》解释

(1)身斜；斜靠。如："趄着身子。"

(2)方言。翘起。

趄，翘起也。徐嘉瑞《金元戏曲方言考·补遗》："昆明俗语把屁股趄着。"

怯生　qièshēng

◎释义

胆小，怕生。

如:"甭骂孩子,刚来生地方,有点儿怯生。"

◎《重编国语辞典》解释

见到不熟识的人,或处在陌生的环境中,会感到害怕或不自然。

如:"这孩子很怯生,一直不肯离开妈妈的身边。"

勤趁　qínchèn

◎释义

来的次数多。

如:"他往当官家跑得可勤趁哩。"

勤

◎《新华字典》解释

经常。

如:"勤密(频繁)。"来往很勤。

趁

◎《新华字典》解释

(1)利用时间、机会:"趁早,趁热打铁。"

(2)搭乘:"趁车,趁船。"

(3)逐,追赶:"花底山蜂远趁人。"

(4)往,赴:"趁墟(赶集);趁熟(逃荒到丰收之处)。"

"勤趁"的近义词是"趁常"。

趁常　chèncháng

◎释义

时常。

◎《汉语大词典》解释

《京本通俗小说·金主亮荒淫》:"老爷又趁常不在府中,夫人就真个有些小做作,谁人敢说个不字?"

勤谨 qínjǐn

◎**释义**

(1)勤劳;勤快。

如:"他比谁都勤谨。"

(2)勤劳谨慎。

◎《汉语大词典》**解释**

(1)勤劳,勤快。

①《汉书·食货志上》:"治田勤谨则亩益三升,不勤则损亦如之。"

②《西游记》第八五回:"你今日却怎肯这等勤谨？快去快来。"

③洪深《五奎桥》第一幕:"起早,磨晚,勤谨一点,辛苦一点。这又是一个办法,叫做尽人事!"

(2)勤劳谨慎。

①《南史·褚裕之传》:"(褚澄)迁侍中,领右军将军,以勤谨见知。"

②《古今小说·葛令公生遣弄珠儿》:"(申徒泰)生怕令公在这场差使内寻他罪罚,到底有些疑虑,十分小心勤谨,早夜督工,不辞辛苦。"

③许杰《惨雾》中:"他做人很好,代人家做事,很勤谨,村里的人都相信他。"

注:"勤谨"也写作"勤紧"。

勤紧 qínjǐn

◎《汉语大词典》**解释**

勤快。

①《宋书·黄回传》:"会中书舍人戴明宝被系,差回为户伯,性便辟勤紧,奉事明宝,竭尽心力。"

②《初刻拍案惊奇》卷十九:"这是我家雇工,极是老实勤紧可托的。"

③杨朔《三千里江山》第十八段:"我那老婆可是好老婆,天天晚上哄着孩子睡下,一定要带着灯做针线,可勤紧啦。"

注:常误写为"勤尽"。

轻色　qīngsè

◎**释义**

轻易。

如:"他不爱红火,尤其当了官,这种事情,轻色不参加。"

◎**《汉语大词典》解释**

方言。轻易,随便。

周立波《山乡巨变》上二一:"夫妻两个,俨像土地公和土地婆,开会轻色不发言。"

轻省　qīngshěng

◎**释义**

(1)轻松。

如:"今添了个助手,你可以轻省些了。"

(2)简单;轻松。

如:"他刚工作,你给他安排些轻省的让他做。"

(3)重量小。

如:"行李挺轻省。"

(4)容易。

如:"你说得倒轻省,你来试试。"

◎**《汉语大词典》解释**

(1)减轻,省免。

《三国志·魏志·高堂隆传》:"权禅并修德政,复履清俭,轻省租赋,不治玩好,动咨耆贤,事遵礼度。"

(2)轻松,不费力。

①元·武汉臣《生金阁》第二折:"我做不的重难的生活,只管几件轻省的勾当。"

②《西游记》第二三回:"哥啊,你可知道你走路轻省,那里管别人

累坠?"

③蒋子龙《乔厂长上任记》二:"你的尖刀们都离开了生产第一线,什么轻省干什么去了。"

(3)犹轻微。

元·无名氏《杀狗劝夫》第四折:"兀那妇人,这件事你说的是啊,我与你问个妇人有罪,罪坐夫男,拣一个轻省的罪名儿与他。"

(4)重量小。如:"这个箱子挺轻省。"

揯 qìng

◎**释义**

抓住。

如:"我一把揯住他领子。"

◎**《康熙字典》解释**

《唐韵》《集韵》并千定切,青去声。《博雅》持也。一曰捽也。

又《集韵》《正韵》并七正切,音倩。义同。

◎**《汉语大字典》解释**

《广韵》千定切,去径,清。

揪住。《广雅·释诂三》:"揯,捽也。"《集韵·径韵》"揯,《博雅》:'持也'。一曰捽也。"

取灯儿 qǔdēngr

◎**释义**

火柴。

◎**《汉语大词典》解释**

(1)削竹木成薄片或细条,顶端涂硫黄少许,用来点火,叫"取灯儿",也叫"发烛"。

《古今小说·蒋兴哥重会珍珠衫》:"婆子道:'忘带个取灯儿去了。'又走转来。"

(2)华北地区旧时也称火柴为洋取灯儿或取灯儿。

邓友梅《寻访"画儿韩"》:"北平临解放时百业萧条,他败落到打小鼓换洋取灯儿的份上了。"

◎**《重编国语词典》解释**

引火用的易燃物,旧时用以点灯。

①《喻世明言·卷一·蒋兴哥重会珍珠衫》:"婆子道:忘带个取灯儿去了。"

②《儿女英雄传》第二十八回:"一分火石火链片儿,一把手取灯儿,一块磨刀石。"

注:常误写为"焌灯儿"。

焌　qū　jùn

◎**《新华字典》解释**

1.qū

(1)把燃烧着的东西弄灭:"把香火儿焌了。"

(2)一种烹饪法,在热锅里加油,油热后先放作料,然后放菜:"焌油,焌豆芽。"

(3)用不带火苗的火烧烫:"拿香火儿焌一下。"

2.jùn

点火烧。

却待　quèdà　**却,西部方言读 qiè。**

◎**释义**

将要,正要。

如:"我却待走呀,他推门进来。"

◎**《汉语大词典》解释**

正要。

①《京本通俗小说·志诚张主管》:"到晚回来,却待入万胜门,则听得后面一人叫:'张主管!'"

②《水浒传》第九回:"接了银子,却待分手。鲁智深看着两个公人道:'你两个撮鸟的头,硬似这松树么?'"

◎《**重编国语词典**》解释

要,恰要。

①《水浒传》第五回:"鲁智深提起禅杖,却待要发作,只见庄里走出一个老人来。"

②《警世通言卷六·俞仲举题诗遇上皇》:"俞良叹了一口气,却待把头钻入那圈里。"

叕断   quèduàn

◎**释义**

弄断,折断。

如:"筷子叕断啦。"

叕

◎**释义**

折断。

如:"你去叕点儿柴火,生火做饭哇。"

◎《**康熙字典**》解释

《广韵》促绝切《集韵》七绝切,并音蕝。 断也。

◎《**汉语大字典**》解释

què

《广韵》七绝切,入薛,清。

断绝。"叕,断叕绝。"《集韵·薛韵》:"叕,断也。"

R

绕搭   ràodā

◎**释义**

(1)绕线。

如:"把毛线绕搭好。"

(2)纠缠,弄迷糊。

如:"这些小巷子绕搭进去就出不来。"

(3)落入圈套。

如:"这帮人想把责任推给小王,小王也说不清楚,几句话让人家绕搭进去啦。"

◎《汉语大词典》解释

(1)方言。缠绕。

如:"把这绺线绕搭上。"

(2)方言。纠缠。

如:"这道难题可把我绕搭住了。"

(3)方言。哄骗。

如:"他变着法儿把我的作业本绕搭去了。"

软孱　ruǎnchán

◎释义

(1)体格不健壮,孱弱。

如:"那孩子软孱孱的,15岁了担不动水。"

(2)胆小,谨慎。

如:"小王不行,见了当官的,软孱得话也不敢说。"

孱

◎释义

软弱,弱小。孱弱。孱孱。

◎《康熙字典》解释

《广韵》士连切《集韵》《韵会》《正韵》锄连切,并音潺。《说文》连也,从孨在尸下。一曰呻吟也。《玉篇》弱也。《广韵》劣也。《史记·张耳传》赵相贯高曰:吾王,孱王也。(注)孟康曰:冀州人谓懦弱为孱。又《集韵》昨闲切。窄也。又子仙切,音煎。窘也,孱蹙也。今俗有孱蹙语。

◎《**汉语大字典**》解释

（1）窄小。

（2）谨小慎微。

（3）怯懦；怯弱。

（4）衰弱；瘦弱。

（5）低劣；浅陋。

◎《**汉语大词典**》解释

（1）窄小。

（2）谨小慎微。

《大戴礼记·曾子立事》：“君子博学而孱守之，微言而笃行之。行必先人，言必后人。君子终身守此悒悒。”

卢辩注：“孱，小貌，不务大。”

（3）怯懦；怯弱。

①《韩非子·外储说左下》：“巨者，齐之居士；孱者，魏之居士。”

陈奇猷集释：“孱者，盖谓怯弱者。”

②唐·杜牧《感怀》诗：“誓将付孱孙，血绝然方已。”

《新唐书·循吏传·卢弘宣》：“弘宣下檄胁谕，贼党稍降，其黠强者署军中，孱无能还之农。”

（4）衰弱；瘦弱。

①宋·陆游《九月一日夜读诗稿有感走笔作歌》：“力孱气馁心自知，妄取虚名有惭色。”

②《明史·常遇春传》：“扩廓方燃烛治军书，仓卒不知所出，跣一足，乘孱马，以十八骑走大同。”

注：“软孱”“软孱孱”常误写成“软颤颤”。

S

撒　sǎ

◎**释义**

(1)把颗粒状的东西分散着扔出去。

如:"撒种;撒播。"

(2)散落,洒。

如:"把酒端平,别撒了。"

◎**《汉语大词典》解释**

散落,洒下。

①唐·白居易《晚春重到集贤院》诗:"满砌荆花铺紫毯,隔墙榆荚撒青钱。"

②元·王冕《赵千里夜潮图》诗:"冰花著人如撒霰,过耳斜风快如箭。"

③鲁迅《野草·雪》:"朔方的雪花在纷飞之后,却永远如粉,如沙,他们决不黏连,撒在屋上,地上,枯草上。"

注:"撒"在表"散落"的词义时,与"洒"通用。

洒　sǎ

◎**释义**

(1)使水或其他东西分散地落下:"洒水,洒扫,洒泪。"

(2)东西散落:"米洒了。"

◎**《汉语大词典》解释**

(1)淋水在地面上。

《诗·唐风·山有枢》:"子有廷内,弗洒弗扫。"

(2)散落。

①《礼记·内则》:"屑桂与姜,以洒诸上而盐之。"

②唐·孟浩然《还山赠湛法师》诗:"平石藉琴砚,落泉洒衣巾。"

279

③朱德《太行春感》诗:"忠肝不洒中原泪,壮志坚持北伐心。"

(3)散发;分散。

①《逸周书·大匡》:"赋洒其币,乡正保贷。"

孔晁注:"洒,散也。"

②明·朱有炖《仗义疏财》:"我只将你欠的粮,洒派在别的户儿身上,替你纳官便了。"

(4)甩落;甩开。

①明·徐复祚《一文钱》第一出:"(一个钱)藏在那里好？藏在袖子里恐怕洒掉了。"

②茅盾《子夜》十八:"她拉住了她的手……但是张素素蓦地一洒手,挺直了胸膛,尖利地看住了四小姐。"

靸拉　sǎlā　靸,西部方言读入声[sɤ²]。

◎**释义**

(1)把布鞋后帮踩在脚后跟下;穿(拖鞋)。

如:"靸拉着鞋。"

(2)走路脚不离地。

如:"抬起脚走路,不要靸拉着脚。"

◎**《汉语大词典》解释**

(1)谓把布鞋后帮踩在脚后跟下,拖着行走。

《红楼梦》第二五回:"宝玉便靸拉着鞋,走出房门。"

(2)指行走不便,脚跟就地拖着。

《儿女英雄传》第六回:"又像明杖儿拉着个瞎子,两只脚就地儿靸拉。"

注:"靸拉"也写作"撒拉"。

撒拉　sǎlā

◎**《汉语大词典》解释**

把布鞋后帮踩在脚后跟下。

《白雪遗音·南词·立春雨水》:"撒拉着花鞋懒待提,紧闭樱桃全不语。"

涩巴巴 sèbaba

◎**释义**

不光滑,不滑溜。

如:"铁锹把子涩巴巴的,磨手。"

◎**《汉语大词典》解释**

形容不滑润。

茅盾《如是我见我闻》二:"清的是井水,是苦水,别说喝,光是洗脸也叫你的皮肤涩巴巴地难受。"

涩剌剌 sèlàlà

◎**释义**

又涩又干。

如:"眼睛涩剌剌的。"

◎**《汉语大词典》解释**

形容很涩。如:"他眼睛涩剌剌的,看不了几行字,直打瞌睡。"

如:"这柿子涩剌剌的真难吃。"

注:也作"涩拉拉"。

涩僀僀 sèchùchù

◎**释义**

不光滑,不滑溜。

僀

◎**《汉语大字典》解释**

《广韵》疮据切,去御初。

不滑。

注:常误写为"涩处处"。

闪些儿　shǎnxiēr

◎**释义**

担心;差点儿。

如:①"路太滑,闪些儿摔倒。"

②"唯应我手快,把电脑关啦,闪些儿(差点儿)叫领导逮住我打游戏。"

◎**《汉语大词典》解释**

险些;差一点。

明·王玉阳《十二红·纪情》套典:"为多才受尽闲僝僽,闪些儿覆水难收。"

注:方言中常说"险些忽儿",即"险些儿",与"闪些儿"同义。

险些儿　xiǎnxiēr

◎**释义**

差一点。

如:"险些掉到水里。"

◎**《重编国语词典》解释**

差一点,几乎。

①《三国演义》第八十三回:"山坡上马忠引一军出,一箭射中黄忠肩窝,险些儿落马。"

②《警世通言》卷十五《金令史美婢酬秀童》:"谁知人心不同,到挑动了家长的一个机括,险些儿送了秀童的性命。"

善茬儿　shànchār

◎**释义**

好对付的人。

如:"他不是个善茬儿。"

◎**《汉语大词典》解释**

亦作"善查"。方言。好对付的人。

①《醒世姻缘传》第七回:"咱那媳妇不是善茬儿,容他做这个?"

黄肃秋注:"好惹的,好主儿。"

②《醒世姻缘传》第三九回:"那个主子一团性气,料得也不是个善荏。"

注:与"善茬"对应的是"硬茬(碴)"。

扇惑　shānhuò

◎释义

欺骗;诱哄。

◎《**汉语大词典**》解释

(1)煽动诱惑。

《元典章·户部八·茶课》:"无得纵令歹人虚桩饰词,妄行扇惑,搅扰沮坏见办课程,如有违犯之人,并引断罪。"

(2)煽动蛊惑。

①《晋书·郭璞传》:"小人愚险,共相扇惑。"

②《旧唐书·田承嗣传》:"承嗣使亲党扇惑相州将吏谋乱。"

③《西游记》第三七回:"妄言祸福,扇惑人心。"

④汤用彤《汉魏两晋南北朝佛教史》第二部分第十四章:"嵩与道士张宾相结,扇惑武帝,遂致毁法。"

注:常误写为"闪惑"。

煽惑　shānhuò

◎释义

鼓动诱惑别人(做坏事)。

◎《**新华字典**》解释

煽惑人心。

明·冯梦龙《醒世恒言》:"你是何处妖人,敢在此地方上将妖术煽惑百姓?"

◎《**汉语大词典**》解释

煽动蛊惑。

①宋·谢庭芳《辨惑编·疫疠》:"奈庸俗陋闻,转相煽惑,遇病疫者皆惴焉而绝交。"

②《明史·湖广土司传·永顺军民宣慰使司》:"酉阳与永顺以采木仇杀,保靖又煽惑其间,大为地方患。"

③茅盾《子夜》五:"有人在那里鼓动煽惑,他们嘴里说替工人谋利益,实在是打破工人饭碗。"

注:方言中有"煽哄"一词,与"煽惑"同义。但常被误写为"闪哄"。哄,说假话骗人:"哄人,哄弄,哄骗。"

烧刀　shāodāo

◎**释义**

烧酒。

◎**《汉语大词典》解释**

亦称"烧刀子",即烧酒。

①元·王仲文《救孝子》第二折:"外郎,这场事多亏了你,叫张千去买一壶烧刀子与你吃咱。"

②明·谢肇浙《五杂俎·物部三》:"京师之烧刀,舆隶之纯绵也。然其性凶憯,不啻无刃之斧斤。"

③明·阮大铖《燕子笺》第八出:"老儿,我晓得你的尊性,裱完时,就要几杯烧刀儿到口了。"

④《文明小史》第三二回:"又打了几斤烧刀,开怀畅饮。"

⑤老舍《赵子曰》第一:"客人们要喝酒,老板就能供给从京北用猪尿脬运来的,真正原封、漏税的'烧刀子'。"

参见"烧酒"。

烧包　shāobāo

◎**释义**

穷汉乍有钱,忍不住挥霍。

如："占地给了几个钱,看把他烧包的,又是请客又是到歌厅。"

◎《汉语大词典》解释

(1)方言。指祭祖时焚化包封好的纸钱。

清·袁枚《新齐谐·烧包》:"粤人于七月半,多以纸钱封而焚之,名曰烧包,各以祀其先祖。"

(2)方言。谓荒唐或挥霍。

《钟山》1982 年第 5 期:"眼下咱们手里都攒下俩钱,咱们得把钱用在正道上,千万不能烧包,不能瞎折腾,是不是?"

烧卖 shāomài

◎**释义**

一种食品。

◎《汉语大词典》解释

食品名。用不发酵的面粉制成很薄的皮,包馅,顶上捏成褶儿,然后蒸熟。

①《清平山堂话本·快嘴李翠莲记》:"烧卖匾食有何难,三汤两割我也会。"

②《儒林外史》第十回:"一盘猪肉心的烧卖……热烘烘摆在面前。"

③老舍《二马》第五段:"范老板答应帮助他,而且给老马热了一碟烧卖,开了一瓶葡萄酒。"

注:也有写作"烧麦""捎卖""稍卖"。应规范为"烧卖"。

睄 shào

◎**释义**

眼光掠过,匆匆一看。

如:"她走过来,我睄了一眼。"

◎《汉语大字典》解释

略看一眼。

茅盾《林家铺子》二："林先生坐在账台上,抖擞着精神,堆起满脸的笑容,眼睛望着那些乡下人,又带睄着自己铺子里的两个伙计、两个学徒。"

《集韵·去效》:"睄,小视。"

睄搭 shàodā

◎**释义**

挖苦;开玩笑。

如:"这件事我做的有不对的地方,但你也不要睄搭我。"

睄

◎**《汉语大字典》解释**

(1)逗弄,哄弄。

(2)巧言。多指会说段子。

如:"那家伙,真能睄。"

◎**《现代汉语词典》解释**

说话;闲谈(含贬义)。如:"神聊海睄。"

◎**《新华字典》解释**

逗弄,哄弄。

注:"睄搭",也有写作"臊搭",但词义不一样。主要是"睄"与"臊"的区别。

臊 sào

◎**《新华字典》解释**

害羞;羞辱。常用词"臊皮"。

臊皮 sàopí

◎**《新华字典》解释**

寻开心。

◎**《汉语大词典》解释**

戏弄;乱开玩笑。

①《红楼梦》第九九回:"我在这里和姨太太想你林妹妹,你来怄个笑儿还罢了,怎么臊起皮来了。"

②《三侠五义》第一〇四回:"欺负他是个孤行的妇女,也不过是臊皮打哈哈儿,并无诚心要把他怎么样。"

③李劼人《死水微澜》第五部分:"第一,是任你官家小姐,平日架子再大,一旦被痞子臊起皮来,依然没办法,只好受欺负。"

④峭石《六月的田野》三:"全向阳坡,谁敢这样臊他这书记的皮?"

注:"《四川方言词典》收录了"臊""臊皮"。

臊

◎**《四川方言词典》解释**

使伤面子,使丢脸。

如:"这不过是老百姓编出来臊他的。"

臊皮

◎**《四川方言词典》解释**

(1)丢脸。

如:"这件事弄得我很臊皮,我都没脸见人啦。"

(2)使伤面子,使丢脸。

如:"叫他搽起脂粉游街,臊他的老皮。"

哨子　shàozi

◎**释义**

臊子。

◎**《汉语大字典》解释**

同"臊子"。加工好加盖在别的食物上的肉末或肉丁之类的菜肴。《中国地方戏曲集成·山西卷·张莲卖布》:"割下羊肉炒哨子。""早间吃的哨子面,午间荷包打鸡蛋。"

哨哄　shàohōng

◎**释义**

哄骗,鼓动。

如:"他又哨哄些小孩到果园偷果子。"

◎《汉语大词典》解释

哄弄。

《醒世姻缘传》第四二回:"有那等愚人信他哨哄,一些听他不出。"

捎色　shàosè

◎**释义**

褪色。

如:"裤子太阳一晒,捎色啦。"

◎《汉语大词典》解释

犹褪色。多指布帛言。

少杀　shàoshǎi

◎**释义**

(1)稍差些。引申为降低身份,掉价。

如:①"当老人的,不该说这种少杀儿的话。"

②"还三好学生,考试不及格,真少杀儿。"

常误写成"稍色""少色"。

◎《汉语大词典》解释

稍衰,稍差。

①明·胡应麟《少室山房笔丛·经籍会通》:"凡道家之书,始于周,盛于汉,极于晋唐;凡释氏之书,始于汉,盛于梁,极于隋唐,而皆少杀于宋之难渡。"

②明·沈德符《野获编·科场·太座师》:"乡会座主,体严自难假借,至座主之师,则少杀矣。"

稍杀　shāoshā

◎**释义**

同"少杀"。

◎《汉语大词典》解释

渐衰;稍差。

明·沈德符《野获编·科场·师弟相得》:"若乡试分考,或滞下僚,而弟子登要津,其房考不敢复居尊,而门生礼亦稍杀矣。"

蛇师 shéshī

◎**释义**

四脚蛇。

◎《汉语大词典》解释

蝾螈的别名。

唐·段成式《酉阳杂俎·广知》:"旧说龙与蛇师为亲家焉。"

明·李时珍《本草纲目·鳞一·石龙子》(集解)引苏恭曰:"蛇师生山谷,头大尾小而短,色青黄或白斑也。"

注:常误写为"蛇狮"。

侁尰 shēnzhòng

◎**释义**

怀孕。

如:"那女子侁尰啦。"

侁

◎《康熙字典》解释

《唐韵》失人切。《集韵》升人切,并音申。神名。又妊身也。

◎《汉语大字典》解释

有孕。《广雅·释诂四》:"孕,侁也。"《玉篇·人部》:"侁,妊身也。"

◎王力《古汉语词典》解释

侁,怀孕。

尰

◎《**康熙字典**》**解释**

《广韵》柱用切《集韵》储用切,并音重。妇人脤也。

◎《**汉语大字典**》**解释**

怀孕。《广韵·用韵》:"䐨,妇人娠也。"明·焦竑《俗书刊误·俗用杂字》:"妇人怀孕曰有傿,又曰傿䐨。"

生生　shēngshēng

◎**释义**

后缀,用在名词性或形容词性的语素后面,组成新的方言词。

为了便于比较,选取几个有"生生"后缀的方言词,一并说明。

白生生　báishēngshēng

◎**释义**

也写作白森森。形容很白。

◎《**汉语大词典**》**解释**

"白森森",亦作"白生生",形容很白。

①元·王仲文《救孝子》第二折:"俺媳妇儿呵……白森森的皓齿,小颗颗的朱唇。"

②《水浒传》第四四回:"翘尖尖脚儿……白生生腿儿。"

③《西游记》第五十回:"(老魔王)即忙袖中取出一个亮灼灼白森森的圈子来望空抛起。"

④茅盾《过封锁线》:"又走了若干时,便见白森森地横在前面的,像是一条河。"

⑤贺敬之《回延安》诗:"白生生的窗纸红窗花,娃娃们争抢来把手拉。"

注:"白生生"常误写成"白甚甚"。

怯生生　qièshēngshēng

◎**释义**

胆子小,认生。

◎《汉语大词典》解释

形容虚弱、害怕、怕羞等样子。

①《儒林外史》第五回:"进到房内,抬头看见他妹子王氏,面黄肌瘦,怯生生的路也走不全。"

②沙汀《淘金记》三:"她显然害怕父亲,飞快行了个礼,就怯生生地靠近母亲去了。"

凉生生　liángshēngshēng

◎释义

(1)微凉,感觉惬意。

如:"绿豆汤凉生生的,正好下火。"

(2)害怕。

如:"一路过坟地,他就感觉后背凉生生的。"

◎《汉语大词典》解释

微凉貌。

吴运铎《把一切献给党·第二次负伤》:"我感觉额角上沁出凉生生的汗丝,身上有些闷热。"

满生生　mǎnshēngshēng

◎释义

很满。

如:"教室不大,来听课的人多,坐得满生生的。"

◎《汉语大词典》解释

很满的样子。

克非《春潮急》十八:"徐锅巴胡是梨儿园广大雇贫农极为痛恶的家伙,听说要斗争那东西,都倾家倾户,齐扑扑地奔到龙颈垭上来了,把金毛牛草房外面原先纸厂收购竹子的一个空坪,挤得满生生的。"

脆生生　cuìshēngshēng

◎**释义**

(1)鲜嫩。

如："刚摘的黄瓜,脆生生的好吃。"

(2)声音清脆。

如："小姑娘嗓音脆生生的,就像小百灵在唱歌。"

◎**《汉语大词典》解释**

(1)松脆。多指食物。

刘真《小藤篓的故事》三:"我一面咬了一口那脆生生的红枣,一面想:'下次再捞红枣,我也找一根长棍子来。'"

(2)清脆悦耳。多指声音。

①端木蕻良《朱刀子》:"说着他丢了十块花边在桌子上,银元发出脆生生的响声。"

②杨朔《北线》十七:"通讯员小张用脆生生的嗓子问道:'你怎么知道呢?'"

③《人民日报》1982 年 11 月 22 日:"不要说花色妩媚好看,单是听这脆生生的名儿,就已使人心醉神迷了。"

翠生生　cuìshēngshēng

◎**释义**

鲜嫩翠绿。

如："翡翠玉镯,翠生生的,真好看。"

◎**《汉语大词典》解释**

(1)形容色彩鲜艳。

①明·汤显祖《牡丹亭·惊梦》:"你道翠生生出落的裙衫儿茜,艳晶晶花簪八宝填。"

②清·孔尚任《桃花扇·题画》:"手拽起翠生生罗襟软,袖拨开绿杨线。"

(2)形容鲜绿润泽。

丁玲《记游桃花坪》:"那上边密密地长满树林,显得翠生生的。"

俏生生　qiàoshēngshēng
◎释义
秀气,好看。
如:"她伸出俏生生的小脚,露出染红的脚指甲。"
◎《汉语大词典》解释
灵活,好看。
《儿女英雄传》第九回:"看他俏生生的这两条腿儿……同我一般,怎么会有这样的武艺,这样的气力?"

水洦子　shuǐpòzi　　洦,西部方言读入声[pʌʔ]。
◎释义
浅水,浅水坑。
洦
◎《康熙字典》解释
《广篇》《集韵》并莫白切,音陌。《说文》浅水也。《集韵》或从陌作濒。又《广韵》普伯切《集韵》匹陌切,并音拍。义同。又《颜之推·家训勉学篇》古魄字。注见鬼部五画。又《集韵》博陌切,音百。义同。或从柏作湘。
◎《汉语大字典》解释
《说文》:"浅水也。从水,百声。"
《广韵》普伯切,入陌滂。又莫白切,《集韵》匹陌切。铎部。浅水貌。后做"泊"。《说文·水部》:"洦,浅水貌。"段玉裁注:"洦,隶做泊。亦古今字也。"《广韵·陌韵》:"洦,水浅貌。"
《颜氏家训·勉学》:"尝游赵州。见栢人城北有一小水。土人亦不知名。后读城西门徐整碑云。洦流东指。吾案《说文》此字古泊字也。泊,浅水貌。此水汉来本无名。直以浅貌目之。或当即以洦为名乎。"

◎**清代段玉裁《说文解字注》**

浅水也。

注:(1)普通话中有"血泊"一词,可作为例证。"泊","洦"的异体字。

血泊

◎**《汉语大词典》解释**

大摊的血。

元·关汉卿《蝴蝶梦》第一折:"则道是长街上妆好汉,谁想你血泊内也停尸!"

《水浒传》第二三回:"(武松)就血泊里双手来提时,那里提得动,原来使尽了气力,手脚都苏软了。"

知侠《铁道游击队》第七章:"'砰'一枪,小滑子倒在血泊里了。"

(2)"水洦子"常误写为"水钵子"。

钵　bō　**西部方言读作入声**[pʌʔ]。

◎**《新华字典》解释**

(1)僧人的食器。

(2)僧侣所用的餐具,像碗,底平,口略小。

清·彭端淑《为学一首示子侄》:"吾一瓶一钵足矣。"

(3)又如:钵盂(佛家语。是僧侣的覆钟状饮食器皿);钵多罗(佛家语。僧侣的食器)。

(4)形状像盆而较小的一种陶制器具,用来盛饭、菜、茶水等。如:瓦钵;饭钵;粥钵。

注:见"钵碗"词条的解释。

失挫　shīcuò　**西部方言读入声**[sʅʔ][tsʻuʌʔ]。

◎**释义**

失误、失手。

如:"他失挫把碗打啦,可不是故意的。"

◎**《汉语大词典》解释**

失误;疏失。

《古今小说·滕大尹鬼断家私》:"丫鬟送茶来吃,将一手去接茶瓯,偶然失挫,泼了些茶,把袖子沾湿了。"

◎《重编国语辞典》解释

失误;疏失。

①古今小说·滕大尹鬼断家私》:"丫鬟送茶来吃,将一手去接茶瓯,偶然失挫,泼了些茶,把袖子沾湿了。"

②刘知远诸宫调·知远探三娘与洪义厮打》:"此贵宝,劳觑着,若还金印有失挫,怎向并州做经略?"

注:和"失挫"读音相同的是"失措"。词义不同。

失措　shīcuò　西部方言读入声［sʅˀ］［tsʻuʌˀ］。

◎释义

举止失常,不知如何办才好。

◎《汉语大词典》解释

因惊慌而举动失常,不知所措。

①《三国志·蜀志·诸葛亮传》:"张飞卒后,领司隶校尉。"裴松之注引《蜀记》:"曹公遣刺客见刘备……既而亮入,魏客神色失措。"

②《宋史·外国传二·夏国下》:"种谔在绥德节制诸军,闻夏人至,茫然失措,欲作书召燕达,战怖不能下笔。"

③冰心《寄小读者》十三:"小舟在怒涛中颠簸,失措的舟子,抱着樯杆,哀唤着'天妃'的慈号。"

◎《辞海》解释

举动慌乱失常;不知所措。《宋史·夏国传》:"(种谔)闻夏人至,茫然失措,欲作书召燕达,战怖不能下笔。"

注:1999年缩印本(音序)。

◎《重编国语辞典》解释

因为惊慌而不知所措。

①《宋史·卷四八六·外国传二·夏国传下》:"种谔在绥德节制

诸军,闻夏人至,茫然失措,欲作书召燕达,战怖不能下笔。"

②《三国演义》第四二回:"曹操仓皇失措。张辽曰:'丞相休惊!'"

失笑　shīxiào　**失,西部方言读入声**$[\text{s}\textstyle\int^{\text{ʔ}}]$。

◎**释义**

(1)可笑(贬义)。

如:"你可真失笑,我一个大后生,用你老太太养活?"

(2)忍不住笑。

如:"他讲的笑话失笑死个人啦。"

◎**《汉语大词典》解释**

不自主地发笑。

①《三国志·吴志·步骘传》:"然时采其言,多所济赖。"裴松之注引晋·张勃《吴录》:"后有吕范、诸葛恪为说骘所言,云:'每读步骘表,辄失笑。'"

②宋·苏轼《文与可画筼筜谷偃竹记》:"发函得诗,失笑,喷饭满案。"

③陈登科《赤龙与丹凤》十四:"韦克和纪怀仁手脸都在救火时沾满黑灰,相互一见面,不禁哑然失笑。"

拾掇　shíduó　**西部方言读入声**$[\text{s}\textstyle\int^{\text{ʔ}}][\text{tu}\textturnv^{\text{ʔ}}]$。

◎**释义**

(1)整理;收拾。

如:"新家拾掇好了。"

(2)修理。

如:"车坏啦,老师傅两下就拾掇好啦。"

(3)惩治。

如:"他背后骂领导,领导狠狠地拾掇了他。"

(4)采集;拾取。

吃完饭,把碗筷拾掇下去。

◎《汉语大词典》解释

(1)收罗;拾取。

①晋·葛洪《抱朴子·审举》："而有党有力者,纷然鳞萃,人乏官旷,致者又美,亦安得不拾掇而用之乎!"

②南朝·梁刘勰《文心雕龙·事类》："然学问肤浅,所见不博,专拾掇崔杜小文,所作不可悉难,难便不知所出,斯则寡闻之病也。"

③唐·陆龟蒙《杞菊赋》序："前后皆树以杞菊……及夏五月,枝叶老硬,气味苦涩,旦暮犹责儿童辈拾掇不已。"

④宋·王令《原蝗》诗："寒禽冬饥啄地食,拾掇谷种无余遗。"

⑤梁斌《播火记》八："常说破家值万贯哩,叫人随便拾掇了去我心疼。"

(2)整理;修理。

①《金瓶梅词话》第二三回："你别要管他,丢着罢,亦发等他们来拾掇。"

②《醒世姻缘传》第四九回："我把这重里间拾掇拾掇,你合媳妇儿来住。"

③柳青《创业史》第二部第三章："农具损坏了,要你主任找人拾掇哩。"

(3)谓惩治、处死。

①明·贾仲名《对玉梳》第二折："休假温存絮叨叨取撮,佯问候热剌剌念合,更怕我不趱你那冷气虚心厮拾掇。"

②峻青《海啸》第二章："半夜里,我派人去要拾掇他。"

③孔厥《新儿女英雄传》第一回："吕司令给发了好几打'插锁盒子',谁要反对抗日,就把谁拾掇了!"

拾夺　shíduó　西部方言读入声[sʅʔ][tuʌʔ]。

◎释义

收拾。与"拾掇(1)"同义。

◎《汉语大词典》解释

收拾。

①《负曝闲谈》第七回："好好一个书房，为什么不拾夺拾夺呢？"

②秧歌剧《大家好》第一场："快拾夺吧，敌人到寨上啦。"

拾翻　shífān　拾，西部方言读入声[ʂʅ²]。

◎**释义**

(1)随便乱翻。

如：①"两人跑到库房不知拾翻甚哩。"

②"家让他们拾翻的连下脚处也没。"

(2)背后说人坏话，打小报告。

如："他又跑到领导那儿，不知拾翻谁哩。"

◎**《重编国语辞典》解释**

因翻检而把原有的次序弄乱了。

如："把一抽屉的东西都拾翻乱了。"

◎**《汉语大词典》解释**

翻检。

束为《好人田木瓜》："他爬上炕去，搬开他老伴的被子、针线包子、梳头盒子，拾翻起来。"

受制　shòuzhì

◎**释义**

(1)受控制、受辖制：受制于人。

(2)受害、遭罪、受虐待。

如："自从有了后妈，那孩子真受制了。"

(3)委屈，生闷气。

如："我说了你几句，你可不要受制。"

◎**《现代汉语词典》解释**

受害，受罪："路上又冷又饿，可受制了。"

收撮　shōucuò　**撮，西部方言读入声**［tsʻuʌʔ］。

◎**释义**

(1)结束；了结。

如："场面混乱的，咋收撮？"

(2)犹按捺，抑制。

如："他那臭脾气一上来就收撮不住。"

(3)收拾，整理。

如："桌子上乱哇哇的快收撮收撮。"

◎《**汉语大词典**》**解释**

(1)收场，收尾。

①元·郑廷玉《忍字记》第四折："师父，你疾快来救我，这公事怎好收撮。"

②元·尚仲贤《气英布》第一折："若是楚国天臣见了呵，其实难回避，怎收撮。"

(2)按捺，抑制。

①元·石君宝《紫云庭》第三折："无明火怎收撮，掴打会看如何。"

②元·杨讷《西游记》第十九出："恼的我无明火怎收撮，泼毛团怎敢张罗。"

(3)调弄，挑拨。

①元·王晔《桃花女》第二折："你将那好言语往来收撮，则办得两下里挑唆。"

②元·无名氏《谢金吾》第二折："我则见阶直下气倒忙扶坐，我这里慌搂定紧收撮。"

事色　shìsè　**色，西部方言读入声**［sʌʔ］。

◎**释义**

情势。

如："他一看事色不对，赶紧跑了。"

◎《**汉语大词典**》**解释**

情况,形势。

元·郑光祖《伊尹耕莘》第四折楔子:"某乃副帅老趄是也。统人马征战方伯,先引 5000 游兵引战。没奈何看事色,得手趄了为上计。"

甩 shuǎi **西部方言读** sǎi。

◎**释义**

(1)抡,扔。

如:"甩手;甩开膀子(形容使出全部力气)。"

(2)抛开,抛去。

如:"甩卖;甩闲话。"

方言中,常用词:"不甩,拨甩,扑甩,一拨甩。"

注:有记录方言者,将"甩"写成"筛"。

在西部方言中,zh/ch/s 与以 u 打头的韵母相拼时,去掉 u。如"窗户""上床",读作"changhu""shangchang"。

不甩 bùshuǎi **不,西部方言读入声**[puə²];**甩,西部方言读** sǎi。

◎**释义**

抖动,甩动。

如:"他一不甩,把手上的泥都甩掉了。"

◎**《汉语大词典》解释**

方言。哆嗦。

梁斌《红旗谱》二九:"(严志和)只要一想起来,就好像有一只老鼠咬着他的心,而下身还打着不甩。"

扑甩 pūshuǎi **扑,西部方言读入声**[p'uə²];**甩,西部方言读** sǎi。

◎**释义**

同"不甩":甩动。

如:"他扑甩着胳膊跑过来。"

◎**《汉语大词典》解释**

摆动。

李准《马小翠的故事》:"有一个十五六岁的小姑娘,扑甩着两条小辫子跑上讲台。"

注:此外,《汉语大词典》还收录了"拨甩(一拨甩)"。

西部方言说成"不甩(一不甩)"。

拨甩　bōshuǎi　**拨,西部方言读入声[pʌʔ];甩,西部方言读 sǎi。**

◎**释义**

甩动。一扭。

◎**《汉语大词典》解释**

甩动。

《儿女英雄传》第五回:"那骡子护疼,把脑袋一拨甩,就把骑着的人掀了下来。"

爽利　shuǎnglì　**爽,西部方言读 shǎng。**

◎**释义**

(1)手巧。

如:"那姑娘的手爽利,毛衣织得漂亮。"

(2)爽爽利利:"干净利落。"

如:"把你手头的工作交代得爽爽利利。"

◎**《汉语大词典》解释**

亦作"爽俐"。

(1)爽快。

①唐·韩偓《喜凉》诗:"豪强顿息蛙唇吻,爽利重新鹘眼睛。"

②元·杨显之《酷寒亭》第三折:"你这厮不爽利。"

③《古今小说·临安里钱婆留发迹》:"今日手里无钱,却赌得不爽利。"

④茅盾《无题》二:"(女主角)颇像个'笑要笑得痛快,哭要哭个爽利'的女革命家。"

（2）利落。

①《京本通俗小说·错斩崔宁》："取了十五贯钱，扯条单被包裹得停当，拽扎得爽俐。"

②《水浒传》第四三回："李逵拽扎得爽俐，只挎一口腰刀……便下山来。"

③姚雪垠《李自成》第二卷第四二章："（和尚）转身走至马前，攀鞍认蹬，腾身而上，动作极其爽利。"

（3）索性；干脆。

①《醒世姻缘传》第五八回："咱既吃了这半日的烧酒，又吃黄酒，风搅雪不好，爽俐吃烧酒到底罢。"

②茅盾《子夜》十："这么想着的吴荪甫便用爽利果决的口气对费小胡子下了命令。"

③孙犁《白洋淀纪事·村歌下八》："这回就爽利的来一个平分。"

不爽利　bùshuǎnglì

◎《**汉语大词典**》解释

不痛快。

《古今小说·沈小官一鸟害七命》："不上街做生意，一直奔回家去，心中也自有些不爽利。"

说合　shuōhé　西部方言读入声[ʂuʌʔ][ɕʌʔ]。

◎**释义**

（1）从中介绍，促使事情成功，或使两方面能说到一块儿。

如："老板和你不熟，有误会，我去说合。"

（2）说和；说服。

如："事情不大，人也没伤，你去说合说合，甭告啦。"

◎《**汉语大词典**》解释

（1）从中介绍，促使事情成功，或使两方面能说到一块儿。

①南朝宋·刘义庆《世说新语·识鉴》："何晏、邓飏、夏侯玄并求傅嘏交，而嘏终不许。诸人乃因荀粲说合之。"

②《清平山堂话本·刎颈鸳鸯会》："一日,张二官过门,因见本妇,心甚悦之,俾人说合,求为继室。"

③梁斌《红旗谱》五三："严知孝说:'不是我的事,是你们的事。我想当个中间人,说合说合,事情总得有个结局呀!'"

(2)说和;说服。

①《资治通鉴·陈宣帝太建十三年》："今宜远交而近攻,离强而合弱。通使玷厥,说合阿波,则摄图回兵,自防右地。"

②《二刻拍案惊奇》卷二十："巢大郎又替他说合地方邻里,约费了百来两银子,尽皆无说。"

注:"说合"的近义词为"说和"。

说和　shuōhé　说,西部方言读入声[ʂuʌˀ]。

◎**《汉语大词典》解释**

调解双方的争执;劝说使和解。

①《红楼梦》第三十回："我说他们不用人费心,自己就会好的,老祖宗不信,一定叫我去说和;赶我到那里说和,谁知两个人在一块儿对赔不是呢。"

②鲁迅《彷徨·离婚》："他给他们说和也不止一两回了。"

③赵树理《三里湾·国庆前夕》："你明天出面去找一下调解委员会的秦小凤,就说咱们入了社,不愿意和有翼分家了,让她来给咱们说和说和。"

肆筵　sìyán

◎**释义**

本义:摆设筵席。

(1)婚丧嫁娶的大事,称为肆筵。

如:"这两天忙得办肆筵。"

(2)为婚丧嫁娶宴请亲戚、朋友的酒席。

如:"中午有肆筵,吃酒去呀。"

◎**《汉语大词典》解释**

①《诗·大雅·行苇》:"戚戚兄弟,莫远具尔,或肆之筵,或授之几,肆筵设席,授几有缉御。"

②南朝齐·王融《三月三日曲水诗》序:"授几肆筵,因流波而成次;蕙肴芳醴,任激水而推移。"

③元·关汉卿《金线池》第四折:"则道是喜孜孜设席肆筵,为甚的怒哄哄列杖擎鞭。"

④清·薛福成《〈出使四国日记〉跋》:"若夫时际公余,事同私觌,听乐观舞,折简以招邀,酒宴茶会,肆筵而款待,是盖风殊中外,礼尚往来,从俗从宜,在所不废。"

屦包　sóngbāo

◎释义

软弱无能;软弱无能的人。

如:"他真是个屦包,见了仇家连句硬气的话也不敢说。"

屦

◎《汉语大字典》解释

讥笑人软弱无能。

如:"屦包";"这人真屦"。

◎《现代汉语词典》解释

软弱无能。指软弱无能的人。

嗉子　sùzi

◎释义

(1)鸟类喉咙下装食物的地方:"嗉囊""鸡嗉子"。

(2)装酒的小壶:"酒嗉子。"

◎《新华字典》解释

(1)许多鸟类的食管的扩大部分,形成一个小囊,用来贮存食物,并对其初步浸解。

唐·白居易《秦吉了》:"岂无雕,嗉中食饱不肯搏。"

（2）装酒或饮料的容器。

如："酒嗉。"

蒜气 suànqì

◎**释义**

狐臭。

◎**《汉语大词典》解释**

腋部发出的臭气,狐臭。

《南史·宋纪下·后废帝》:"察孙超有蒜气,剖腹视之。"

T

抬挌 táigé 挌,西部方言读作入声[k'ʌ²]。

◎**释义**

流行于西部的社火。

注:常误写成"抬搁"。

挌

◎**《康熙字典》解释**

《广韵》古伯切《集韵》《韵会》《正韵》各额切,并音格。《说文》击也。又斗也,止也。《魏志·任城王传》手挌猛兽。又《玉篇》举也。又《唐韵》卢各切《集韵》历各切,并音落。亦击也。或作擽。又《集韵》《韵会》并曷各切,音鹤。挭挌,牵引也。《集韵》或作敔。《韵会》《正韵》通作格。

◎按《说文》古核切,取音微别。

◎**《汉语大字典》解释**

①击:格斗。

②举。

踢跶 tīdá

◎**释义**

（1）跳跃。

（2）糟蹋，与"踢蹋"同义。

如："他逮住钱就花，2000 块钱，两天就踢跶光了。"

（3）贱卖，胡乱处置。

如："他把一份家业踢跶光了。"

（4）抛弃，丢弃。

如："他把那么好的媳妇踢跶了。"

◎**《汉语大词典》解释**

（1）跳跃貌。

《儿女英雄传》第六回："棍到处，只见那女子两只小脚儿蜷回去踢跶一跳，便跳过那棍去。"

（2）象声词。

《负曝闲谈》第二八回："及至家人把他摇醒了，他才慢慢地披着衣裳起来，跐着鞋子，踢跶踢跶地赶到前厅。"

张恨水《五子登科》第十八回："金子原穿了一件长浴衣，拖了一双拖鞋，踢跶踢跶地走了出来。"

◎**《新华字典》解释**

（1）象声词，形容脚步声。

如："他在地板上踢跶地蹀起步来。"

（2）脚乱蹬乱踢。

如："布鞋已经踢跶出好几个窟窿。"

（3）乱用财物。

如："不把煤厂踢跶穷你不甘心呀！"

踢蹋 tītà

◎**释义**

同"踢跶"。糟蹋。

◎《汉语大词典》解释

(1)糟蹋。

①马烽、西戎《吕梁英雄传》第三回:"后来他父亲抽大烟,逛省城,几年把份家产踢蹋光了。"

②萧玉《大风口》第十六章:"吃、喝、嫖、赌、抽,不几年的工夫,就把家产踢蹋一空。"

(2)象声词。

吴华守《我跟父亲当红军》:"父亲只要听到这路踢蹋的声音,就准知道我掉队了。"

替另 tìlìng

◎释义

单独;另外。

如:"你那份儿替另给你留下啦。"

◎《汉语大词典》解释

另外。

《红楼梦》第一〇四回:"贾政回到自己屋内,王夫人等见过,宝玉、贾琏替另拜见。"

注:常误写为"提另"。

条案 tiáoàn

◎释义

一种长一丈左右,宽一尺多的狭长形桌子,用来摆放物品。也叫"条几"。

◎《汉语大词典》解释

(1)分条查考。

《后汉书·顺帝纪》:"而即位仓卒,典章多缺,请条案礼仪,分别具奏。"

(2)一种狭长的几桌,一般比桌子高。又叫"条几"。

①老舍《老张的哲学》六:"东里间是李应和他叔父的卧室,顺着前檐一张小矮土坑,对面放着一条旧楠木条案。案上放着一个官窑五彩瓶和一把银胎的水烟袋。"

②曹禺《北京人》第一幕:"条案前立一张红木方桌,有些旧损。"

条凳　tiáodèng
◎**释义**
长条凳。
◎**《汉语大词典》解释**
狭长形的凳子。
①夏衍《懒寻旧梦录》一:"她一定要四姐和我背着条凳先去占好位置,陪她去看戏。"
②吴组缃《山洪》一:"大的小的竹箕里摊着饭锅巴和萝卜干,用条凳架着。"

条桌　tiáozhuō
◎**释义**
长方形的桌子。
◎**《汉语大词典》解释**
长方形的桌子。
①鲁迅《孤独者》五:"孝帏上没有别的,前面是一张条桌,一张方桌。"
②巴金《军长的心》一:"靠窗放一张白木条桌,桌上有一架电话机。"

条盘　tiáopán
◎**释义**
长方形的木制盘子,盘周围有高寸许木围。
注:常误写为"调(tiáo)盘"。

挑掇　tiǎoduō

◎**释义**

挑拨；挑唆。

如："你两口子打架,都是她挑掇的。"

◎**《汉语大字典》解释**

挑拨；怂恿。

《平山冷燕》第七回："若说山黛的祸根,还是挑掇晏文物起的,就是后来吃苦,也还气得他过;冷家这小丫头,独独将一张纸条贴在我琼花观门墙上,岂非明明来寻我的衅端,叫我怎生气得他过。"

跳跶　tiàodá

◎**释义**

(1)蹦蹦跳跳。

(2)轻佻;狂妄。

如:①"将(刚)当了个小队长,就跳跶得放不下啦!"

②"你好好跳跶哇,有你跳跶不动的时候。"

◎**《汉语大词典》解释**

(1)蹦跳。

梁斌《红旗谱》三四:"朝廷爷还有王法哩! 你们在老虎嘴上跳跶什么?"

(2)引申指为某种目的而进行的活动。

①杨朔《春子姑娘》:"你看他三跳跶,两跳跶,不知怎么跟伪满警察局勾搭上一条腿,混上个小差事。"

②刘绍棠《蒲柳人家》二:"自个儿跳跶了大半辈子,已经年过花甲,不过挣下三间泥棚茅舍。"

注:"跳跶"有不同的写法,词义相近。

跳达 tiàodá

◎**《汉语大词典》解释**

轻薄放肆貌。

清·杨懋建《京尘杂录·丁年玉笋志》："其品第正不失为中上，又性好跳达，变动不居。击剑弄丸，皆其所习。"

挑达 tiāodá

◎**释义**

轻佻。

◎**《汉语大词典》解释**

亦作"挑闼"。亦作"挑挞"。

(1)往来相见貌。

①《诗·郑风·子衿》："挑兮达兮，在城阙兮。"

毛传："挑达，往来相见貌。"

②《太平御览》卷四八九引《诗》作"挑兮挞兮"。一说轻薄放肆貌。

朱熹集传："挑，轻儇跳跃之貌。达，放恣也。"

③晋·干宝《搜神记》卷五："蒋子文者，广陵人也，嗜酒好色，挑挞无度。"

④明·唐顺之《〈福建乡试录〉后序》："及周之衰，则溱洧之郊密迩王畿，且学校堕坏，士人挑闼而缺于礼。"

⑤《醒世姻缘传》第六二回："却说那狄希陈的为人，也刁钻古怪的异样，顽皮挑达的倍常。"

(2)引申为自由自在，放纵不羁。

①唐·王维《赠吴官》诗："不如侬家任挑达，草屩捞虾富春渚。"

②宋·梅尧臣《朝》诗之二："是非不道任挑挞，唯忆当时阮步兵。"

◎**《辞海》解释**

挑达 tāotà

往来貌。《诗·郑风·子衿》："挑兮达兮，在城阙兮。"王维《赠吴官》诗："不如侬家任挑达，草屩捞虾富春渚。"后亦用作轻薄放纵的意思。《搜神记》卷五："蒋子文者，广陵人也，嗜酒，好色，佻达无度。"亦作"佻达""佻佹"。

佻达 tiāodá

◎《汉语大词典》解释

（1）轻薄放荡；轻浮。

①明·刘元卿《贤奕编·闲钞下》："今富贵家佻达子弟，乃有以纻丝绫缎为裤者，其暴殄过分，亦已甚矣。"

②清·蒲松龄《聊斋志异·任秀》："幸秀聪颖，释服，入鱼台泮。而佻达善博，母教戒綦严，卒不改。"

③清·蒲松龄《聊斋志异·阿英》："窃喜弟得佳妇，然恐其佻达招议。"

④《廿世纪女界文明灯弹词》："本会男女会友，如有出言不敬，举止佻达，立时驱逐出会。"

（2）犹言挑逗，戏谑。

①明·汤显祖《牡丹亭·幽媾》："只许他伴人清暇，怎教人佻达？"

②《明史·张昭传》："生徒亦往往玩愒岁月，佻达城阙，待次循资，滥升太学。"

③清·黄遵宪《罢美国留学生感赋》诗："诸生尽佻达，所业徒荒嬉。"

④清·纪昀《阅微草堂笔记·槐西杂志四》："某岩月夜有歌吹声，遥望皆天女也。士人故佻达，借宿山家，月出辄往，数夕无所遇。"

◎《辞海》解释

佻达 tiāo tà

亦作"佻佹"。轻薄；戏谑。

《聊斋志异·诗谳》："吴（吴蜚卿），益都之素封，与范（范小山）同里，平日颇有佻达之行。"

注：《辞海》1999 年缩印本。

抟弄　tuánnòng

◎释义

玩弄。

如:"你不要抟弄人家!"

◎《汉语大词典》解释

玩弄。

①元·汤式《一枝花·赠素云》套曲:"一任他漫天巧结银河冻,半霎儿满地平铺素剪绒,则落得高卧先生恣抟弄。"

②清·洪升《长生殿·幸恩》:"咱这里羞羞涩涩,惊惊恐恐,直恁被他抟弄。"

③郭沫若《文艺论集续集·我们的文学新运动》:"我们暴露于战乱的惨祸之下,我们受着资本主义这条毒龙的巨爪的抟弄。"

团弄　tuánnòng

◎《汉语大词典》解释

(1)揉弄;来回揉搓使成圆形。

①《醒世姻缘传》第四回:"一边对着萧婆子说道:'家里放着病人,急等着萧老爹去治,这可怎么处?'一边推,一边摇晃,就和团弄烂泥的一般。"

②王统照《刀柄》:"第二口(鸦片烟)老在他手尖上团弄,却老烧不成。"

(2)指捏弄,捏拢。

《儿女英雄传》第三回:"原来那长姐儿臂膊上戴着的一副包金镯子,好好地从手上脱落下来了……何小姐道:'别动他,我给你团弄上就好了。'说着,接过来,把圈口给他掐紧了。"

(3)犹赏玩。

元·无名氏《寿阳曲》:"娇的的可人风韵种,也消得俺惜花人团弄。"

(4)犹办理。

《水浒传》第十四回:"如今只有保正、刘兄、小生三人,这件事如何团弄？便是保正与刘兄十分了得,也担负不下。这段事须得七八个好汉方可。"

(5)耍弄,摆布。

赵树理《李有才板话》八:"章工作员倒是个好人,可惜没经过事,一来就叫人家团弄住了。"

脱剥 tuōbō **西部方言读入声[t'uʌʔ][pʌʔ]。**

◎释义

脱去;脱掉。

如:"他脱剥了衣服,跳下水。"

◎《汉语大词典》解释

(1)剥去;脱掉。

①宋·王令《梦蝗》诗:"雍雍材能官,雅雅仁义儒,脱剥虎豹皮,假借尧舜趋。"

②《水浒传》第四十回:"当时阮家三弟兄都脱剥了衣服,各人插把尖刀,便钻入水里去。"

③《天雨花》第二回:"谁知他奶奶十分利害,知了此事,登时把媳妇脱剥衣裳,吊在树上打了一百皮鞭。"

(2)同"脱膊"。

元·无名氏《独角牛》第三折:"你二年无对手也,则有今年。若是再无对手呵,这银碗花红表里段匹,就都赏你。香客还未全哩,等香客来全了时,脱剥下来搠三遭。"

托生 tuōshēng **托,西部方言读入声[t'uʌʔ]。**

◎释义

(1)人或动物死后转生。

(2)谋生。

◎《汉语大词典》解释

313

迷信说法谓有生命之物死后灵魂转生世间。

①《红楼梦》第五四回："和阎王爷说去,问他一问:'叫我们托生为人,怎么单给小蹄子一张乖嘴?'"

②老舍《茶馆》第一幕："要不怎么说,就是一条狗也得托生在北京城里嘛!"

注:"托生"也写作"讬生",词义相同。

讬生　tuōshēng　**讬,西部方言读入声**[tuʌ²]。

◎《汉语大词典》解释

释、道谓死后投胎,转生世间。

①南朝齐·王中《头陀寺碑文》："是以如来利见迦维,讬生王室。"

②唐·刘肃《大唐新语·酷忍》："百生千劫,愿我讬生为猫儿,阿武为老鼠,吾扼其喉,以报今日足矣。"

③清·昭槤《啸亭杂录·廓尔喀之降》："(达赖)每将死则自言其往生处,其弟子如言物色之,得婴儿即奉以归,谓前喇嘛所讬生也。"

褪后　tùnhòu　**褪,西部方言读 tòng。**

◎释义

后退,躲闪。

如:"这娃娃没出息,一见大人就褪后。"

注:常误写为"迍(zhūn)后"。

褪

◎《新华字典》解释

(1)使穿着的衣服或套着的东西脱离:"把袖子褪下来。"

(2)向内退缩而藏起来:"把手褪在袖子里。"

(3)后退,逃脱:"不要遇事就往后褪。"

W

外后天　wàihòutiān

◎**释义**

大后天。

注:《汉语大词典》收录了"大后日"。

大后日

◎**《汉语大词典》解释**

大后天。紧接在后天之后的那一天。

①宋·陆游《老学庵笔记》卷十:"今人谓后三日为外后日,意其俗语耳。偶读《唐逸史·裴老传》乃有此语。裴,大历中人也,则此语亦久矣。"

②《金瓶梅词话》第三回:"明日是破日,后日也不好,直到外后日方是裁衣日期。"

③《儒林外史》第四七回:"外后日是方六房里请我吃中饭,要扰过他,才得下去。"

唯应　wéiyīng

◎**释义**

只因为;幸亏。

如:"唯应我和你爸是同学,把事情压下去了,不然你闯大祸啦。"

注:常误写为"唯因"。

◎**《汉语大词典》解释**

(1)唯有;只有。

①唐·陈子昂《感遇》诗之三十:"唯应白鸥鸟,可为洗心言。"

②唐·白居易《眼暗》诗:"千药万方治不得,唯应闭目学头陀。"

(2)只应;只应该。

①唐·卢肇《被谪连州》诗:"连州万里无亲戚,旧识唯应有荔枝。"

②唐·许棠《宿灵山兰若》诗:"旦夕闻清磬,唯应是钓翁。"

注:"唯应"的同音近义词为"为因"。在方言中,两词读音相同。

为因 wéiyīn

◎**释义**

因为。

◎《**汉语大词典**》**解释**

①元·王实甫《西厢记》第五本第三折:"为因路阻,不能得去。"

②《初刻拍案惊奇》卷三五:"老僧是五台山僧人,为因佛殿坍损,下山来抄化修造。"

③李大钊《国情》:"稽近世政变之由来,直可谓为因赋税之加重而起也。"

违误 wéiwù

◎**释义**

亦作"违悮"。耽误;失误。

◎《**汉语大词典**》**解释**

①耽误;失误。

元·无名氏《谢金吾》第二折:"等哥哥回来,小心在意,休违误者。"

②明·沈榜《宛署杂记·宣喻》:"如今正当闲暇,宜预修农器,以备来岁之用,勿得违误。"

③清·吴敏树《先考行状》:"尤喜钞书,积巨册,首尾端楷,若一无违误者。"

诿误 wěiwù

◎**释义**

因拖沓、磨蹭、办事效率低而耽误。

如:"这么点小事,诿误一上午了办不成。"

◎《**汉语大词典**》**解释**

推托耽误。

中国近代史资料丛刊《辛亥革命·镇南关起义清方档案》:"着该抚悉心筹画,妥筹布置,勿得借口兵单,稍涉诿误。"

硙磨　wèimó

◎**释义**

推磨;碾磨。

◎**《汉语大词典》解释**

放在磨子里研磨。旧时迷信传说阴间的一种酷刑。

唐·牛僧孺《玄怪录·杜子春》:"于是镕铜、铁杖、碓捣、硙磨、火坑、镬汤、刀山、剑林之苦,无不备尝。"

硙

◎**《新华字典》解释**

(1)石磨:"造治碾硙。"

(2)磨(mó);使物粉碎。

注:误写为"围磨"。

兀秃水　wūtūshuǐ　　兀,西部方言读入声[vuə˧]。

◎**释义**

(1)温水。

(2)没烧开的水。

兀秃

◎**《汉语大字典》解释**

(1)不冷不热。

①元·武汉臣《生金阁》第三折:"我如今可酾些不冷不热、兀兀秃秃的酒与他吃。"

②《醒世姻缘传》第六九回:"半生半熟的咸面馍馍,不干不净的兀秃素菜。"

(2)不爽利;不干脆。

X

希松　xīsōng

◎**释义**

很平常;不值什么。

如:"这幅画很希松,不值钱。"

◎**《汉语大词典》解释**

很平常;不值什么。

①清·蒋士铨《桂林霜·胁降》:"说甚府厅司道,升迁降调。督抚也希松,只有俺孙爷不害哨。"

②《红楼梦》第八三回:"你有什么过不去,不要寻他,勒死我倒也是希松的。"

稀松　xīsōng

◎**释义**

(1)稀薄,松散。

如:"泥土稀松。"

(2)松弛;不严。

如:"作风稀松。"

(3)指个人的能力或品质不好。

如:"一群稀松的笨蛋。"

(4)不要紧的。

如:"这些稀松的事,你用不着放在心里。"

◎**《汉语大词典》解释**

(1)极为松散。引申指马虎、差劲或不严格。

①老舍《骆驼祥子》十八:"他们花着房钱,可是永远没人来修补房子;除非塌得无法再住人,才来一两个泥水匠,用些素泥碎砖稀松的堵砌上——预备着再塌。"

②"他们干起活来,可没有一个稀松的。"

(2)轻松不费劲;无关紧要。

茅盾《子夜》三:"他们把资本运用交易所公债场,一天工夫赚进十万八千,真是稀松平常。"

洗剥 xǐbō **剥,西部方言读入声[pʌˀ]。**

◎**释义**

(1)洗涮脱衣睡觉。

如:"天不早了,洗剥洗剥睡哇。"

(2)冲刷除垢。

如:"那个坛子太日脏啦,好好儿洗剥洗剥。"

◎《**汉语大词典**》**解释**

(1)洗净剥除。

唐·杜甫《驱竖子摘苍耳》诗:"放筐亭午际,洗剥相蒙幂。"

(2)冲刷剥蚀。

宋·庄季裕《鸡肋编》卷上:"陈州城外有厄台寺,乃夫子绝粮之地。今其中有一字王佛,云是孔子像。旧榜是'文宣王',因风雨洗剥,但存'一宣王',而释子附会为一字王也。"

(3)谓脱去衣服。

①元·杨显之《潇湘雨》第二折:"左右,拿将下去,洗剥了与我打著者。"

②清·吴炽昌《客窗闲话初集·公大将军延师》:"护卫即洗剥其衣,推出门外,砍首以献。"

下嗑子 xiàkēzi

◎**释义**

下颏。

◎《**汉语大词典**》**解释**

下巴颏。

下颏　xiàkē

◎《**汉语大词典**》**解释**

下巴,或称下巴颏儿。

①宋・周密《齐东野语・解颐》:"至今俗谚以人喜过甚者云兜不上下颏。"

②《二十年目睹之怪现状》第六一回:"只见一个人,生得一张狭长青灰色的脸儿,浓浓的眉毛,一双抠了进去的大眼睛,下颏上生成的挂脸胡子,却不曾留。"

③闻捷《海燕》:"下颏有子弹穿过的伤痕,右嘴角因而微微下垂。"

注:相关词语有"下颔"。

下颔　xià hàn

下巴颏。

如:"相逢应不识,满下颔白髭须。"

◎《**汉语大词典**》**解释**

下巴。

①许地山《爱就是刑罚》:"一会儿,他走到窗前,两手支着下颔,点点泪滴在窗棂上。"

②巴金《罗伯斯庇尔的秘密》:"(罗伯斯庇尔)嘴唇薄,下颔却是又短又尖。"

消停　xiāotíng

◎**释义**

(1)停止;停歇。

如:①"姐妹俩纺线不消停。"

②"太累了,消停一会儿再干吧。"

(2)安静;安稳。

如:①"过消停日子。"

②"还没住消停就走了。"

③"这孩子半天就没消停过。"

◎《汉语大词典》解释

（1）停止；停歇。

①宋·王明清《挥麈余话》卷二："张太尉道：'我虏劫舟船，尽装载步人老小，令马军便陆路前去。'俊道：'且看国家患难之际，且更消停。'"

②元·郑光祖《倩女离魂》第二折："莫消停，疾进发。"

③《水浒传》第五十回："既然大官人不肯落草，且在山寨消停几日，打听得没事了时，再下山来不迟。"

④冰心《关于女人·我的学生》："你看 S 像不像一只小猫，没有一刻消停安静！"

（2）安静；安稳。

①明·朱有炖《香囊怨》第二折："唤官身当只应，几曾得片时间心上消停，不付能有一日刚宁静。"

②周立波《暴风骤雨》第二部十："地主舍命舍财不舍枪。枪不抠尽，太平日子也过不消停。"

（3）从容；舒徐。

①《西游记》第二四回："消停些儿；有话慢说不妨，不要胡说散道的。"

②清·李渔《蜃中楼·怒遣》："你便消停些，选个像样的女婿也好，为什么这等着忙？"

③柳青《创业史》第一部第二五章："世富老大，从外表上看来，空手提着烟锅，走路很消停的样子，好像他没有什么事情。"

相因 xiāngyīn

◎释义

价钱便宜。引申为便宜、好处。

如：①"住衙门挨个相因批捘（耳光）。"

②"他老占相因不吃亏。"

◎《汉语大词典》解释

价钱便宜。

①《古今小说·陈御史巧勘金钗钿》："梁尚宾听说,心中不忿,又见价钱相因,有些出息,放他不下。"

②李劼人《天魔舞》第十四章："牛肉是顶养人的,价钱又比猪肉相因,为啥不吃?"

◎《重编国语辞典》解释

(1)相当,合适。

《喻世明言·卷二·陈御史巧勘金钗钿》："梁尚宾听说,心中不忿,又见价钱相因,有些出息,放他不下。"

(2)相依。

唐·元稹《莺莺传》："鄙昔中表相因,或同宴处。"

"相因"也写作"相赢",词义相同。

相赢 xiāngyīng

◎《汉语大词典》解释

方言。便宜。

周立波《暴风骤雨》第一部十八："他老伴儿是搭伙来的,还带来一个能扛半拉子活的小子,他自己觉得是占了相赢。"

注:常误写为"香盈"。

蝎螫 xiēzhé　螫,西部方言读作入声［tsɤʔ］。

◎释义

(1)胆小怕事的样子。

如:"那孩子蝎螫的,一说打针就哭。"

(2)在小事上故意装作大惊小怪。

如:"看把你蝎螫的,我就碰破点儿皮,用不着哭哭啼啼的。"

"蝎螫",也说成"蝎蝎螫螫"。

蝎蝎螫螫 xiēxiēzhézhé

◎《汉语大词典》解释

（1）扭扭捏捏；胆小怕事。

①《红楼梦》第六七回："（赵姨娘）忽然想到宝钗系王夫人的亲戚，为何不到王夫人跟前卖个好儿呢？自己便蝎蝎螫螫的，拿着东西，走至王夫人房中。"

②《宦海》第三回："金方伯见了他那位少爷蝎蝎螫螫的情形，心上甚是诧怪，便催着有话快说，不要这个样儿。"

③杨朔《北线》十："媳妇红着脸赔笑道：'我才见他蝎蝎螫螫的，还当他做了什么见不得人的事。'"

（2）谓在小事情上过分地表示关心、怜惜。

《红楼梦》第五二回："宝玉忙道：'这如何使得？才好了些，如何做得活！'晴雯道：'不用你蝎蝎螫螫的，我自知道。'"

注：常误写为"嫌责"。

嫌责 xiánzé

◎《汉语大词典》

谓因不满而加责备。

①《宋书·萧惠开传》："思话素恭谨，操行与惠开不同，常以其峻异，每加嫌责。"

②《魏书·杨椿传》："十余年中，不尝言一人罪过，当时大被嫌责。"

③《北齐书·魏收传》："（收）以受旨乖忤，频被嫌责，加以棰楚，久不得志。"

些个 xiēgè　个，西部方言读入声〔kɤˀ〕。

◎释义

一些：这些个，那些个。

如：①"你拿些个甚东西啦？"

②"他是弟弟，你让他些个。"

◎《重编国语辞典》解释

（1）附于指示代名词之后，表示多数。如："这些个""那些个"。

（2）一点儿。

①明·高明《琵琶记·五娘剪发卖发》："卖头发，买的休论价。念我受饥荒，囊箧无些个。"

②《五代史平话·梁史》卷上："名既不成，利又不遂，也只是收拾些个盘费，离了长安。"

◎《**汉语大词典**》解释

（1）犹言多少，几许，若干。

①宋·周邦彦《意难忘·美咏》："些个事，恼人肠，试说与何妨。"

②《朱子语类》卷六五："上面消了些个时，下面便生了些个。"

③元·薛昂夫《殿前欢·秋》套曲："问当年赤壁乐如何，比西湖画舫争些个。"

④老舍《女店员》第五场："您得帮助我们发明些个洗菜的、掐豆芽菜须子的机器。"

（2）一点儿。

①宋·辛弃疾《小重山·末利》词："略开些个未多时，窗儿外，却早被人知。"

②《水浒传》第二七回："不敢轻慢他些个。"

③《儿女英雄传》第十七回："这两天我老拙忙些个。"

揳 xiē　西部方言读入声［ɕiʌʔ］。

◎释义

（1）捶打，特指把钉、橛等捶打到其他东西里面去。

如："在墙上揳个钉子。"

（2）方言词义扩大：打。

如："揳狗的！（揍他）"

◎《**汉语大字典**》解释

方言。把楔子、钉子等捶打到物体里边去。

如："墙上揳个钉子。"

◎《汉语大词典》解释

(1)用上平下锐的木块插入木榫缝中,以起固定作用。

《意林》卷二引汉·崔寔《正论》:"夫君政陵迟,如乘敝车,若能求巧工使葺理之,折则接之,缓则揳之,可复新矣。"

(2)今泛称把楔子、钉子等捶入物体。

郭澄清《大刀记》第十一章:"打得质量好的土墙,在墙干之后,要往墙上揳钉子,比往木头上揳个钉子花费的力气要大得多。"

注:"揳"也有"楔"的词义。

楔 xiē 西部方言读入声[ɕiʌʔ]。

◎《汉语大词典》解释

(1)把楔形物插入或捶打到物体里面。

吴运铎《把一切献给党·我们的平射炮》:"如果做一个橄榄形的钢柱,在钢柱圆周刻上凸凹斜线,把这钢柱硬楔入炮筒,也许就能挤出和钢柱上螺旋形一样的来复线。"

参见"楔齿"。

(2)投;发射。

①刘白羽《早晨六点钟》:"我们哗地站起来,吭、吭、吭,楔了一排子手榴弹。"

②胡山《英雄的阵地》:"待不了十分钟,敌人又该楔炮啦!"

◎《现代汉语词典》解释

(1)(名词)楔子。

(2)(动词)同"揳"。

新崭崭 xīnzhǎnzhǎn

◎释义

崭新。

如:"新崭崭的大票子。"

◎《汉语大词典》解释

极新;簇新。

①郑振铎《中国俗文学史》第十章:"我们可以知道,凡是能够引用新崭崭的俗曲的,没有不得到成功的。"

②张新泉《围腰的歌》:"包袱皮上的字写得比山花还俊俏,新崭崭的围腰呵,样式大方针脚牢。"

兴 xīng xìng

◎**释义**

1.xīng

(1)许可;允许。

如:"不兴打孩子。"

(2)宠;惯。(西部方言读 xìng。)

如:"看把他兴的,连面包都不吃。"

2.xìng

高兴;喜爱;喜欢。

如:"穿了新衣服,看把他兴的。"

◎**《新华字典》解释**

1.兴 xīng

(1)方言。许可。

如:"不兴胡说。"

(2)宠;惯。

《红楼梦》:"都是你兴的他,我只和你算账就完了。"

2.兴 xìng

喜欢;喜爱。

《红楼梦》:"你瞧他兴的这样儿!"

◎**《汉语大词典》解释**

xīng

(1)宠惯。

①《金瓶梅词话》第四一回:"妇人打着骂道:'贼奴才,淫妇,你从

几时就恁大来。别人兴你我却不兴你。'"

②《红楼梦》第二一回:"凤姐道:'都是你兴的他,我只和你算账就完了。'"

(2)准许,许可。

①《儿女英雄传》第二七回:"张太太道:'今儿个可不兴吃饭哪。'姑娘道:'怎么索性连饭也不叫吃了呢?'"

②华山《鸡毛信》:"以牙还牙嘛! 就兴他到根据地抢粮,不兴咱去抄他的老窝?"

③周立波《暴风骤雨》第一部十七:"停了一会儿,白玉山问道:'兴打不兴打?'"

xìng

喜欢。

《礼记·学记》:"不兴其艺,不能乐学。"

秀溜 xiùliú

◎**释义**

轻巧灵活,身材苗条。

如:"那姑娘长得真秀溜。"

◎《**汉语大词典**》解释

轻巧灵活。

《西游记》第五一回:"好大圣⋯⋯摇身一变,变做个麻苍蝇儿,真个秀溜。"

悬乎 xuánhu

◎**释义**

(1)危险的。

(2)不安全的。

如:"一个很悬乎的办法。"

◎《**汉语大词典**》解释

犹危险。

郭澄清《大刀记》第十六章:"姓乔的诡计多端,硬闯辕门总是个悬乎事儿,不宜队长出马。"

注:方言常用词"真悬"。

真悬 zhēnxuán

◎《新华字典》解释

方言。危险的、危难的或惊险的。

玄乎 xuánhu

◎**释义**

(1)虚妄;靠不住。

(2)深奥;玄妙。

◎**《汉语大词典》解释**

(1)玄虚不可捉摸。

①梁斌《红旗谱》九:"一开头儿,江涛就觉得有点玄乎……问:'那河蛙不是鸡,又不是鸽子,哪能落到窗格棂上叫唤?'"

②浩然《艳阳天》第五五章:"三人听着马之悦讲得在理,又觉着挺玄乎,像是只吹过来一层烟雾,见到影子飘,伸手抓不着。"

(2)靠不住;危险。

峻青《海啸》第三章五:"这事太玄乎了,弄不好,落得个鸡飞蛋打,连人带粮全沉海底。"

蹅摸 xuémo

◎**释义**

寻找。

如:①"中午啦,蹅摸个地方吃饭哇。"

②"蹅摸了半天,找到一块盖房的好地势。"

◎**《重编国语词典》解释**

找寻。

如:"你在那儿翻箱倒柜地踅摸些什么?"

◎**《汉语大词典》解释**

犹踏勘。

邓友梅《话说陶然亭》:"踅摸了几天,瞅准一个地方。"

踅转 xuézhuǎn

◎**释义**

转向、折转。

如:"她踅转屁股,头也不回地走啦。"

◎**《汉语大词典》解释**

折回;回转。

①《水浒传》第五五回:"花荣也引军望右边踅转山坡下去了。"

②《初刻拍案惊奇》卷三一:"孟清见了,慌忙踅转身望里面跑。"

③丁玲《太阳照在桑干河上》三七:"她踅转身走回去了。她走的是那样的快和那样的轻巧。"

Y

眼眵 yǎnchī

◎**释义**

眼屎。

眵

◎**《汉语大词典》解释**

眼中分泌出的黄色液体。俗称"眼屎"。

①宋·赵与时《宾退录》卷六:"胶睫干眵缀,粘髭冷涕悬。"

②明·徐霖《绣襦记·鸣珂嘲宴》:"目生眵,头早白。"

③清·黄景仁《初更后有携酒食至者》诗:"痴童睡醒惊抹睞,似有神厨运倏忽。"

严干正经　yángānzhèngjǐng
◎**释义**
作风正派,办事干练。
如:"老王是个严干正经人,一点歪的邪的都不会。"
严干　yángān
◎**《汉语大词典》解释**
整饬而干练。
《金史·粘葛奴申传》:"天兴初,倅开封府,以严干称,其年五月,擢为陈州防御使。"
整饬　zhěngchì
◎**《重编国语词典》解释**
(1)整顿。
《三国志·卷三十八·蜀书·许靖传》:"知足下忠义奋发,整饬元戎,西迎大驾,巡省中岳。"
(2)品德端庄的样子。
《新唐书卷一四○·吕諲传》:"少力于学,志行整饬。"
正经　zhèngjǐng
◎**《现代汉语词典》解释**
端庄正派。

仰尘　yǎngchén
◎**释义**
顶棚。方言中更多指纸糊的顶棚。
◎**《汉语大词典》解释**
即承尘。旧时张设在座位上方承接尘土的小账。后以指天花板、天棚、顶棚(特别是用纸糊的顶棚)。

①《醒世姻缘传》第四二回:"原作卧房的三间是纸糊的墙,砖铺的地,木头做的仰尘,方格子的窗牖。"

②《醒世姻缘传》第七回:"连夜传裱背匠,糊仰尘,糊窗户。"

央及 yāngji

◎**释义**

(1)请求,恳求。

如:"小家伙把教室玻璃打了,央及我甭告老师。"

(2)用好话哄顺;劝说。

如:"你这玩笑开得过火了,你媳妇真恼了,快去央及央及。"

◎《**汉语大词典**》**解释**

(1)请求;恳求。

①元·关汉卿《救风尘》第一折:"当初姨姨引章要嫁我来,如今却要嫁周舍,我央及你劝他一劝。"

②《红楼梦》第九十三回:"贾芹说着,见没人在旁边,便跪着央及道:'好叔叔,救我一救儿罢!'"

③冰心《离家的一年》:"他恐怕这同学以后要拿他泄愤,反央及他们,不要让他去。"

(2)连累,拖累。"央"通"殃"。

洋落 yánglào

◎**释义**

意外得到的财物。

如:"捡洋落。"

◎《**汉语大词典**》**解释**

方言。洋财。指意外得到的财物。

《人民文学》1977年第11期:"她就连忙带邢大嫂来到这个险路,隐藏在这个山洞里……没想到孩子啼哭了几声把这两个想捡洋落的寻死鬼引了来。"

注：参见"洋捞"。

洋捞　yánglāo
◎**释义**
同"洋落"。意外得到的财物。
◎**《汉语大词典》解释**
方言。洋财，意外得到的财物。
周立波《暴风骤雨》第一部一："'八·一五'炮响，日本子跑走，咱们屯里的人都来捡洋捞。"

夜儿个　yèrge　个，西部方言读入声[kɤʔ]。
◎**释义**
昨天。
◎**《汉语大词典》解释**
也说"夜儿"。方言。昨天。
①贺敬之《惯匪周子山》第二场："夜儿个二老周和张海旺到黑龙寨来。"
②张寿臣《小神仙》："夜儿后晌啊，也不知道是有贼呀，也不知道是溜了缰啦，到天亮要磨豆子啦，驴没啦，找也没找着。"
◎**《现代汉语词典》解释**
方言。昨天。

一到伴　yīdàobàn
◎**释义**
一直。
如："天都黑啦，他一到伴没来？"
◎**《汉语大词典》解释**
方言。犹言一直。
秧歌剧《惯匪周子山》第四场："我这几年一到伴和老田在一搭里

工作。"

注:方言中常说成"一到伴儿"。

一蹦子　yìbèngzi

◎**释义**

撒腿跑。

如:"你想逮住他?早一蹦子跑得没影儿啦。"

◎**《汉语大字典》解释**

方言。犹一撒腿。

《中国民间故事选·子戏虎》:"它急速拧腰就跑,一蹦子奔十几里,棍子拉断了,才停下来。"

一垯　yīdà

◎**释义**

一块儿;一起。

如:①"我们住一垯垯儿。"

②"我们一垯来的。"

垯　dà

◎**《新华字典》解释**

地方,处所。

◎**《汉语大字典》解释**

方言。指处所。

①贺敬之《我的家》:"陕甘宁——我的家,几眼新窑在这垯。"原注:"西北方言。这里。"

②马烽、西戎《吕梁英雄传》:"为人民牺牲,我们死在一垯。"

◎**《汉语大词典》解释**

方言。指处所。

马烽、西戎《吕梁英雄传》第二二回:"今年过年,我本想掌柜伙计坐到一垯喝几盅。可是你们民兵的事更重要,这也是没办法的事。"

一笃气 yīdǔqì 笃,西部方言读入声[tuə?]。

◎**释义**

时间上延续较长。

如:"一笃气干到天黑。"

笃

◎**《新华字典》解释**

(1)本义:马行迟顿。

(2)专一。

如:"笃慎(专心谨慎);笃向(专诚向往);笃重(专一深重);笃习(专一于学习);笃意(专心致意)。"

◎**《汉语大字典》解释**

(1)马行顿迟。

(2)固;坚实。

(3)诚笃。

(4)纯一;专一。参见"笃行""笃志"。

注:和"一笃气"相近的是"一托气"。

一托气 yītuōqì 托,西部方言读入声[t'uʌ?]。

◎**释义**

一口气。

◎**《汉语大词典》解释**

亦作"一脱气"。亦作"一掇气"。犹言一口气。多形容赶路紧张,毫不停顿。

①元·无名氏《雁门关》第四折:"一托气直奔数十里,遍体汗浑如水洗。"

②元·关汉卿《哭存孝》第三折:"一托气走将来,两只脚不暂歇。"

③元·张显之《酷寒亭》第二折:"我如今一脱气直走向京都地,一句句向哥哥说知。"

④元·无名氏《行香子·禄山忆杨妃》套曲："从蓟州渔阳县,一掇气走喑来近远,竭竭的赶场忧,刚刚的落声喘。"

一铺滩 yīpūtān **铺,西部方言读入声[ˌpʼuəˀ]。**

◎**释义**

也说"一泼滩":一大片;一大堆。

如:"口袋烂了,米洒下一铺滩。"

◎**《汉语大词典》解释**

亦作"一泼滩"。一大堆。

①杜鹏程《保卫延安》第七章:"反正夜战中,敌人没有便宜讨。瞧,我们不是一出手就消灭他一铺滩?"

②孔厥《新儿女英雄传》第二回:"大水下决心发言,憋出一身汗,前言不搭后语,结结巴巴地说了一泼滩。"

注:"一铺滩"西部方言习惯说"一不滩"。

迎人 yíngrén

◎**释义**

(1)迎接来人。

(2)长相漂亮,态度和善,让人喜爱。

如:"这新媳妇身材好,笑眯眯,挺迎人。"

◎**《汉语大词典》解释**

(1)迎接来人。

①宋·梅尧臣《对雪忆林逋》诗:"樵童野犬迎人后,山葛棠梨案酒时。"

②沈从文《湘行散记·鸭窠围的夜》:"两山不高而翠色迎人。"

(2)善待人;令人喜爱。

①清·孙道干《小螺庵病榻忆语》:"少奇慧,善解书义;性孝,处父母侧,婉婉迎人。"

②《歧路灯》第六七回:"不知此乃张类村一生善气迎人,所以生下

这个好后代来。"

注:常误写为"赢人"。

硬邦邦　yìngbāngbāng

◎**释义**

亦作"硬梆梆"。亦作"硬帮帮"。

形容坚硬;生硬。

◎**《汉语大词典》解释**

(1)坚硬。

①元·王仲文《救孝子》第二折:"粗滚滚的黄桑杖腿筋,硬邦邦的竹签着指痕。"

②魏巍《东方》第三部第四章:"没有走出多远,在呼啸的北风里,棉裤就冻得硬梆梆的,打不过弯来。"

③郭澄清《大刀记》开篇五:"他的头下,枕着一块硬梆梆的半截砖。"

如:"他穿着一双底子硬帮帮的山鞋。"

(2)强硬;生硬。

①元·李致远《还牢末》第三折:"他把我死羊般拖奔入牢房,依旧硬邦邦匣定在囚床。"

②清·孔尚任《桃花扇·截矶》:"硬邦邦敢要君的渠首,乱纷纷不服王的群寇。"

③郭沫若《演奏出英雄的交响曲》:"废话少说,公式主义的硬梆梆的大块文章少做。"

④孙犁《白洋淀纪事·看护》:"'咱们是工作关系,你是病人,我是看护,谁也不能压迫谁!'刘兰硬梆梆地说。"

(3)实实在在的;棘手的。

克非《春潮急》十一:"一连串硬梆梆的问题,倾头盖脑泼向李春山。"

硬挣　yìngzhēng　**硬,西部方言读** nìng。

◎**释义**

(1)强硬有力;硬而结实。

如:"他一看有人撑腰,就硬挣起来了。"

(2)坚牢而有韧性。

如:"这种纸很硬挣。"

(3)老年人身体健康,行走自如。

如:"那老汉 80 岁啦,挺硬挣。"

◎**《汉语大词典》解释**

(1)强硬有力。

①元·秦简夫《东堂老》第一折:"哥,不是扶不上,我腰里货不硬挣哩。"

②《醒世恒言·李玉英狱中讼冤》:"若父亲是个硬挣的,定然卫护儿女,与老婆反目厮闹,不许他凌虐。"

③《东周列国志》第三四回:"斗勃见公孙固答语硬挣,回报楚王。"

④《红楼梦》第九回:"他是东府里璜大奶奶的侄儿,什么硬挣仗腰子的,也来吓我们!"

(2)方言。谓坚牢而有韧性。

如:"这种纸张硬挣耐用。"

注:"硬挣"的同义词为"硬铮"。

硬铮　yìngzhēng

◎**《汉语大词典》解释**

(1)刚强,顶得住。

李劼人《死水微澜》第五部分十五:"蔡大哥到底是男人家,还硬铮,一声不响。"

(2)殷实;雄厚。

李劼人《天魔舞》第二八章:"据说,八达号的底子本来很硬铮,光是盘给山西帮的匹头、陕棉,就有好几仓库。"

硬诤　yìngzhēng　硬,西部方言读 nìng。

◎**释义**

抵赖,死不认账。

如:"你嘴甭硬诤,一会儿叫来证人,当头对面,有你哭的时候。"

◎《**汉语大词典**》**解释**

强辩;抵赖。

《水浒传》第四六回:"石秀道:'嫂嫂,你休要硬诤,教你看个证见。'"

玉茭子　yùjiāozi

◎**释义**

玉米;玉茭棒。

玉茭棒　yùjiāobàng

◎《**汉语大词典**》**解释**

方言。玉米。

俞林《在太行山上》:"来的是一支'运输队',三个中年妇女,两个十来岁的孩子,赶着两头毛驴,把'前方'收下的玉茭棒运回到'后方'去。"

注:常误写为"玉蕉"。

云盘　yúnpán

◎**释义**

发髻。

◎《**汉语大词典**》**解释**

(1)指高耸入云的承露盘。

三国魏·曹植《谢周观表》:"诏使周观:初玩云盘,北观疏圃,遂步九华。"

(2)指妇女的发髻。

清·洪升《长生殿·定情》："今夜把这钗呵,与你助云盘,斜插双鸾。"

注:常误解为"丰满雍容的脸盘"。

如:"云盘大脸。"

Z

栽害 zāihài

◎**释义**

捏造假证嫁祸于清白无罪的人

如:"文革中他没少栽害人。"

◎**《汉语大词典》解释**

诬陷。

①《西游记》第九七回:"行者叫道:'那打诳语栽害平人的妈妈子,且莫哭!'"

②清·林则徐《晓谕粤省士商军民人等速戒鸦片告示稿》:"向来文武衙门弁兵差役,破获原为不少,而民间惮于查禁,遂以栽害攫物,徇纵诈赃等弊,纷纷借口,此固不能保其必无。"

遭年馑 zāoniánjǐn

◎**释义**

灾年。

◎**《汉语大词典》解释**

方言。荒年。

①《陕北民歌选·信天游》:"拔下了苦菜渡年馑,交下了朋友毁名声。"

②丁玲《太阳照在桑干河上》十三:"他还有一个儿子,丈夫走后家

里就更没法过活,过不下去,又遭年馑,没有法,公公把她卖给一个跑买卖的了。"

◎《**重编国语辞典**》

荒年。

如:"遭逢年馑,他只好暂离家园,到外地去谋生。"

早早儿 zǎozǎor

◎**释义**

赶早。

如:"别磨蹭了! 早早儿走哇。"

◎《**汉语大词典**》**解释**

赶快;及早。

如:"要来就早早儿来。"

注:西部方言习惯说 zǎo zer。

遭逢 zāoféng

◎**释义**

碰上;遭遇。

如:"你遭逢上要钱不顾家的丈夫,算是倒霉啦。"

◎《**汉语大词典**》**解释**

(1)犹遇到。

①汉·王充《论衡·命义》:"命善禄盛,遭逢之祸,不能害也。"

②《北史·李弼宇文贵等传论》:"宇文贵负将帅之材,蕴刚锐之气,遭逢丧乱,险阻备尝,自致高位,亦云美矣。"

③陈毅《水调歌头·自叙》:"遭逢革命,驰驱誓愿执干戈。"

(2)犹际遇。

①《晋书·外戚传论》:"羊琇托肺腑之亲,处多闻之益,遭逢潜跃之际,预参经始之谋,故得缱绻恩私,便蕃任遇。"

②宋·文莹《玉壶清话》卷八:"子他日遭逢明主,不假进取,迹动

天阙,名驰寰海。"

③《醒世恒言·三孝廉让产立高名》:"臣以菲才,遭逢圣代,致位通显。"

④郑观应《盛世危言·吏治下》:"凡属臣工,遭逢圣主,皆当共矢公忠。"

◎《重编国语辞典》解释

(1)碰上;遇着。

南朝梁·范云《古意赠王中书》诗:"遭逢圣明后,来栖桐树枝。"

(2)人生的际遇。

宋·文天祥《过零丁洋》诗:"辛苦遭逢起一经,干戈落落四周星。"

炸刺 zhàcì

◎**释义**

滋事,挑事。

如:"你别心情不好就跟我这炸刺儿,没人吃你那一套。"

◎《汉语大词典》解释

调皮捣蛋,挑拨是非。

①《中国民间故事选·义和团的故事》:"义和团要收拾财主,就因杀洋毛子没得空,他们反倒炸刺啦。"

②林希《婢女春红》四:"别提你在天津卫的威风,到了塘沽,就是咱爷们儿的天下,老老实实地别炸刺儿,一个人听戏买三张票,塘沽没见过这样的规矩!"

奓刺 zhàcì

◎**释义**

张狂;不服管教。

如:①"你甭仗着后台硬就奓刺儿,我照样收拾你!"

②"这家伙说不得,一说就奓刺。"

◎《汉语大词典》解释

伸出刺儿。比喻嚣张。

魏巍《东方》第一部第五章："那个当过土匪的张小尕，也奓刺儿了。"

奓毛　zhàmáo

◎释义

脾气暴躁；不容他人批评。

如："他那臭脾气，你一说他就奓毛。"

◎《新华字典》解释

恼羞成怒，发火。

如："三句话不到就奓毛了。"

注："奓毛"也写作"炸毛"。

炸毛　zhà máo

◎《汉语大词典》解释

方言。发脾气；发怒。

奓沙　zhāshā

◎释义

张开，伸开。

如："公鸡奓沙着翅膀。"

◎《重编国语辞典》解释

张开。

元·无名氏《博望烧屯·第一折》："奓沙起黄髭髯，你显出那五霸诸侯气力。"

亦作"扎煞"。

扎煞　zhàshà

◎《汉语大词典》解释

张开；伸张。

《红楼梦》第六二回："香菱复转身回来，叫住宝玉，宝玉不知有何话说,扎煞着两只泥手,笑嘻嘻的转来。"

咋呼 zhāhū
◎**释义**
亦作"咋唬""咋乎""扎呼"。
(1)吆喝;喊叫。
如:①"头数他咋呼得厉害。"
②"你瞎咋唬啥?"
(2)夸口;炫耀。
如:"你们好不容易赢了一场球,甭咋呼了。"
(3)叠音词"咋咋呼呼":做事办事虚张声势(暗含水平能力低),行为做派惹人反感。
如:"那小子,每天咋咋呼呼的,办不成正经事。"
◎**《重编国语辞典》解释**
指吆喝,虚张声势。
◎**《汉语大词典》解释**
(1)叫喊;吆喝。
①杜鹏程《年青的朋友·第一天》:"不准发牢骚,也不准乱咋呼。"
②吴祖光《闯江湖》第二幕:"看见了就算了,别咋乎。"
③杨朔《百花山》:"梁振江低声喝呼说:'敌人都过来了,你咋唬什么!'"
④《小说选刊》1981年第9期:"三膘子立时就咋呼来一帮脚行,尽是些膀大腰圆的。"
(2)夸口;炫耀。
①杨朔《三千里江山·不是尾》:"去年秋天,敌人咋唬说要把中朝人民军队饿死、冻死、窒死……但终于被粉碎了。"
②《人民文学》1981年第8期:"麦三棋艺不高,又爱咋唬。"
注:"咋呼"常误写成"诈呼"。区别"咋呼"与"诈唬"的不同词义。
"咋呼"常说成"瞎扎呼"。

瞎扎呼　xiāzhāhu

◎《重编国语辞典》解释

不清楚状况,夸张或自矜地胡说乱喊。

如:"你什么都不知道,少在那里瞎扎呼!"

扎呼　zhāhu

◎《新华字典》解释

大声喊叫。

诈唬　zhàhǔ

◎释义

诈欺;吓唬。

如:"你诈唬谁哩?"

◎《汉语大词典》解释

蒙哄吓唬。

①鲁彦周《找红军》四:"我和爸爸贴在石壁上,动也不动。原来他们是在瞎诈唬,根本没有看见我们。"

②柯云路《三千万》九:"我告诉你,老聂的话都是诈唬你!"

扎古　zhāgǔ　　扎,西部方言读入声[tsₐ]。

◎释义

(1)修理;治疗。

如:①"拖拉机坏了,他两下就扎古好啦。"

②"他腰疼的老毛病大夫给扎古好啦。"

(2)受虐待。

如:"他遭逢了个后妈,扎古得吃不饱,穿不暖。"

(3)对付,惩治。

如:"他进了看守所,可让扎古痛啦。"

注:词义(2)常误写为"砸箍";词义(3)常误写为"扎箍"。

◎《汉语大词典》解释

（1）方言。亦作"扎固""扎姑""扎顾"。治疗。

①周立波《暴风骤雨》第二部三："前些日子闹眼睛,公家大夫给扎古好了。"

②峻青《海啸》第二章七："他会一种祖传的小手艺,扎顾牲口。"

（2）方言。亦作"扎固""扎姑""扎顾"。制作。

刘白羽《战火纷飞》："八路军来了,妈说扎姑一双鞋带上也等不及,他就去参加了。"

（3）方言。亦作"扎固""扎姑""扎顾"。对付;惩治。

董均伦《觅汉和少掌柜》："觅汉们听了很生气,三个商议怎么扎固他。"

张罗　zhāngluó

◎**释义**

筹划;料理;安排。

如:①张罗早餐。

②张罗考试。

◎**《汉语大词典》解释**

筹划;料理;安排。

①元·张养浩《新水令·辞官》套曲："自相度,图个甚,谩张罗,得磨驼且磨驼。"

②《红楼梦》第一一〇回："如今只有他几个自己的人瞎张罗,背前面后的也抱怨。"

③《恨海》第五回："五姐儿叹口气道:'出门人自然是苦的。'说罢,下去,张罗弄水洗脸。"

④丁玲《记游桃花坪》："我们赶快起身,忙着张罗吃早饭。"

⑤杜鹏程《保卫延安》第五章："一九四三年春季,王老虎跟冬梅张罗着成亲,敌人来了一次'奔袭',把他们冲散了。"

注:常误写为"张落"。

窄逼 zhǎibī 窄,西部方言读作入声[tsʌ²]。

◎**释义**

又窄又小。

如:"这房子窄逼的,咋能住下六口人?"

◎**《汉语大词典》解释**

狭隘;狭小。

①《西游记》第六七回:"十分你家窄逼没处睡,我等在此树下蹲一蹲,也就过了此宵。"

②克非《春潮急》九:"阶沿、院坝也都比较宽敞,开个小型会不显窄逼。"

仄愣起 zèlèngqǐ 仄,西部方言读作入声[tsʌ²]。

◎**释义**

使倾斜。

如:"把盆子仄楞起,水就流出来了。"

仄

◎**《新华字典》解释**

(1)本义:倾斜。

如:仄歪(方言。倾斜摇晃);仄起(倾斜突起);仄目(斜着眼看);仄步(行走歪斜貌)。

(2)方言。仰,抬起。

梁斌《红旗谱》:"她仄起头儿,眨巴着眼睛瞅江涛。"

折罗 zhéluó 折,西部方言读入声[tsʌ²]。

◎**释义**

宴会剩饭;把好多剩菜放到一起炒出来的东西。

如:"初四吃折罗。"

◎**《汉语大词典》解释**

指宴会吃剩的饭菜。

张寿臣《化蜡千儿》:"老太太晌午吃的散伙面,晚上吃的折罗。"

真个 zhēngè　个,西部方言读入声[kɤ²]。

◎释义

真的。

如:"我真个没去,不哄你。"

◎**《汉语大词典》解释**

真的,确实。

①唐·王维《酬黎居士淅川作》诗:"依家真个去,公定随依否。"

②宋·杨万里《多稼亭前两株梅盛开》诗:"君不见侯门女儿真个痴,獭髓熬酥滴北枝。"

③明·高明《二郎神·秋怀》套曲:"夕阳影里,见一簇寒蝉衰柳,水绿苹香人自愁,况轻折鸾交凤友。得成就,真个胜似腰缠跨鹤扬州。"

④陈毅《枣园曲》:"小米步枪对大敌,斗争真个艰苦。"

⑤宋·洪迈《夷坚三志辛·万道士》:"食料真个尽了。"

⑥元·关汉卿《救风尘》第三折:"(周舍云)好奶奶,请坐。我不知道他来,我若知道他来,我就该死。(正旦云)你真个不曾使他来?"

⑦明·徐畛《杀狗记·院君回话》:"真个祸福无门,惟人自召,一头官司未了,又起一头。"

真自 zhēnzì

◎释义

的确,真是不假。

方言中常用"真真自自",词义加重。

如:"我这件宝贝真真自自是祖上传下来的。"

◎**《汉语大词典》解释**

确实;的确。"自",词缀,无义。

①南朝宋·刘孝威《都县遇见人率尔寄妇》诗:"独眠真自难,重衾

犹觉寒。"

②唐·杜甫《赠比部萧郎中十兄》诗:"见知真自幼,谋拙丑诸昆。"

注:常误写为"真至""真致"。

真至 zhēnzhì

◎**《汉语大词典》解释**

谓情感真挚。

清施补华《岘佣说诗》四六:"《羌村三首》,惊心动魄,真至极矣。陶公真至,寓于平淡;少陵真至,结为沉痛。"

正经八百 zhèngjīngbābǎi

◎**释义**

亦作"正经八摆""正经八本""正经八板""正儿八经"。

很正经;名副其实。

如:"他是个正经八百的买卖人。"

◎**《汉语大词典》解释**

(1)正经的,严肃认真的。

①张天民《创业》第二章:"秦发愤却当了真,正经八百地:'抗美援朝的时候起的。'"亦作"正经八本""正经八板"。

②郭澄清《大刀记》第十八章:"可是,我们干革命,只要正经八本地干,哪有不忙的时候儿?"

③陆星儿《北大荒人物速写》:"铁娃把孩子塞给了秀娟,披着的棉衣也甩到了炕上,正经八板地坐了起来。"

(2)犹名副其实。

李汉平《"吓一跳"的故事》:"想想自己这一路上的表现,哪够上一个正经八百儿的大庆人?"

正色 zhèngsè　　色,西部方言读入声[sʌʔ]。

◎**释义**

行为做派正经。没有流氓习气（多指男女关系）。

如："老王可正色哩。"

◎**《汉语大词典》解释**

(1)指青、赤、黄、白、黑五种纯正的颜色。

(2)谓神色庄重、态度严肃。

①《书·毕命》："弼亮四世，正色率下。"

②《公羊传·桓公二年》："孔父正色而立于朝。"

③《汉书·叙传下》："宽饶正色，国之司直。"

④唐·白居易《代书诗一百韵寄微之》："正色摧强御，刚肠嫉喔咿。"

⑤茅盾《霜叶红似二月花》六："恂如正色答道：'不是，当真不是。'"

(3)美色。

①《庄子·齐物论》："毛嫱、丽姬，人之所美也；鱼见之深入，鸟见之高飞，麋鹿见之决骤，四者孰知天下之正色哉！"

②唐·白居易《议婚》诗："天下无正色，悦目即为姝。"

③清·王夫之《读四书大全说·论语·季氏篇十二》："乃拣美丽者斥为女戎，而取丑陋者以为正色。"

直待　zhídài

◎**释义**

本应该；本来想；真想。

如：①"直待让他赔钱，一想她是个病人，就算了哇！"

②"小屁孩子，直待给你个批捵（耳光）。"

◎**《汉语大词典》解释**

一直等到；直要。

①唐·司空图《杨柳枝寿杯词》之七："直待玉窗尘不起，始应金雁得成行。"

②宋·陆游《老学庵笔记》卷四："僧可遵者，诗本凡恶，偶以'直待

众生总无垢'之句为东坡所赏。"

③元·王实甫《西厢记》第三本第二折："直待我挂着拐帮闲钻懒，缝合唇送暖偷寒。"

直眉楞眼　zhíméilèngyǎn

◎**释义**

不机灵，不活套。

如："对象来啦，他直眉楞眼的不懂得礼让。"

◎**《汉语大词典》解释**

亦作"直眉睖眼"。

(1)竖眉瞪眼。

端木蕻良《科尔沁旗草原》十七："那个直眉睖眼的小子是他们的炮手呵！"

(2)形容眼神发直。

邓十哲《活矿工和死把头》："老矿工直眉楞眼地坐了半天，想起了自己的女儿。"

直争争　zhízhēngzhēng

◎**释义**

直；直立。

如："庙前的旗杆直争争立在那儿。"

◎**《汉语大词典》解释**

笔直竖立貌。

元·张国宝《罗李郎》第二折："直争争发似揪，热烘烘面如烧。心痒难揉，都为他无消耗。"

直致　zhízhì

◎**释义**

直而不拐弯。

如:"你直致朝前走,不要拐弯。"

◎《汉语大词典》解释

直而没有曲折。

①唐·顾云《投西边节度使启》:"尽披肝膈,布在笺毫,事逼丹诚,言多直致。"

②元·刘埙《隐居通议·诗歌一》:"此诗虽若直致,然情思深婉,怨而不露。"

③清·黄宗羲《〈南雷庚戌集〉自序》:"夫明文自宋(宋濂)方(方孝孺)以后,直致而少曲折,奄奄无气,日流肤浅,盖已不容不变。"

直专 zhízhuān

◎**释义**

(1)故意。

如:"他直专把车停在门口,不让别的车出来。"

(2)专门。

如:"我这话直专说给他听的。"

直

◎《新华字典》解释

故意。

①《汉书·张良传》:"有一老父,衣褐,至良所,直堕其履圯下。"

②《史记·留侯世家》:"直堕其履圯下。"

专

◎《新华字典》解释

专意:专门;特别。

如:"我专为你煮了两个鸡蛋。"

支楞 zhīléng

◎**释义**

(1)竖立。

如:"他支楞着耳朵,细听隔房的动静。"

(2)象声词。

◎**《汉语大词典》解释**

(1)亦作"支楞楞""支楞楞争"。象声词。状金属、琴弦等的清脆声。

(2)亦作"支棱"。挺起,竖着。

①《儒林外史》第三八回:"两边都是涧沟,那冰冻的支棱着,就和刀剑一般。"

②康濯《第一步》一:"他使劲支楞着耳朵听,也只听出几句怎么轮流浇,怎么谁也不吃亏,可还是听不具体。"

③张士杰《渔童》:"那大荷花立刻支楞起来,随着蔓子一点一点地往回缩呀缩呀,越缩越小,不一会缩到鱼盒里去了。"

支拨 zhībō 拨,西部方言读入声[pʌʔ]。

◎**释义**

调拨;支配,支使他人做事。

如:①"他自己不动手,就支拨他人干活。"

②"当了屁大个组长,就不干活了,尽支拨人。"

◎**《汉语大词典》解释**

调拨;调遣。

①宋·欧阳修《乞放行牛皮胶鳔》:"亦曾闻奏及申三司,乞自京师支拨。"

②元·无名氏《博望烧屯》第二折:"谁做先锋,谁做合后,师父支拨军马,众将听令也。"

③清·夏燮《中西纪事·漏厄本末》:"始自江苏之上海,定以每箱二十四两,以二十两归入军需支拨,四两作为办公费用。"

支划 zhīhuá

◎**释义**

谋划;应对。

如:①"上面又要来检查,他得想办法把检查组支划走。"

②"又没钱,又没粮,这个年咋过? 他有些支划不开啦!"

◎《汉语大词典》解释

处置;应付。

①元·张国宾《薛仁贵》第二折:"眼睁睁的要杀坏,空教我心劳意攘怎支划?"

②元·无名氏《渔樵记》第二折:"卓文君你将那书桌儿便快抬,马相如我看你怎的把他去支划。"

③元·郑廷玉《金凤钗》第三折:"利又不见,本又不在,干与别人救祸灾,好教我无语支划。"

支嘴儿 zhīzuǐr

◎释义

(1)自己不动手,仅用言语出主意或支使别人做事。

如:"他光支嘴儿,却不动手。"

(2)在旁边出点子、插嘴。

如:①"让她自己说,你别老支嘴。"

②"咱们别支嘴儿,让他自己多动动脑筋。"

◎《汉语大词典》解释

从旁给人出主意。

《儿女英雄传》第三三回:"我老夫妻只替他们出个主意儿,支个嘴儿。"

指拨 zhǐbō 拨,西部方言读入声[pʌˀ]。

◎释义

(1)指点。

如:①"徒弟想学艺精,就得师傅指拨。"

②"碰到难题让老师指拨指拨。"

（2）指挥；指教。

如："师傅指拨我们砍下树枝，搭成一个窝棚。"

◎**《汉语大词典》解释**

指点；指挥。

①《朱子语类》卷四十："曾参、曾点父子两人绝不类，曾子随事上做，细微曲折，做得极烂熟了，才得圣人指拨，一悟即了当。"

②《初刻拍案惊奇》卷十七："知观又指拨把台桌搭成一桥，恰好把孝堂路径塞住。"

③茅盾《子夜》四："你也不用发忧，还有你老子是识途老马，慢慢地来指拨你罢！"

制气　zhìqì

◎**释义**

（1）争气，赚回脸面。

如："对这个事儿咱不能让着，一定要跟他们制这口气。"

（2）生气，生闲气。

如："我看算了，和这样的人制气没劲。"

◎**《汉语大词典》解释**

方言。闹别扭，呕气。

如："都快成一家人了，你还老和我制气。"

注：常误写为"置气"。

制钱　zhìqián

◎**释义**

铜钱。

明清官方监制铸造的铜钱。因形式、分量、成色皆有定制，故名。

①《明史·食货志五》："凡纳赎收税，历代钱、制钱各收其半；无制钱即收旧钱，二以当一。制钱者，国朝钱也。"

②清·陈康祺《郎潜纪闻》卷四："所欠一厘，准今制钱一文也。"

③赵树理《小二黑结婚》九："二诸葛摸了摸脸,取出三个制钱占了一卦。"

注:常误写为"字钱"。

撞客 zhuàngkè **撞**,西部方言读 chuàng。

◎释义

旧指为神鬼附体而突然神志昏迷、胡言乱语(迷信)。

◎《汉语大词典》解释

碰到鬼邪。旧时迷信认为是生病之因。

①《红楼梦》第二五回："若有善男信女虔心供奉者,可以永保儿孙康宁,再无撞客邪祟之灾。"

②《红楼梦》第一〇二回："前日母亲往西府去,回来是穿着园子里走过来的。一到了家,就身上发烧,别是撞客着了罢。"

③老舍《柳家大院》："痛快的时候,见神见鬼地闹撞客。"

装胖 zhuāngpàng

◎释义

(1)虚伪,不实在。

如:"那人一见到老同学就装胖,吹他见过多大世面。从他嘴里听不到实话。"

(2)假装有钱,打肿脸充胖子。

如:"谁不知他的底儿,还装胖。"

◎《汉语大词典》解释

(1)充数,装幌子。

①《西游记》第六八回："你可成个人……又弄旋风,揭了什么皇榜,暗暗的揣在我怀里,拿我装胖!"

②《西游记》第九三回："你的嘴脸不见怎的,莫到朝门外装胖,还教大哥去。"

(2)伪装阔绰。

《红楼梦》第二四回:"你又糊涂了!说着没有米,这里买了半斤面来下给你吃,这会子还装胖呢。留下外甥挨饿不成?"

注:常误写成"装膀"。

怞相 zhòuxiàng

◎**释义**

固执、倔强、凶狠的样子。

如:"看你那个怞相,谁见了都躲你远远的。"

怞

◎**释义**

(1)心迫。

(2)固执;倔强;凶狠。

◎**《康熙字典》解释**

《集韵》《类篇》并楚绞切,音炒。《集韵》心迫也。

◎**《汉语大字典》解释**

(1)心迫。《集韵·巧韵》:"怞,心迫也。"

(2)固执;倔强;凶狠。

①张相《诗词曲语词汇释》卷五:"怞,固执之意,转而为刚愎或凶狠之意。"

②金·董解元《西厢记·诸宫调》卷三:"奈老夫人,情性怞,非草草,虽为个妇女,有丈夫节操。"

◎**《汉语大词典》解释**

固执;倔强;凶狠。

金·董解元《西厢记·诸宫调》卷三:"不提防夫人情性怞,将下脸儿不害羞。"

◎**《现代汉语词典》解释**

固执:性情怞。怞脾气。

注:常误写成"皱相"。

作烦　zuòfán　作，西部方言读入声[tsuʌ²]。

◎**释义**

方言中常说"瞎作烦"：胡来，添乱。制造麻烦。

如："那两口子每天不上班，不知瞎作烦甚哩。"

◎《**汉语大词典**》**解释**

制造麻烦，添麻烦。

晋·皇甫谧《高士传·闵贡》："闵仲叔，世称节士。周党见仲叔食无菜，遗以生蒜。仲叔曰：'我欲省烦耳，今更作烦邪？'却而不受。"

注：常误写为"作反""作翻"。

作反　zuò fǎn

◎《**汉语大词典**》**解释**

犹言造反。

①《红楼梦》第九回："外边几个大仆人李贵等听见里边作反起来，忙都进来一齐喝住。"

②廖仲恺《在省港罢工工人代表第七次大会上的报告》："何以这次作反，不上数日，就被革命军消灭了呢？"

作害　zuòhài　作，西部方言读入声[tsuʌ²]。

◎**释义**

(1)为害。

如："那几个愣头青在村子里偷鸡摸狗，可把社员们作害苦了。"

(2)陷害。

如："他就在领导面前说你的坏话，作害你。"

(3)糟蹋。

如："不能作害粮食！"

◎《**汉语大词典**》**解释**

为害。

《魏书·匈奴刘聪等传论》："夷狄不恭，作害中国，帝王之世，未曾无也。"

作甚 zuòshèn 作，西部方言读入声[tsuə˧]。

◎释义

干什么。

如："你俩作甚哩?"

◎《汉语大词典》解释

做什么。

《红楼梦》第一回："看见士隐抱着英莲，那僧便大哭起来，又向士隐道:'施主，你把这有命无运、累及爹娘之物抱在怀内作甚?'"

作塌 zuòtā 作，西部方言读入声[tsuʌ˧]。

◎释义

(1)糟蹋。

如："新新的衣裳拿烟头烧了个洞，作蹋啦!"

(2)搞坏;搞乱。

如："刚装修的家让他作蹋得不像样了。"

◎《汉语大词典》解释

糟蹋。

①元·杨显之《酷寒亭》第一折："有钱财似你任作塌，不将那官事理，终日家偎恋他，久以后无根椽和片瓦。"

②《警世通言·皂角林大王假形》："你到牢城营里，也是担土挑水，作塌杀你，不如就这里寻个自尽。"

③《儒林外史》第五二回："小弟生性喜欢养几匹马，他就嫌好道恶的，说作塌了他的院子。"

◎《重编国语辞典》解释

虐待，糟蹋。

①元·杨显之《酷寒亭·第一折》："有钱财似你恁作塌，不将那官事理，终日家偎恋他。"

②《警世通言·卷三六·皂角林大王假形》："你到牢城营里，也是

担土挑水,作塌杀你,不如就这里寻个自尽。"

注:常误写为"作踏"。

"作塌"也写作"作蹋",词义稍有区别。

作蹋 zuòtà 作,西部方言读入声[tsuʌʔ]。

◎**释义**

(1)糟蹋。

如:"那么漂亮的姑娘嫁给个赌鬼,真作蹋啦。"

(2)嘲讽。

如:"我做营生比不上姑娘?看你把我作蹋的。"

◎**《汉语大词典》解释**

糟蹋。

《儒林外史》第五二回:"小弟生性喜欢养几匹马,他就嫌好道恶,说作蹋了他的院子。"

◎**《重编国语辞典》解释**

糟蹋。或作"作挞""作獭"。

作仗 zuòzhàng 作,西部方言读入声[tsuʌʔ]。

◎**释义**

工具。多指冷兵器时代的武器。

如俗语:"是将不是将,三分好作仗。"

◎**《汉语大词典》解释**

手工操作的用具。

①《元典章·吏部六·儒吏》二:"诸滥伪之物,及伪造所用作仗,皆须行人办验。"

②《古今小说·史弘肇龙虎君臣会》:"这阎招亮正在门前开笛,只见两个人来相揖……阎招亮即时收拾了作仗,厮赶二人来。"

◎**《重编国语辞典》解释**

工具、用具。

《喻世明言·卷一五·史弘肇龙虎君臣会》："阎招亮实时收拾了作仗,厮赶二人来。"

作准 zuòzhǔn **作,西部方言读入声**[tsuʌʔ]。

◎**释义**

(1)肯定。

如:①"他中午作准不来。"

②"你作准给他说假话啦,不然他不会生这么大的气。"

(2)推测;算数。

如:"路那么远,他能不能来,不作准啦。"

◎**《汉语大词典》解释**

(1)准许,允许。

《古今小说·裴晋公义还原配》："一连求了五日,并不作准,身边银两,都在衙门使费去了。"

(2)作数;算数。表示确认。

①《二刻拍案惊奇》卷十二:"哄我与他脱了籍,他就不作准了。"

②《西游补》第九回:"此是一时戏话,爷爷,不作准也罢了。"

(3)犹言保准、一定。

洪深《包得行》第四幕:"作准今天。现在你先回去。"

坐来 zuòlái

◎**释义**

本来;向来:

如:"坐来我也不去。"

◎**《汉语大词典》解释**

(1)犹本来;向来。

①唐·马戴《汧上劝旧友》诗:"坐来生白发,况复久从戎。"

②宋·王安石《和宋太博服除还朝简诸朋旧》诗:"谈论坐来能慰我,篇章传出亦惊人。"

③宋·陈亮《贺新郎》词："修竹更深处,映帘栊,清阴障日,坐来无暑。"

(2)犹适才;正当。

①唐·李白《单父东楼秋夜送族弟沈之秦》诗："坐来黄叶落四五,北斗已挂西城楼。"

②宋·张元干《点绛唇》词："小雨堪晴,坐来池上荷珠碎。掉眉浓翠,怎不教人醉?"

(3)移时;顷刻。

①唐·韩愈《春雪间早梅》诗："玲珑开已遍,点缀坐来频。"

②宋·黄庭坚《次韵雨丝云鹤》之二："坐来改变如苍狗,试欲挥毫意自迷。"

③宋·陈与义《登城楼》诗："百年几凭栏,亦有似我不? 城阴坐来失,白水光不流。"

注:常误写成"左来"。

后　记

一、内蒙古西部汉语方言介绍

（一）内蒙古西部汉语方言概况

内蒙古西部汉语方言，从方言区域划分来看属"晋语"。晋语是中国北方唯一的一种非官话方言。晋语使用人口约 6305 万。晋语区东起太行山、西近贺兰山、北抵阴山、南至黄河汾渭河谷，是中华文明的重要发源地。

晋语的主要使用地区有山西省、内蒙古自治区中西部、陕西省北部、河南省黄河以北大部、河北省西部，地跨 175 个市县。晋语核心区主要为太原话和吕梁话。

（二）内蒙古西部汉语方言特点

1.使用地域广，人口多。

内蒙古西部汉语方言以呼和浩特、包头为中心，包含阿拉善盟、乌海市、巴彦淖尔市、鄂尔多斯市、锡林郭勒盟西北部、乌兰察布市等自治区中部、西部广大地区。使用人口多，范围大，影响力强。呼和浩特、乌兰察布等周边地区又习惯分为"前山"和"后山"方言。

内蒙古西部汉语许多方言词在"晋语"中普遍使用，在陕西话、河南话、河北话中也广泛使用，只是语音上有所区别，已普遍进入内蒙古西部的"普通话"中。

2.方言词有鲜明的特点。

保留入声、古语词及区别于普通话的方言词汇，成为"晋语"的鲜明特点。

（三）方言词研究存在的问题

内蒙古西部汉语方言词的特点也引发了问题，主要是记录方言词汇时,由于不懂入声,对方言中保留的古语词义不理解,特别是受"方言词有音无字"观念的影响,许多方言词都被误写错写。广泛流传于山西、内蒙古西部的文学作品(如"二人台"),许多方言词(字)都存在误写的情况。甚至正规的出版物,包括研究方言词汇的专著中收集的方言词,也存在误写的情况。

二、本书研究内容及特点介绍

为了纠正方言收集、使用、研究方面存在方言词误写的问题,本书收录和考订了近 600 多条内蒙古西部汉语方言词。这些词是方言中最常用的词,恰恰也是记录方言时经常误写的词。本书在编写中始终坚持:

1.广泛查阅和考据,提供方言词正确的书写和权威的解释。本书以《汉语大词典》为据,列出所选方言词的正确写法和词义。对方言词汇中较生僻的汉字,采用《康熙字典》《汉语大字典》《汉语大词典》的解释。个别的词采用《国语词典》的解释。同时,对误写的字词也列出来,解释其本来的词义,力求准确、可信,纠正流行的错误写法,让读者知其所以然,避免以讹传讹。

2.结构清晰,便于查阅。在结构上,本书大体上以汉语拼音为序,方言词按普通话标注汉语拼音,对入声字标注国际音标,并对方言词加以释义,举出例句,极大地方便读者,特别是不会说方言的读者查阅。

对西部方言中广泛使用的以"圪""日""忽"为前缀的方言词,考虑到篇幅以及"晋语"其他方言区使用较少的原因,收录极少。

3.选词慎重。本书收录的方言词,绝大多数都能在权威词典中查阅到。不能直接查阅到的,通过认真考据,给出了正确的解释。对一些口语中常用的带有入声的方言词,提供入声字的正确写法,标注出普通话的读音。同时,对方言中与普通话读音有明显区别的一些词,予以收录。

4.考据严谨。对一些被认为"有音无字"的方言词,现有词典难以直接查找,本书认真加以考证。如:"恶飒"(垃圾)、"捞毛"(常误写为

"烙毛")。对一些词,如"卤壶""鲁壶""篓壶",通过辨析,确认正确的写法。对一些方言词的不同写法,尽可能列举。如:"洋落""洋捞","罟""估"(强迫)等。

三、本书出版的意义和价值

(一)从学术角度看

对方言中保留的古语词、对所谓"有音无字"的方言字(词)的考据研究散见于各种学术期刊和杂志,收集整理方言词的著作也多有出版,但对书写错误的方言词进行勘误,对常用方言词书写进行规范的专著,颇为少见。本书可以说是开创性的,它对于规范和净化书面语和口语,提高汉字的书写水平,促进方言和普通话的融合,具有积极的意义。

(二)从文学创作角度看

有学者说,大量方言词的存在不利于不同地域人们之间的交往,影响普通话的推广,这是一个方面。但从文学创作的角度看,方言词书写正确、词义清晰,富有浓郁地方特色和鲜明区域特征的文学作品,是文学百花园中鲜艳的花朵。丁玲、周立波、赵树理、路遥等著名作家,在其小说中大量运用方言词,使其作品脍炙人口。书写正确、词义清晰的方言词,特别是正确书写方言中保留的古语词,可以帮助其他方言区的人们理解读懂流行于内蒙古西部的口头文学作品,促进文化交流。

相信本书对研究内蒙古西部方言的专家学者,对那些从事文学创作需要以方言增加语言和地域特色的作家,以及对方言感兴趣的读者,都会大有裨益。